《近代中国》编委会名单

主 任 高小玫

委 员 （按姓氏笔画为序）

沈祖炜 易惠莉 项斯文

殷啸虎 章义和 董　波

鲍敏中 葛剑雄 廖大伟 戴鞍钢

JIN DAI ZHONG GUO

近代中国

上海中山学社 主办

【第二十五辑】

主　编：陈　绛　·　执行主编：戴鞍钢

副主编：易惠莉　廖大伟　·　编辑部办公室主任：马铭德

上海社会科学院出版社

目　　录

一、孙中山研究

二、政治外交

三、经济社会

四、思想文化

五、学术考辨

六、史料辑录

一、孙中山研究

孙中山民族主义思想的当代价值

——2015 年中山论坛述评

沈祖炜

孙中山先生的思想学说博大精深,深刻地影响着近现代中国的历史进程。关于孙中山的研究,包括其生平、事业、思想、言行、历史地位、社会影响,等等,在国内外历来都受到高度关注。孙中山年谱、全集和各类资料,以及研究孙中山的论文、专著等相关成果可谓汗牛充栋,无论是在大陆、台湾还是在国外,研究者队伍庞大,成果也堪称丰硕。在这样的学术背景下,进一步深化和细化孙中山研究,并站在新时代的高度认识孙中山思想的当代价值,就是当代学人的学术担当和学术自觉之所在了。

上海中山学社秉承这样的宗旨,积极开展孙中山研究。2015年的中山论坛,得到学社成员的积极响应,提交论坛并在论坛上发表的论文共计 12 篇。本文谨对这些论文作一简要的归纳和评析,以飨读者。

一、关于孙中山民族主义思想的研究

根据学社征文要求,这次提交论坛的论文中,有 5 篇直接围绕孙中山的民族主义思想展开。

陆兴龙的《对孙中山民族主义思想的认识》赞同学界共识,认

为孙中山的民族主义思想有个发展过程,从早期的"反满",即"排满兴汉"这种汉民族的狭隘民族主义,发展为"反清""反帝制",同民主革命紧密相连的新的民族主义。陆兴龙认为,这种民族主义超越了"贵华夏而贱夷狄"的"夷夏之辩",相对于章太炎、邹容等人极端的"排满"主张而言,孙中山显示出更多的理性,这是因为在他的理念中"蕴含两个源自西方制度思想的内涵",即民族独立的国家意识和平等共处的国民意识。这就是"五族共和"的主张,即构建中华民族大家庭的全新意识。陆兴龙认为,孙中山民族主义思想发展的新阶段,是他把反对帝国主义定为民族主义的新目标。辛亥革命前后,社会动荡加剧,外国侵略势力利用中国的政治乱局,扶植傀儡,制造边疆危机,中国面临被肢解的危险,特别是帝国主义支持下的军阀割据,直接危害中国的和平统一。而外国在华租界、不平等条约、领事裁判权,等等,都是帝国主义强加给我们的"卖身契"。鉴于这些认识,孙中山的民族主义必然上升到反对帝国主义的高度。陆兴龙在梳理孙中山思想发展脉络的基础上,归纳其民族主义思想的三个特点:一是提倡民族平等,维护民族团结;二是反对民族分裂,谋求国家统一;三是废除不平等条约,反对帝国主义侵略。笔者认为,这在历史事实上和历史逻辑上都是十分贴切的。

郭绪印的《孙中山民族思想的现实意义》对孙中山民族思想的发展的分析同陆兴龙可谓异曲同工。郭绪印更为明确地将1911年辛亥革命和1919年五四运动列为孙中山民族思想三个发展阶段的两个关节点,并且用"与时俱进的民族复兴梦"对其民族思想加以概括。显然,这是强调孙中山主观上具有爱国家、爱中华民族的伟大的理想与情怀,客观上受到社会局势演变和革命任务变化的催迫,因而其民族思想必然会有进步与发展。郭绪印的论文还有三点值得我们关注。一是指出孙中山区分两种世界主义:列强的世界主义是用来压迫弱小民族的,在这种情况下中国还是要强调民族主义;二是指出孙中山主张用"王道"反对"霸道",恢复和弘扬中国的传统道德、传统文化,济弱扶倾,对于弱小民族要扶持,对于列强要抵制;三是强调孙中山的"大中华民族"与"和平统一"的思想对于解决当前的海峡两岸问题具有现实意义。看来孙中山思想确实是个伟大的宝库,从中我们可以获得许多应对现实问题的启示。

戴鞍钢的《孙中山的民族独立奋斗精神》,从孙中山在中国民族民主革命的实践中所激发的奋斗精神,为我们揭示了他的博大胸怀和无私的人格魅力。戴鞍钢指出,孙中山投身革命,"就是要结束外国帝国主义和中国封建主义相互勾结在中国的黑暗统治"。笔者觉得,以目标和动机的正义性来解释历史人物行为的合理性,这是在人物研究中作出价值评判的重要依据之一。戴鞍钢分析了1924年孙中山对北方时局的态度,孙中山对于表现出进步倾向的冯玉祥发动政变做出"积极的响应",并不顾个人安危,决定北上,谋求"共筹统一建设之方略"。孙中山发表的《北上宣言》和在北上途中多次发表演说,强调要铲除军阀和援助军阀的帝国主义的统治,并认为这是中国和平统一和长治久安的前提。孙中山北方之行,是同奉系、皖系军阀作斗争的征程,既作出了和平统一的不懈努力,又大力张扬了反对帝国主义争取民族独立的理念。最后孙中山赍志以殁,在北京行次病逝,其为民族和平统一大业而奋斗的精神诚为可赞可叹。戴鞍钢所揭示的孙中山的奋斗精神,应该成为中华民族宝贵的精神财富。

郭绪印在上述论文中提到,孙中山了解中华民族自古以来宗法家长制形成的崇拜家族主义和宗族主义的特点,认为各姓别家族可以结成很大的宗族团体,最后结成"国族团体",就有力量抵抗外国的侵略。对于孙中山的这一思想,丁凤麟的论文《略论孙中山的谱牒观》作了比较深入的专题阐述。丁凤麟认为,孙中山"对于中华民族文化传统之一的家谱纂修及其功能,在思想上是认同的,并在行动上予以支持"。因为中山先生尊崇中国民间纂修家谱的传统,认为这是"励志合群"的举措,是中华民族"自治精神"的体现,是值得大力弘扬的难能之举。据丁凤麟收集的资料,孙中山应革命同志之请,曾作《合肥阚氏重修谱牒序》《五修詹氏宗谱序》,在这些序文中,他把家谱的功能和意义提升到了实现民族主义的高度。在他看来,倘若每个家族皆能修纂"光大先烈"之谱牒,那么,"以亲亲之事"入手,不仅能"革民族相食之陋",而且能实现"树天下一家之基"的远大理想。孙中山对于修纂谱牒的中国传统所赋予的新意,具有强烈的启迪性和感召力,民国时期众多有识之士纷纷仿效,如程潜的《沈氏四修族谱赠叙词》、方本仁的《周氏创修宗谱序》、张继的《武进梅里张氏续修家谱序》、牛公勋的《牛氏族谱修序》、刘名隅的《序大汜刘氏族谱》、路星海的《重修族谱序》,等等,无不着眼于"建树民族精神""国族团结以之御侮"。这岂不是孙中山民族主义的发扬光大吗?

关于孙中山的民族主义思想研究,俞慰刚则另辟蹊径,他的论题是《戴季陶对孙中山民族精神思想的传承、弘扬及现实意义》,他力图以戴季陶的思想和行状来反映孙中山的思想伟力。他认为,戴季陶是辛亥以后孙中山"十分器重和重用的年轻的国民党元老级人物",虽然在联俄联共等问题上戴季陶与孙中山有严重分歧,但是直到孙中山去世为止,戴季陶都一直支持孙中山的革命工作,关注着孙中山的理论思想,在孙中山去世之后,更以弘扬孙中山的思想为己任,做了大量工作。俞慰刚显然认为,戴季陶传承和弘扬了孙中山的民族精神、民族思想,所以从戴季陶入手,就可以从侧面"更全面地理解孙中山的民族精神思想"。论文以戴季陶早期民族精神思想的萌芽,说明其接受孙中山的民族主义并加以解说和宣扬是有坚实的思想基础的。在孙中山去世以后戴季陶发表过许多有关民族问题的言论,俞慰刚认为,他很好地弘扬了孙中山的思想,并付诸到社会实践中去,从而形成了自己独特的"民族精神思想"。概括起来,其内容有五个方面:(1)民族自强;(2)民族传承;(3)民族自信;(4)民族差异;(5)中国各民族同根同源一家亲。笔者认为,俞威刚所归纳的这五个方面基本上符合孙中山民族主义的主要精神,并且涵盖了当代主流意识形态有关民族问题的主要内容。由此可见,孙中山的民族主义事实上已经成为中国人民的共识,具有强大的历史生命力和重要的当代价值。

应该指出的是,以上论文中所使用的概念还是有一些细微差别的,如孙中山的"民族主义思想"、"民族精神"、"民族思想"、"民族精神思想"、"民族独立奋斗精神",等等,似乎内涵并不完全一样,但是通过对这些不同概念的阐述,从各个角度诠释了孙中山的民族主义。

英国政治学家米纳格在《民族主义》一书中说:"民族主义就是致力于实现自己的祖国尚未达到的理想目的。"按照这个定义来看近代以来世界各国的民族主义,显然,民族主义有两种,一种是被压迫民族求解放的民族自强精神,另一种是强权国家奴役和侵略其他国家的藉口。那么孙中山显然持有前一种民族主义,无疑是站在振兴中华的历史制高点上,用民族主义感召亿万民众,使其成为中华民族觉醒的力量源泉。这种民族主义是正义的、进步的民族主义,因而可以成为我们今天努力实现"中国梦"的精神支柱。

二、关于孙中山与其他历史人物关系的研究

孙中山是位伟大的革命家,在革命实践中结识了许许多多的革命同志和事业上的同路人。对于孙中山与其他历史人物相互关系的研究,常常可以进一步深化对于孙中山的认识。这是近年来孙中山研究中常用的一个方法,也是一个前景广阔、大有拓展余地的领域。本届中山论坛,这个方法和这一领域,同样受到论者的重视。除了上述俞慰刚论述戴季陶和孙中山的关系以外,还有廖大

伟的《关于廖仲恺与孙中山关系的两个问题》、刘盼红和高红霞合写的《邹鲁与孙中山关系研究》以及邵雍和沈亮合撰的《孙中山的追随者——黎照寰》，这些论文都走了同样的研究路径。

　　廖大伟不是泛论廖仲恺与孙中山关系，而是抓住两个非常具体的问题展开探讨。廖仲恺究竟是什么时候成为孙中山"最得力的助手"的？廖仲恺心目中的孙中山是怎样的，有什么变化过程？廖大伟通过具体资料的分析，说明廖、孙关系有个逐步发展的过程，这一过程"可以分成中华革命党成立前，中华革命党成立后，中国国民党复名，及 1922 年以后四个阶段"。廖、孙之间，从相识、相知，到敬仰和信任，关系"层层加深"，到最后阶段，廖才成为孙"最亲信的人"和"最得力的助手"。廖仲恺"凭借了他的信仰和忠诚，凭借了他的才能和勤奋，但同时也是革命过程大浪淘沙的结果。孙中山之所以将廖仲恺引为知己，大事相派，出席相代，要职相委，同样也基于此。廖仲恺已经将对革命事业与对孙中山的忠诚与信仰合而为一。由此也证明了孙中山强大的人格魅力和精神感召力"。

　　刘盼红和高红霞把邹鲁与孙中山的关系也划分为四个阶段：1911～1917 年为初识阶段，1917～1921 年为深层接触阶段，1921～1924 年为协作阶段，1924 年至孙中山逝世为准分手阶段。两人从最初的上下级关系逐步由浅入深，孙逐渐委以要职，孙中山是邹鲁在教育事业上施展才华的"伯乐"，邹鲁则是孙中山的"宣传助手"。除了上下级关系，两人还建立了亲密的朋友关系。一方面，邹鲁作为孙中山的忠实追随者，对孙中山及其思想敬佩不已，孙中山则对邹鲁的宣传才能很欣赏，因而两人具有相似性和互补性；另一方面，由于邹鲁在国民党一大召开之后，思想上与新三民主义背道而驰，所以一方面依然是孙中山的忠实助手，但是，按刘盼红、高红霞的说法，两人已经成为"思想上的敌人，行动上的朋友"，因此把这一阶段称为"准分手"阶段，其实这也预示邹鲁在孙中山逝世以后会走上另外一条道路。刘盼红、高红霞的论文列有三张图表，分别罗列不同时期孙中山任命邹鲁的职务和任职国立广东大学期间邹鲁致孙中山的信函。通过资料的梳理,归纳成图表,清晰明了。以史料说话,肯綮有力。

邵雍、沈亮选择黎照寰为研究对象,旨在说明"孙中山有着独特的领袖气质、个人魅力与较为完备的革命理论,他对同时代人的影响是巨大而深远的"。该文说,黎照寰早年留学美国期间,初遇孙中山即被这位伟人所折服。论文描述黎照寰的人生轨迹,证明"他是孙中山的忠实追随者,是三民主义的笃信者与践行者","他在政治上的成长,从业道路的选择乃至亲朋好友的交往诸方面均有孙中山影响的因子在内",同时"他的人生历程又在一定程度上延续了孙中山未竟的事业"。比较可贵的是,论文不仅引用了黎照寰发表的各种著述,而且引用了上海交通大学档案馆馆藏的有关黎照寰的资料(已辑录入《20世纪中国人物传记与数据库建设研究》),如黎撰《六十四自述》,以及大量黎照寰致宋庆龄函。史学研究贵在追求新资料、新方法、新观点,所以非常推崇采用第一手资料的做法,因为史学研究创新的基础往往就在于发掘出新的资料。以此而论,邵雍、沈亮的论文值得称许。

三、关于孙中山的其他论题

史学研究离不开问题导向,即史学工作者往往从当代人关注的问题出发,去寻找历史借鉴。所以孙中山研究也常常随着研究者新的关注点的出现而提出新的课题。

本届论坛上,唐国良的《孙中山的浦东情缘》就以浦东区域发展为关注点,将浦东地区的先贤参与孙中山领导的革命事业、浦东人士与孙中山的交往等等作了细致的梳理,具体罗列了一些重要的史实,如武昌起义后黄炎培电请孙中山回国、袁希洛出席临时大总统选举大会、叶惠钧护送孙中山赴南京就任临时大总统、孙中山与宋庆龄结婚、叶汉丞被任命为大本营技士、姚锡舟参与中山陵建造，等等。对孙中山建造东方大港的设想与浦东的关系、浦东为纪念孙中山而以中山命名道路学校等事例，也作了简明扼要的铺陈。总之，唐国良情系浦东，站在浦东的角度看历史伟人孙中山同浦东的关联，强调孙中山的浦东情缘，诚可谓用心良苦，却也实事求是。

严泉的《孙中山"五权宪法"思想：理论透视与实践价值》体现了作者对当代法制建设的关注。严泉认为，孙中山的"五权宪法"汇聚了中西智慧。既借鉴了西方三权分立的学说，又秉承了中国的政治传统。五权宪法中的监察权和考试权就是中国特色的体现。论文说："作为一位政治家，在对待中西政治传统时，孙中山的立场是非常理性务实的，较为重视历史经验与中国国情，而不是一味地重视政治宣传，作不切实际的制度设计。"论文围绕"五权宪法"思想的实践和这一政治体制在实践中的转型作了比较深入的探讨，涉及 1928 年国民党二届五中全会宣布"训政"，实行"以党训政"；1936 年 5 月 5 日颁行的"五五宪法草案"；抗战胜利后短暂的民主化进程；以及 1949 年以后台湾地区的民主转型。论文指出：权力的分立和制衡乃是民主制衡的基本要求，而五权宪法却忽略了权力的制衡关系，因而"五权宪法体制在大陆与台湾地区民主化政治实践中，最终还是演变为三权体制"。可见，论文既高度肯定孙中山"五权宪法"思想对中国政治现代化的历史推动作用，又指出了中国国民党在政治实践中所存在的局限性和种种偏差。

袁哲的《武昌起义后孙中山的革命方略》认为，孙中山在不同的革命阶段，"所期望联合的政治势力"发生过四次变化。第一次是"当权汉族权臣"，第二次是"帝国主义势力"，第三次是"地方军阀势力"，第四次则是"走上了联俄联共扶助农工的道路"。论文围绕第二次联合其他政治势力的努力，以英国外交部所藏档案为主要依据，通过分析武昌起义胜利后孙中山在英国的外交活动，力求阐述孙中山试图联合英国势力，冀以推进革命和稳固政权的"革命方略"。"孙中山的英国之行,感受到英国政府对辛亥革命的漠视和隐约的敌意,也让孙中山逐渐认识到帝国主义无法成为革命应该联合的政治力量。"论文以第一手的资料阐明,为了说服英国政府,孙中山曾经拿出最大的诚意,可是他的一腔热忱得到的却是"帝国主义国家默契的冷遇"。论文论述武昌起义后一段时期孙中山的革命方略,揭示了孙中山赴英外交活动所遭遇的挫折,笔者觉得,如果结合本届中山论坛的主题,论文倒是可以说明孙中山的民族主义思想发展到反对帝国主义的高度,乃是革命实践的必然。这一点显然是对上述陆兴龙、郭绪印观点的补充。

易惠莉为论坛提供的是《最新研究孙中山力作〈科学的人:孙文——思想史的考察〉介绍》,让我们了解到日本研究孙中山的最新成果。易惠莉逐章介绍了武上真理子新作的内容,涉及孙中山与医学、"实业计划"、"东方大港"、科学思想等诸多方面,认为其"研究视角是崭新的、独特的、充满个性的"。这部著作以"孙中山与科学"为主题,这个"科学"指称的是包括自然科学、人文科学、社会科学在内的"广义科学",孙中山并非科学研究者,而是一个好的"科学利用者",在此基础上,他还"试图构建一套后人所谓的'科学哲学'"。孙中山的科学观,原点不是中国传统知识分子崇尚的"格物致知",而是西式教育背景下接触到的英语词汇中的"科学",而其终点,即"到达点"则是《孙文学说》提倡的"生元",这个"生元"生命体的调和,形成有机的身体,无论国家、社会、人类的关系均是如此。据易惠莉介绍,该书中译本不久将在中国出版,相信很多读者会对此充满期待。

本届论坛重温孙中山的革命业绩,研究孙中山的民族主义思想,对于实现中华民族伟大复兴的中国梦具有重要的现实意义!我认为,这正是孙中山民族主义思想当代价值的最好体现。

（沈祖炜　上海中山学社副社长）

试析孙中山 1912 年"社会主义"之主张

章扬定　熊　飞

一、前　　言

20 世纪 80 年代陈旭麓先生言:"孙中山思想的主题建筑——三民主义,其思想资料有'因袭',有'规抚','规抚'又多于'因袭',由此形成他特有的三民主义思想体系——'创获'。"①陈先生之观点是基于对 1923 年孙中山所云"余之谋中国革命,其所持主义,有因袭吾国固有之思想者,有规抚欧洲之学说事迹者,有吾所独见而创获者"的理解和诠释,事实上,"创获"的三民主义自其提出之日起便赢得了广泛的关注和讨论,至今时间跨度已逾百年②。在如此长的被提及和讨论的过程中,所涉及的问题和层面不可为不可观,然而缘于种种现实与历史,孙中山的三民主义,特别是自 20 世纪末以来有关民生主义与"社会主义"的研究便层出不穷,以至于"要想恰当认识孙中山自认以及同时代各方他指的民生主义与社会主义的关系,常常出现剪不断理还乱的纠结",所以桑兵先生有

①　陈旭麓:《因袭—规抚—创获——孙中山的中西文化观论纲》,《陈旭麓学术文集》,上海人民出版社 2011 年版,第 317 页。

②　王杰、杨新新将民生主义的探讨分为:辛亥前民生主义之探讨、民国年间民生主义之研究、1949 年之后民生主义之拓展三个阶段。参见其文《孙中山民生主义学术回眸》,"辛亥革命与民族振兴"论坛交流材料。

鉴于此乃提出"凡此种种,表明用陈寅恪《杨树达论语疏证序》的方法来研究孙中山的思想政见,仍然大有可为"①的观点。

孙中山的"社会主义"是孙中山思想主张研究中的不可回避的重要部分,学者们从其内容入手进而在其性质上各持观点②,然而与之有悖常理却符合现状的是孙中山研究"繁荣有余,争鸣不足",③此般现象除去显而易见的因素外,更多的是以论带史——以论点、理论加诸史料——史海撷宜,以就其言挂一者何止漏万。笔者在爬梳孙中山有关"社会主义"言论的过程中发现,孙中山的这些言论具有明显的时间特征,即集中于 1912 年和 1924 年,而前者又较后者丰富。1912 年,孙中山辞去临时大总统后不遗余力地鼓吹"社会主义",期间发表了众多有关"社会主义"的演讲,而这些演讲有被后来者言之为"主观"甚至"空想",这种以历史的结果作历史过程的解读,笔者认为有失得当。诚然,孙中山的"社会主义"主张不是完美的,同时也未必能够完全实现,但以国家建设的起点和归宿来考察,其主张同当时很多探索国家出路的言论一样,是一种学说和学问,它未必有益于时,但必有益于事。这需要立足于当时,同时需用长远的目光和联系起来的思来地看待民生主义本身以及"社会主义"和社会革命。

略览孙中山有关于"社会主义"言说,常有纠结复困于社会主义之于民生主义的关系。具体言,孙中山为何提倡社会主义?而在主张的过程中时人对其态度如何?这对孙中山的影响又是怎样?诸多问题,或显或隐,或明或暗,杂乱无序。本文仅将 1912 年孙中山"社会主义"言论作一剖析,以求教于学界。

---

① 桑兵:《提升孙中山研究的取经》,《广东社会科学》2013 年第 1 期。
② 沈渭滨在其文《"民生主义"研究的历史回顾——孙中山"民生主义"再研究之一》中检视了新中国成立后到本世纪初孙中山"社会主义"的相关研究。
③ 马敏、王杰等:《孙中山·辛亥革命研究回归与前瞻》,《广东社会科学》2011 年第 1 期。

二、载 籍 规 抚

1911 年 12 月 25 日,孙中山抵达上海,29 日,在各省联合会议上被十七省都督府代表选举为中华民国临时大总统,30 日,在胡汉民、蔡元培等人陪同下于寓所会见了时任中国社会党部长的江亢虎。江亢虎讲述了社会党建党史,同时强调"今日鼓吹社会主义之必要",孙中山就此表达了自己的关切及看法:"余对此主义竭力赞成之。此主义向无系统的学说,近三五年来研究日精,进步极速,所惜吾国人知其名者已鲜,解其意者尤稀……余意必广为鼓吹,使其理论普及全国人心目中;至于方法,原非一成不变,因时制宜可耳。"江亢虎进一步谈到阅读孙中山的民生主义后,觉得"民生主义、平均地权、专征地税之说,实与本党宗旨相同",而孙中山则坦言,"不但此一端而已。余实完全社会主义家也。此一端较为易行,故先宣布,其余需与贵党讨论者甚夥",并将"欧美最新社会主义多种",如《社会主义概论》《社会主义之理论与实行》等从国外带回的书籍赠予,希望社会党"精晓西文者代为译述,刊行为鼓吹之材料",并且许诺"一俟军事初定,吾辈尚当再作长谈"。①在这段谈话中有趣的不仅是孙中山以中华民国临时总统的身份认为需要鼓励和宣扬"社会主义",而且直言不讳地认为自己是"完全社会主义家"。此外,江亢虎谈及民生主义而孙中山对之以"此一端较为易行,故先宣布"作应,从这点而言,此时孙中山有民生主义从属于"社会主义"的认识倾向,他此时的思想中确实潜含着对"社会主义"的向往。再者,孙中山接见社会党人以及赠送此次回国所携带的书籍,今人虽不能窥其谈话全貌,实可断言此时的孙中山对于

① 黄彦、萧润君主编:《论民生主义与社会主义》,《应在中国广为鼓吹社会主义:在上海与江亢虎的谈话》,广东人民出版社 2008 年版,第 12～13 页。

"社会主义"的关切。

次日，《申报》以《孙总统之政见》为题，刊载了对孙中山关于中华民国创建的时评。该时评作者认为"国犹舟也，大总统则航海师也"，而此时的中国是一破舟，要"由破而建设，惟总统任此重大之仔肩"。而此时"我们实行民族革命、政治革命的时候，须同时想法子改良社会经济，组织防止后来的社会革命"，这是最大的责任，倘若"这三样有一样做不到，就不是我们的本意"。①该文虽是作者对孙中山在"东京锦辉馆之演说，摘其政见之大概"的评说，但也可以看到在中华民国即将成立的前夕，舆论对孙中山建设国家的思考和支持。

孙中山与江亢虎的对话载于 1912 年 1 月 1 日的《民立报》，以《大总统于社会党》的标题刊行。或许是对舆论在特殊日期炒作的不满，抑或就基于对内容本身的反对，报道旋即引来非难之声。宣布脱离同盟会而组建中华民国联合会的章太炎，在其主编的《大共和日报》中刊载了其在中华民国联合会第一次大会上的言论，云："近年对于民生问题，颇有主张纯粹社会主义者，在欧洲程度已高之国尚不适用，何况中国？"②章太炎的理由在于"社会主义"不适合当时之中国，虽然没有直接点明与《民立报》报道孙中山言论相争，但这却与孙中山希望社会党"刊为鼓吹""社会主义"的意见相左。章太炎提出异议有民国初期党派之争的诱因，同时也有基于对当时国内条件理解不同的缘故。孙中山可能是政务的原因，在其担任临时大总期间没有发表有关"社会主义"的演说或者言论，同样也没有对章太炎的言论给予正面的回应，但从蔡元培同年 3 月 14 日以专使身份到汉调查兵变之事，并于翌日早上回答《强国公报》记者问中可以间接地揣摩其一二分状况。记者问："孙总统

①　《记孙总统之政见》，《申报》1911 年 12 月 31 日，第 3 版。
②　《大共和日报》1912 年 1 月 5 日。

对于民国其功莫大,退职后政府将如何安置?"蔡元培答曰:"政府无可位置,但孙总统常言待政治革命之目的达到后即当提倡社会主义。予意孙总统或将为社会党之首领乎。"①孙中山于 2 月 13 日向参议院请辞临时大总统,推荐袁世凯继任,作为记者自然会问及孙中山请辞后的安排和打算。而从蔡元培的推测看,孙中山在担任临时大总统期间虽与社会党实际接触上较少,但在思想上的共鸣应为不少。孙中山明确提出民生主义是"社会主义"中较为容易实行的一项内容,然而,民生主义、"社会主义"、社会革命三者的出现,究竟他们有何不同? 又存在怎样的联系? 由于孙中山任临时大总统期间未有更多关于"社会主义"的言论,故实难明了,但在其请辞得到批准的前后一段时间里,几乎逢人必讲"社会主义",这就为理解民国初期孙中山所主张的民生主义与"社会主义"学说提供了便利。

三、因 袭 融 通

1912 年 3 月 31 日,南京同盟会本部会员召开大会公饯孙中山先生,孙中山借"同盟会会员开饯别会,得一最好机会",向本部会员阐释解职后"尚有比政治要紧的"需要和大家一起去做的事。他认为,如果革命后仍会产生专制,那么"此等革命不算成功",并由此延伸至同盟会的三大主义,认为同盟会所主张的"三大主义"中"民族、民权两主义俱达到,惟有民生主义尚未着手,今后吾人所致力的,即在此事"。②

孙中山在此次演讲中引入英美诸国的社会现状提醒大家说,"当此民族、民权革命成功之时,若不思患预防,后来资本家出现,

---

①　《蔡代表在汉一席话》,《申报》1912 年 3 月 20 日,第 2 版。

②　《孙中山先生饯别会之演说词》,《共和言论报》1912 年第 1 期,《演说》,第 75 页。亦可参阅黄彦、萧润君主编:《论民生主义与社会主义》。两者个别字词略异,本文援引均以前者为准。

其压制手段恐怕比专制还有甚些"。因此他认为惟有在当下中国社会革命较容易的时候着手,倘若"以为中国资本家未出,便不理会社会革命,及至人民程度高时,贫富阶级已成,然后图之,失之晚矣。"正是基于这样的思维,孙中山提出了平均地权、借用外债的两种办法。他指出,"若能将平均地权做到,则社会革命已成七八分了",而"地为生产之原素,平均地权后社会主义则易行"。在考虑到"国家欲兴大实业而苦无资本,则不能不借外债"以发展生产力,对于一个国家而言"能开发其生产力则富,不能开发其生产力则贫"。因而他主张应借资本发展生产力,但同时"不可不防一种流弊,则资本家将乘此以出是也"。为此要"一面图国家富强,一面当防资本家垄断之流弊。此防弊之政策,无外社会主义。本会政纲中所以采用国家社会主义政策,亦即此事"①。此次演说,孙中山意在说明其信仰和遵从的三民主义,尚有民生主义未完成,而欲完成民生主义势必行社会革命。然而社会革命以革新当时之社会而造将来之社会,故需要实行平均地权、借用外债,可是他又担心产生诸如欧美之贫富差距、资本垄断等社会问题,为预防中国重蹈欧美国家的覆辙,因此他认为中国必行"社会主义"。由此可见,孙中山此时所提倡的"社会主义"是作为实现民生主义的一种补充和完善,而社会革命则是实现民生主义的手段,具体方法是平均地权、借用外债。

4月4日下午,孙中山在上海接见《文汇报》记者,重申中国"政治革命现今已告成",但"政治革命虽告成功,犹未能谓余之目的已达也",为此孙中山"更拟发起一更巨之社会革命"②。这次谈话中孙中山申明自己"实一完全之社会党,颇信服亨利乔治主张之学说",但考虑到中国与"英国及欧美各邦"不同在于"富源大都未

---

① 《孙中山先生饯别会之演说词》,《共和言论报》1912年第1期,《演说》,第76~82页。

② 《西报记孙逸仙之革命谈》,《时报》(二)1912年4月5日。

曾开辟"。基于此,孙中山提出"今后拟以改革之纲领,普传于全国。未复论及中国之财政,谓中国国民实已贫困,故新政府对于铁路、轮船及种种大商业国有问题,将加意办理"。而"社会革命事体重大"且"非一二年可收效,须有百年之功",因此"非倚赖武力可以成事"只能用"和平之方法推进之"①。孙中山在此次谈话中已明确表明了自己关于社会革命的内容的初步规划。次日,他在与上海《大陆报》记者的座谈中进一步指出:"平生事业悉在革命,今幸告成功,此后中国将采用社会主义,使国民生计优裕。"同时还认为在"筑造铁路,使内地与各口岸航线链接,实为入手要图"。在谈话中记者问及是否会去海外动员外国资本家投资实业以及造铁路及航业,孙中山认为国内的实业可以依靠团体筹款,而铁路航业则须有同外国资本组建联合公司,待一定期限后将属于共和政府②。显然,两次密集的谈话表露出孙中山对于社会革命的和平方式的初步思考:一方面,较之欧美诸国,中国的社会革命将以和平方式进行;另一方面,在使国民生计优裕而采用"社会主义"的同时,可以有分别地利用国内民间资本及国外资本。由两者而言,发展实业可以等同于社会革命。

4月10日,孙中山在武汉各界欢迎会上进一步阐述社会革命与"社会主义"的相关思考。孙中山从观察欧美社会现状的诸多问题入手,认为欧美发展的失误在于"以为政治良,百事皆良,遂不注意于社会事业",因此产生了无良心的资本家。"倘欧美早百年注意社会问题,而今日补苴罅陋之政策可不发生"。"今吾国之革命乃为国利民富革命,拥护国利民富者,实社会主义。故欲巩固国利民富,不可不注重社会问题"。此次演讲,孙中山对工人罢工阐述

---

① 《孙中山将从事社会革命》,《申报》1912年4月5日,第3版。
② 《孙中山与西报记者之答语》,《申报》1912年4月6日,第3版。黄彦、萧润君主编:《论民生主义与社会主义》,广东省人民出版社,2008年第1版,第23页。

了自己的理解:"世间颇误认同盟罢工为社会主义,而实非也。罢工一事,乃无法行其社会主义而始用之,以发表其痛苦,非即社会主义也。"并希望在社会革命着手伊始,"各团体复以其一致之精神,从事斯业"①。孙中山认为社会革命是为了使今日不再有流血之革命,"非谓今日再将流血,实谓今日及早预防,莫再令其流血耳"②。此次演讲是对社会革命和平方式的进一步充实,而较之前的言论最大的不同在于明确提出了工人联合罢工不是"社会主义"的实质,而是"社会主义"利用这种形式来表达其痛苦。此时,笔者虽无法判断孙中山是否已经阅读了马克思著作,但这已是"可思马克思之意,不可用马克思之法"的前奏。

期间,孙中山倡导社会革命极为热切,以至于在武汉与初次见面的黎元洪便"畅谈民国建设政要及社会革命之手续"③,向黎讲述自己有关社会革命内容与方式的思考。4 月 14 日孙中山回到上海,于 16 日、17 日分别在上海同盟会和上海中华实业联合会的欢迎会上发表演说,继续鼓吹"社会主义"。他提出"民生主义者,即国家社会主义也"、"民生主义者,非以社会主义之不能完全","仆之宗旨在提倡实业,实行民生主义,而以社会主义为归宿"④。孙中山在这两次演讲中提到了时人对其演说社会革命、"社会主义"甚至民生主义的争论和非难⑤。孙中山基于民生主义而提倡的社会革命和"社会主义"言论,在这两次演说中得以将民生主义和"社会主义"关系进行总括性的概述,直指民生主义与"社会主

---

① 中国社会科学院近代史研究所、中山大学历史系、广东省社科院历史研究室合编:《孙中山全集》第 2 卷(下称《孙中山全集》),中华书局 1981 年版,第 332～333 页。

② 《中山先生社会革命谈》,《申报》,1912 年 4 月 15 日,第 3 版。

③ 《鄂垣欢迎孙中山续志》,《申报》,1912 年 4 月 14 日,第 3 版。

④ 《孙中山全集》第 2 卷,第 337～341 页。

⑤ 相关争论可以参见杨天石:《杨天石近代史文存·孙中山与中国革命的前途——兼论清末民初对孙中山民生主义的批评》,中国人民大学出版社 2007 年版,第 113～134 页。

义"存在天然的联系,这显然是孙中山对社会舆论的一次直接回应。鉴于各种分歧和争论,孙中山在接下来演说的内容也作了较大的调整,着重阐释了他对社会革命方式和内容的设想和设计,即"当脱离政界关系","此后即专心致志,办理实业"①。后来在与社会党接触的过程中,孙中山则直接以"弘道致远,我道为不孤矣"表达了在提倡"社会主义"上的无奈与欣慰②。因此,面对政党他仍然将"社会主义"作为演说的重要内容,而对于非政党则言实业,这种调整也是他思想和言论趋于理性的表现。

四、初 步 创 获

在1912年的下半年,孙中山有关"社会主义"和社会革命的演说中,目前所见仅有两次。一次是9月在北京共和党欢迎会的演说,另一次则是在10月上海社会党党员大会的专题演讲。前者可视为是与黎元洪在武汉会面畅谈国家建设与社会革命的继续,因为该党的理事长正是黎元洪;也有孙中山调整演说对象与内容的考虑,希望将"社会主义"(社会革命)的鼓吹在政党领域得到认可。此次演讲是孙中山调整后的选择性演说,他认为当时只有国民党和共和党完全具有政党能力,希望发挥政党作用,提倡国家社会主义,以固民国富强之基③。此时的孙中山依然坚信"社会主义"能使国强民富,并以基石视之,可见他更加笃信"社会主义"在当时中国的作用。后者,在上海社会党党员大会的演说,持续三日,可谓是孙中山提倡一年之"社会主义"主张的总结及其创获的阐述。孙中山考察中外社会发展,国外社会主义学说的演进与"社会主义"

---

① 《孙中山全集》第2卷,第441页。

② 黄彦、萧润君主编:《论民生主义与社会主义》,《复中国社会党崇明支部地税研究会告无暇往演讲函》,第55页。

③ 《孙中山全集》第2卷,第440～442页。

政党,以及个人与社会、国家等诸层次,认为"社会主义者,人道主义也",而"社会主义之博爱,广义之博爱也。社会主义为人类谋幸福,普遍普及,地尽五洲,时历万世,蒸蒸芸芸,莫不被其泽惠"①。诚然,"社会主义虽为拯救社会疾苦之学说,其希望见诸实行,乃必根据经济学之分配问题而研究也"②,因此"社会主义者,一人类经济主义也"③。他总结了亨利·乔治和马克思学说,认为"二氏之学说,一则土地归为公有,一则资本归为公有……而土地、资本所得一分之利,足供公共之用费,人民皆得其一分子之利益……斯即社会主义本经济分配之原理,而从根本上以解决也"④。并且指出:"研究土地支配之方法,即可得社会主义之神髓",而"规定地价及征收地价税之二法,实为社会主义之政策⑤"。对此,孙中山抱有极大之乐观,认为"鼓吹一种和平完善之学理,以供政府之采择"⑥的方式将"种种生产之物产归为公有,而收其利",使得"府库之充,有取之不竭、用之不尽之势",进而"我民幼有所教,老有所养,分业操作,各得其所","我中华民国之国家一变而为社会主义之国家"的愿望必然得以实现⑦。孙中山此次演说的内容对"社会主义"的历史、内容、方式和作用较系统地进行了阐述,而其中孙中山对于"社会主义"在上述内容的思考和创获则更值得我们关注⑧。

---

① 《孙中山全集》第 2 卷,第 510 页。
② 黄彦、萧润君主编:《论民生主义与社会主义》,《论社会主义》,第 123 页。
③ 同上书,第 120 页。
④ 《孙中山全集》第 2 卷,第 515 页。
⑤ 同上书,第 522 页。
⑥ 同上书,第 509 页。
⑦ 同上书,第 523 页。
⑧ 笔者限于能力,未对孙中山在社会主义(马克思主义)中国化的过程中进行较为系统的阐述。相关成果可参见敖光旭:《中国大陆对孙中山社会主义思想研究》,《广西大学学报》(哲学社会科学版)2001 年第 3 期;林家有、黄彦等:《孙中山社会建设思想研究》,中山大学出版社 2009 年版,第 52~72 页等。

五、结　　语

1912 年,孙中山通过演说证明自己"实完全社会家也""实一完全之社会党"的认同。纵观孙中山近一年的"社会主义"言论,整体表现是主义之下的内容在不断地具体化,如逐渐涉及铁路建设、土地等具体问题,这为实业计划宏图的制定产生了积极的影响。孙中山建构民生主义时援用"社会主义"学说,在处理民生主义、"社会主义"、社会革命之间的关系时,时有不同的表述,但总体而言,他鼓吹"社会主义"的出发点和立足点是民生主义,即希望通过"社会主义"来实现民生主义。从这点而言,"社会主义"是作为民生主义的一种补充而被提倡。然而在演说的过程中孙中山又常将"社会主义"同民生主义等同视之,其中除希望得到一定政党的支持外,尚是孙中山对"社会主义"的认识尚处于初识的学理阶段,理论认识尚待完善。此时孙中山对"社会主义"的理解和认识是基于其自身经验采诸家之说的诠释,可以说这种诠释本身就是一种学问或学理。学问、学理是可以讨论的,它可以成为政府主导的内容,也可以是政党努力的政策,甚至也可以仅仅是少数人认同的一项主张。诚如孙中山 1912 年在广州岭南学堂由革命而言及建设时所说"益见非学问无以建设"①,它未必能收立竿见影的成效。学问、学理的倡导未必要有益于时,但这必然有益于今后的事业建设。此外,因讨论甚至争论所引发的社会反应,诸如支持者、误解者,甚至反对者的言论,成为促使孙中山不断细化和深化社会主义认识的重要因素。在一定程度上而言,孙中山的实业计划正是对这一社会反映的具体回应。

民国草创,孙中山不希望它走欧美诸国的旧路,然而环视全球

---

① 黄彦编:《孙中山选集》中册,广东人民出版社 2006 年版,第 305 页。

亦无成例可循。而此时不管是否具有民国总统光环,但作为一名爱国者,他的答案是完成三民主义——孙中山认为民国建立后只有民生主义尚未完成,因而极力主张民生主义。而其民生主义和"社会主义"的学说或思想,套用陈旭麓先生的话,"因袭—规抚—创获,是人类文化史上具有永恒意义的命题"①。因此,正如民族、民主"规抚欧洲之学"一样,民生主义既是"规抚欧洲之学"的"社会主义",又因袭"我们中国本有一种社会主义的学说"和"本又有一社会政策"②,而逐渐创获孙中山特有的民生主义。正如蔡元培先生所言:"我们讨论社会主义运动的问题……很可以令我们猛省,知道实行这种主义,必要有各种的研究。不是随便拈出几句话头,鼓吹鼓吹,就有希望的。"③而孙中山此时的民生主义便是这种"必要有各种的研究"之一。

(章扬定　广东省社会科学院副院长、研究员;

熊　飞　广东省社会科学院硕士研究生)

---

①　陈旭麓:《因袭—规抚—创获——孙中山的中西文化观论纲》,《陈旭麓学术文集》,第 323 页。

②　蔡元培:《社会主义史序》,《新青年》1920 年第 8 卷第 1 号,第 259 页。

③　蔡元培:《社会主义史序》,《新青年》,1920 年第 8 卷第 1 号,第 260 页。

略论孙中山的谱牒观

丁凤麟

在历代爱国志士群中,孙中山先生堪称最为耀眼的人物,关键在于他处于中国重大的历史转折时期,以坚持不懈的精神,高举革命排满,在中国实现三民主义的旗帜,勇于推陈出新,终于将皇权专制的中国推到了实现民主共和的历史新阶段。

中山先生的推陈出新,有一个显著的特点:"推陈"不是盲目、简单地否定"陈",而是在因"陈"的基础上"开新",使他开出的"新",更具有切合中国实际的感召力和影响力。关于这一点,学术界都从不同视角进行了深入探索与阐述。笔者精力和水平有限,仅从中山先生的谱牒观着眼,做一些粗浅探求。

一

笔者近年有幸参与了上海图书馆发起并组织的中国家谱资料选编的工作,具体承担中国家谱序跋卷的编纂整理。在编纂过程中,发现了中山先生生前为战友写就的家谱序言及有关资料,从中体会到中山先生独具特色的谱牒观,颇受教益。

中山先生谱牒观的最大特色是什么? 我认为在于给中国传统的家谱赋予符合时代需求的新意。众所周知,家谱是以男性为中心的家天下出现后,逐步形成的以记载家族血脉传承的历史文献,在正常状态下,二三十年纂修一次,旨在增强家族的凝聚力,使子孙后代不忘本源,更好地继往开来,光宗耀祖。中山先生对中华民族文化传统之一的家谱纂修及其功能,在思想上是认同的,并在行动上予以支持。比如,1920 年 4 月上旬,他接到"从余治军有年"的革命同志阚兰溪为其阚氏家谱作序的恳请,"欣然"首肯。首先将其"新纂谱稿"认真阅读一遍,方才书写下《合肥阚氏重修谱牒序》一文掷还。在这篇谱序中,中山先生首先回顾了合肥阚氏的家族历史,指出他家乃"古蚩尤之后裔",充分肯定蚩尤"为中国第一革命家,首创开矿铸械之法";而且阚氏子孙,"历代多好义尚武之士"、"修文讲武"、"皆能不失其远祖蚩尤氏雄迈忠实之流风"。对于阚兰溪偕其族人"新纂谱稿"的举措,中山先生也"欣然嘉许",并明确对他们说:"励志合群二事,吾民族首要之方针也。今诸君一心以改良风俗为任,注意教育,组合群力,皆为民治最优秀根柢,又能守其祖先发愤自雄百折不挠之心志,以出而效力于国家,则将来阚氏之立功业于宇内,著勋绩于史册,必能接踵而起,为世钦仰。余不禁翠然望之,而愿有所助力尔!"①在这篇序文中,中山先生尊崇中国民间纂修家谱的传统,认为这是"励志合群"的举措,闪现了中华民族的"自治精神",实在难能可贵,值得大力弘扬。

如果说,这篇《合肥阚氏重修谱牒序》主要显现中山先生谱牒观中尊崇传统的一面,那么,他在 1923 年初应邀为革命战友詹大悲家族撰写的《五修詹氏宗谱序》中,则将家谱纂修的意义和价值提升到一个新的高度,体现出中山先生谱牒观开新的一面。在这篇谱序中,中山先生从"欧政使国与民相系而不离"的原则着眼,明确指出:"吾党主义三,民族主义冠焉。民族惟独立并存,各贡其工作之值于世界,然后可使进化同存,以共趋于极治之域。今欲甲乙或丙无强弱不更为敌,异昔之人相食,则必先使之各去敌意而互谋

---

① 丁凤麟整理:《中国家谱资料选编·序跋卷(下)》,上海古籍出版社 2015 年版,第 922 页。

亲爱。是故积民族之亲,则一人类之非敌也;积家族之亲,则一国
一民族之非敌也。余稽詹氏先代时,有人能为天下之人尽瘁,今兹
家乘之作,其将于是萃族人谋所以光大先烈者,而姑以亲亲之事为
犒矢也。其进而革民族相食之陋也,将惟是;其益进而树天下一家
之基也,将益惟是。若是,固亦吾同志无尽之责也,愿共勉之。余
尤愿贵族诸君子闻余言而皆有所以共勉也。"①

　　显而易见,中山先生不愧为高举三民主义旗帜改造中国的伟
大革命先行者,他将家谱之功能和意义提升到实现民族主义的高
度。在他看来,倘若每个家族皆能修纂"光大先烈"之谱牒,那么,
"以亲亲之事"入手,不仅能"革民族相食之陋",而且能实现"树天
下一家之基"的远大理想,并将这一理想视为"吾同志无尽之责"。

二

　　中山先生将纂修家谱视为实现民族主义理想之重要环节的谱
乘新义,具有很强烈的启迪性和感召力,为民国时期的众多有识之
士所传承,并得到进一步阐扬。比如,1936 年春,奉命"出巡百粤"
的程潜,在其《沈氏四修族谱赠叙词》中明确指出:"人相群而成社
会,社会相群而成国,故国以民为本。先总理孙中山先生致力国民
革命,厘定学说,手创三民主义,亦先决民族。原以观察姓族上固
定之习惯性,有最好之观念点、亲近性、团结力,相信民本无乖,基
本是肇,以而合乎族。族麇至,则是类。以类聚群,策群力,建筑良
好之民族国家,理势必然……况革命尚未成功,当抑可以从斯谱而
更加团结。其不愧为建树民族精神,党国之幸有可必也。"②又比
如,民国政府主政湖北的方本仁,于 1932 年在《周氏创修宗谱序》

① 丁凤麟整理:《中国家谱资料选编·序跋卷(下)》,第 922～923 页。
② 同上书,第 998～999 页。

中提出:"余三十年来,两续家谱。诚以谱者,吾国家族制度精神之所寄,虽义在敬宗收族,序昭穆而别尊卑长幼,敦于一家之孝友,而兴让兴仁,效可及于全国,有未可随专制政体以俱废者。"他在将家谱同专制政体严加切割的同时,还依据自家的修谱实践体悟到:谱乘可以"挽回一世之颓风,使一族倡之,百族和之,则举世之人,将咸知以爱一家一族之心推而爱国,治平可以立致,孰谓家族制度之无补于民族主义哉?!"①再比如,民国要员张继在其《武进梅里张氏续修家谱序》中,也明确指出:"立国于天地之间,其能维系久远,虽遭变故而卒能使其民追维先烈,起而光复,以自保其族类;而不同野蛮生番朦然不自知其先世之历史,而受人宰割,不知所以振兴,日沦于奴隶,万劫而不能复者;无他,文与野之分,有史与无史之别也。惟家亦然……中山先生揭橥民族主义,特谆谆赞誉我人民之宗族观念,使发扬为国家观念,以恢廓我民族精神者,亦良由于是也②。"

尤其值得注意的是,当日本军国主义者大举侵华,中华民族处于危亡之际,中华民族的有识之士,更将中山先生的谱乘新义注入增强民族团结、挽救国家危亡的时代新命题。比如,抗战前夕,牛公勋在其《牛氏族谱修序》中大声疾呼:"迩者外患日亟,谋国者盛唱国族团结以之御侮。家族者,国族单位也。国家之富强基于斯,民族之精神寓于斯。弱肉强食天演公例,岁不我与,稍纵即逝。此时此事,不但吾牛氏亟宜联合一致,四万万同胞盍兴乎来!"基于此,他依据"国族团结以之御侮"的原则,强调"此吾谱之所以叙修,而不容稍缓也。"③又比如,刘名隅在其 1932 年书写的《序大汔刘氏族谱》④中,目睹"我国日受列强之侵略,岌岌乎有种族灭亡之

---

① 丁凤麟整理:《中国家谱资料选编·序跋卷(下)》,第 966~967 页。
② 同上书,第 1031~1032 页。
③ 同上书,第 978 页。
④ 同上书,第 967 页。

忧"的严酷情势,提出"何以图民族之生存乎?"的时代命题。他思考的答案是:"中华民族之繁殖宜为世界冠,然人心离散,幸有家族以团结之。黄炎帝胄一脉流传,渊源有自,精神不隔,则更赖有家乘以纪载之……然则所修之谱牒,视为中国民族自救之唯一要素,恶乎不可?!"径直将修谱与"民族自救"画上了等号。尤其令人难忘的是,就在抗日烽火弥漫之际,山东绅士路星海在其 1937 年书写的《重修族谱序》中,发出强烈呼喊:"嗟嗟! 吾中华民族岂尽亡国之奴? 特无道以联属之";"东亚病夫、一盘散沙之讥诮,宁无因而至耶? 我路氏今因族谱之修,推家族之爱而施于氏族,推氏族之爱而施于种族,更推种族之爱而施于民族,联个人之私成为天下之公,俾总理民族主义实现于中国,安见黄帝之子孙不可称为世界强族耶?!"①这一铿锵有力的呐喊,不仅凸显出中华民族子孙不屈于外来侵略的坚毅决心,更将中山先生的谱乘新义注入了时代特定的新内涵。

如今,历史已翻开了崭新的一页,举国上下正在为实现中华民族的伟大复兴而奋勇直前。然而,现实是历史的继续与传承,在国家与社会仍以无数个家庭所组成的现实状态下,如何正确理解与阐扬中山先生的谱牒新义,将家庭的教育与功能同民族的振兴有机结合起来,似乎也是难以回避的时代课题。

(丁凤麟　上海中山学社理事)

---

① 丁凤麟整理:《中国家谱资料选编·序跋卷(下)》,第 881 页。

邹鲁与孙中山关系研究

刘盼红　高红霞

自 20 世纪 80 年代以来,海峡两岸相继编辑更加完整的孙中山全集、年谱、年谱长编和各种专题性的资料汇编,史事编年等也陆续问世,各种论著更是数量惊人,孙中山研究成为显学。①尽管如此,孙中山研究仍可再拓展。比如孙中山晚年与冯自由、邹鲁、谢持、田桐、陈炯明等人的交往等,其中孙中山与邹鲁的关系研究尚未有人涉及。邹鲁十几岁的时候,就接触过孙中山的革命主张,1905 年经人介绍加入尤烈先生所组织的革命团体(中和堂②)③,尤烈与孙中山是密友;1906 年加入中国同盟会④,继而担任同盟会的主盟人;1911 年参与孙中山领导的广州 3 月 29 日起义的宣传工作,创办《可报》。邹鲁一生基本上是孙中山的忠实追随者,却在孙中山逝世后不久主持召开西山会议,反对孙中山的新三民主义。本文将邹鲁与孙中山从初识到深层接触再到亲密无间,最后

---

①　桑兵:《提升孙中山研究的取径》,《广东社会科学》2013 年第 3 期,第 91 页。

②　中和堂:中国中和党前身,系尤烈于 1897 年 4 月 20 在九龙西拱日成立的秘密团体,取"致中和,天地位焉,万物育焉"之义,宗旨是中正、和平、大公、博爱。

③　邹鲁:《邹鲁回忆录》,东方出版社 2010 年版,第 14 页。

④　据冯双:《邹鲁年谱》,中山大学出版社,2010 年版,第 19 页注释中称先生(即邹鲁)加入同盟会的具体时间尚未发现有确切史料证实。目前说法有 3 个,即"张镜影说(1905 年)""邹鲁说(1906 年)""陈哲三说(1909 年)"。据冯双分析是 1906 年邹鲁加入中国同盟会,本文采取这个说法。

分道扬镳的过程作一梳理,力图分析出两人关系发展变化的深层次原因。

一、初 识 阶 段

邹鲁与孙中山的关系大体分为四个阶段:初识阶段(1912 年 1 月 1 日～1917 年);深层接触阶段(1917～1921 年);协作阶段(1921～1925 年 3 月 12 日),准分手阶段(1924～1925 年 3 月 12 日)。

1912 年 1 月 1 日～1917 年是邹鲁与孙中山的初识阶段。1912 年 1 月 1 日,邹鲁出席孙中山就职中华民国临时大总统盛会,两人第一次见面以后并互相了解,为日后相互信任奠定了基础。1914 年,孙中山提议邹鲁编写《民国杂志》,1916 年,邹鲁听取孙中山演讲新思想。但在此阶段是两人关系尚浅,孙中山尚未亲自任命邹鲁职务,邹鲁亦抱着对领导的敬意行事,两人为最初的上下级关系。

就目前笔者所掌握的材料来看,没有明确提到邹鲁与孙中山第一次见面的具体时间和地点。《邹鲁年谱》里最早提到两人见面是 1912 年 1 月 1 日,邹鲁出席孙中山就职中华民国临时大总统盛会①。邹鲁回忆里第一次提到与孙中山直接见面也是在这一天:"中华民国元年一月一日,总理在南京就中华民国临时政府大总统职;组织临时政府,改元中华民国元年,采用阳历。推翻帝制的素愿,完全实现,并且得躬与其盛,内心快慰,自不待言! 那时我二十七岁。"②因此笔者大致可推断两人首次出现在同一场合不会晚于 1912 年 1 月 1 日。

---

① 冯双:《邹鲁年谱》,中山大学出版社 2010 年版,第 42 页。
② 邹鲁:《邹鲁回忆录》,第 34 页。

1913 年 2 月,邹鲁进京担任议会党籍议员领导人进行讨袁,同年 7 月 24 日,孙中山命令邹鲁协助陈炯明讨伐龙济光。两人开始了"角色性接触和交往"①。两人由相识,逐渐成为最初的上下级关系。据邹鲁回忆,有一天(1914 年 5 月初),总理派人来叫我。我立刻去见总理,他说:"本党决定创办一种杂志,作本党宣传的机关,你可否腾出一部分读书的工夫来做文章?"我答:"先生(当时我们称总理都称先生)命我做的事,决没有不乐从的道理。"总理说:"那末很好,不过我先要告诉你关于目前本党宣传的方针。现在本党宣传的对象,要在推倒袁世凯。你在北京的时间较久,对于袁世凯倒行逆施的情形比较熟悉,应该把他尽量揭发出来。如时间许可,每期你要担任两篇,至少也该有一篇。至于党义的宣传,可暂从缓,因为国贼未除,什么主义都行不通。"我答:"我当尽力为之。"②邹鲁"概不干预他事"③,5 月份在《民国杂志》创刊号上发表两篇文章:《袁世凯之约法会议》《中俄协约之结果》;6 月份以笔名"亚苏"在《民国杂志》第二号上发表两篇文章:《袁世凯对内政策》《今之所谓约法》;7 月份以笔名"亚苏"在《民国杂志》第三号上发表两篇文章:《中华民国之约法》《说经验》;8 月份以笔名"亚苏"在《民国杂志》第四号上发表 1 篇文章:《列强监督财政问题》;12 月份发表 1 本著作:《袁世凯阴谋帝制之真相》④,半年内邹鲁共发表讨袁文章 7 篇,著作 1 本。孙中山指定《民国杂志》为中华革命党的宣传机关。此时孙中山与邹鲁接触渐多,尤其看中邹鲁的宣传能力。邹鲁鉴于讨袁讨龙失败,更加竭尽全力完成好孙中山安排他的任务。1916 年 7 月,孙中山叫邹鲁约议员们谈话,并与邹鲁

---

① 奚洁人、陈莹编:《简明人际关系学》,华东师范大学出版社 1991 年版,第 59 页。

②③ 邹鲁:《邹鲁回忆录》,第 53 页。

④ 梅荓:《邹鲁文存》第二集《杂志论文》,沈云龙主编:《近代中国史料丛刊三编第三辑》,文海出版社有限公司 1988 年印行。

商量议员们最关注的问题,邹鲁建议孙中山讲世界上现行最新式的民权制度,继而孙中山在尚贤堂演讲《地方自治为建国基础》,又在张园演讲《地方自治制》,最后在欢送议员大会上演讲《采用五权宪法之必要》,"听众们咸讶为得未曾有"①。孙中山主动听取邹鲁的意见,并以邹鲁为中介,联络北京议员。邹鲁表达己见,对孙中山及其新思想敬佩不已,并服从领导指示,上传下达。该阶段两人为最初的上下级关系,但也透露出孙中山对邹鲁宣传才能的欣赏和对邹鲁建议的重视,为今后的关系进展奠定了基础。

二、深层接触阶段

1917～1921年是邹鲁与孙中山关系发展的深层接触阶段,两人关系由浅入深。孙中山5次任命邹鲁职务,邹鲁尽职尽守。护法运动中邹鲁积极支持孙中山,赢得了孙中山信任。但是相对而言这些职务并非要职,一定程度上是孙中山对邹鲁能力的考量,也并非邹鲁感兴趣之职务,邹鲁还是竭尽全力完成领导的要求,两人为正式的上下级关系。

表1 1917～1921年孙中山任命邹鲁的职务统计

任命年月	任命职务	任状号数	资料来源	备　　注
1917年 9月11日	大元帅府参议		《邹鲁年谱》,中山大学出版社2010年版,第95页;《孙中山全集》(第四卷1917～1918),中华书局1985年版,第546页	

---

① 邹鲁:《邹鲁回忆录》,第59页;冯双:《邹鲁年谱》,中山大学出版社2010年版,第82页。

（续表）

任命年月	任命职务	任状号数	资料来源	备 注
1917 年 9 月 22 日①	中华民国军政府财政次长	《军政府公报》第五号《大元帅令》	《孙中山全集》第四卷（1917～1918），中华书局 1985 年版，第 190 页	1917 年 10 月 8 日卸任
1917 年 10 月下旬	潮梅军总司令		《邹鲁年谱》，中山大学出版社 2010 年版，第 96 页	平定莫擎宇叛变
1920 年 11 月 4 日	广东政务厅长		《邹鲁年谱》，中山大学出版社 2010 年版，第 117 页，见中华民国档案资料汇编	1920 年 11 月 17 日卸任
1920 年 11 月 25 日	两广盐运使		《邹鲁年谱》，中山大学出版社 2010 年版，第 118 页	1922 年 6 月中旬卸任

资料来源：根据冯双《邹鲁年谱》，中山大学出版社 2010 年版；《孙中山全集》第四卷（1917～1918），中华书局 1985 年版整理而得。

由表 1 可知，1917 年 9 月 11 日，孙中山首次正式任命邹鲁职务，表明两人关系有了进一步发展。初识阶段两人仅为初级的上下级关系，在不断了解中，邹鲁的宣传才能显露出来，但是这些职务并非要职。譬如大元帅府参议一职，除了邹鲁之外，还有吕复、吴宗慈、宋渊源、周震鳞、茅祖权、吕志伊、王湘、马骧、王法勤、凌钺、赵世钰等 11 人。财政次长一职，也是中华民国军政府财政总长廖仲恺领导下负责部务的一个职务。陈炯明与邹鲁为同窗，关系甚好，陈建议孙中山任命邹鲁为财政厅长，孙中山则认为财政为

---

① 关于邹鲁被任命为财政次长的日期，有三种说法："《邹鲁年谱》，第 95 页：1917 年 9 月 21 日孙中山任命先生为财政次长"；"《孙中山全集》第四卷（1917～1918），中华书局 1985 年版，第 190 页：1917 年 9 月 22 日大元帅令，任命邹鲁为中华民国军政府财政次长"；"《邹鲁与中国革命（西元一八八五～一九二五）》（正中书局 1981 年一月台初版，第 93 页）、《孙中山全集》第四卷（1917～1918），中华书局 1985 年版，第 555 页，大元帅府简任人员职务姓名表：1917 年 9 月 24 日孙中山任命邹鲁为代理中华民国军政府财政次长"。本文采取 1917 年 9 月 22 日这一说法。

所有主政者必须掌握的部门,几经考虑,复电认为邹鲁长政务,廖仲恺长财政为妥。①邹鲁并不乐意接受这一职,几天后辞职不就。由此可以看出,邹鲁并没有得到孙中山的完全信任,只是担任一些非重要职务。

张勋复辟后,1917 年 7 月,孙中山任命邹鲁南下护法。邹鲁从三个方面协助孙中山护法,首先,在欢迎孙中山大会上发表谈话:"国会依法可自行召集,地点亦无限制,故若在粤开会,于法律绝无不适合,且外国之承认我中华民国者,亦因有国会之故。美国于我国会正式成立时,即已承认,可为实证,又何虑国际上之不得良好结果哉……至如国会不恢复,则北方假共和之徒,必将设立临时参议员,或以旧国会供其利用,俱为至危险之事。故国会在粤开会,当为国会议员多数所赞同也。"②其次,邹鲁联络广东省长朱庆澜组建北伐军,朱庆澜允诺将其卫队 20 营拨交陈炯明指挥。最后推举孙中山为中华民国军政府大元帅③。

1918 年军政府改组,孙中山辞去大元帅职务。邹鲁坚决拥护孙中山,反对改组。六次致函孙中山推荐广东省长,函电时间分别为 1918 年 12 月 13 日,1919 年 2 月 12 日,1919 年 6 月 18 日、19 日,1919 年 7 月 4 日、8 日④。1918 年 12 月 13 日"推荐展堂⑤谋长粤",孙中山复函"如能办到,当然赞成"⑥。孙中山非常欣喜邹

---

①　冯双:《邹鲁年谱》,第 117 页。

②　陈锡祺:《孙中山年谱长编》,中华书局 1991 年版,第 1039～1040 页;冯双:《邹鲁年谱》,第 92 页。

③　冯双:《邹鲁年谱》,第 94 页。

④　桑兵主编,谷小水编:《各方致孙中山函电汇编》第四卷(1919.1～1919.7),社会科学文献出版社 2012 年版,第 407～458 页。

⑤　展堂,即胡汉民。

⑥　桑兵主编,何文平编:《各方致孙中山函电汇编》第三卷(1916.11～1918.12),社会科学文献出版社,2012 年版,第 502～503 页。

鲁对他的支持,但是也有顾虑,"惟粤事纠纷错杂,近者尤甚,一切举动,似宜妥慎图之为要"①。1919 年 2 月 12 日再次上书孙中山,请求早日任命广东省长。1919 年 2 月 23 日孙中山复函"文个人自未便电粤推任。倘诸君主张金同,仍以就近主张,为地择人,较为适合也"②。孙中山权力不足,不敢妄作决定,正如他找邹鲁谈话中所说:"一般人读书不认真还不要紧,我们革命党人却千万不可不认真……身负国家社会之重,如果自己读书不认真,事情做错了一点,就不但害了我们的党,连整个国家社会也被害了。"③邹鲁在反对军政府改组一事中,表现了对孙中山的忠心,也反映邹鲁与孙中山在革命事业中思想策略的一致性,为晚年孙中山交以重任奠定了基础。

1919 年巴黎和会召开,孙中山命邹鲁起草《代国会拟致美国国会请对于日本要求继承德国在山东权利主持公道电》《致巴黎和会各国代表电》。1921 年 12 月,邹鲁完成《黄花岗七十二烈士事略》,孙中山赐序。

在深层接触阶段孙中山多次任命邹鲁职务,体现了孙中山对邹鲁的逐渐信任和进一步考量,同时邹鲁视孙中山为领袖,尽力完成使命,尽管任职并非自己兴趣之所在,依然尽职尽守。两人的关系随着接触增多而加深。

---

① 中国社会科学院近代研究所中华民国史研究室、中山大学历史系孙中山研究室、广东省社会科学院历史研究室合编:《孙中山全集》第四卷(1917~1918),中华书局 1985 年版,第 533 页。

② 中国社会科学院近代研究所中华民国史研究室、广东省社会科学院历史研究室、中山大学历史系孙中山研究室合编:《孙中山全集》第五卷(1919.1~1921.11),中华书局 1985 年版,第 24 页。

③ 中国社会科学院近代研究所中华民国史研究室、广东省社会科学院历史研究室、中山大学历史系孙中山研究室合编:《孙中山全集》第五卷(1919.1~1921.11),第 79 页。

三、协　作　阶　段

1921 年至孙中山逝世是两人关系发展的协作阶段,双方进入最亲密时期,孙中山任命邹鲁要职,并尊重邹鲁的办学兴趣,两人函电往来日益频繁。1922 年,邹鲁协助孙中山讨伐陈炯明,1924年在孙中山的支持下邹鲁筹办国立广东大学,并校对三民主义,成为孙的"宣传助手",孙中山为邹鲁教育事业上的"伯乐",两人不仅是上下级的关系,还建立了更加亲密的朋友关系。

表 2　1921～1925 年孙中山任命邹鲁职务统计

任命年月	任命职务	任状号数	资 料 来 源	备　　注
1922 年 10 月 26 日	驻港特派员		《邹鲁年谱》,中山大学出版社 2010 年版,第 144 页	策划讨伐陈炯明
1923 年 1 月 19 日	代行大总统		《邹鲁年谱》,中山大学出版社 2010 年版,第 154 页	胡汉民、李烈钧、许崇智、魏邦平、邹鲁等五人代行大总统职权 1923 年 2 月底,邹鲁卸任
1923 年 5 月 18 日	广东财政厅长	《大本营公报》第 12 号	《邹鲁年谱》,中山大学出版社 2010 年版,第 158 页; 《孙中山全集》(第七卷 1923.1～1923.6),中华书局 1985 年版,第 458～459 页	1923 年 12 月 3 日卸任
1923 年 8 月 11 日	西江善后委员		《邹鲁年谱》,中山大学出版社 2010 年版,第 161 页	与程潜、廖仲恺、古应芬协助西江善后督办李济深处理西江善后工作,1923 年 12 月 3 日邹鲁卸任

（续表）

任命年月	任命职务	任状号数	资料来源	备　注
1923 年 10 月 27 日	兼任大本营筹饷局会办	《大本营公报》第 35 号	《邹鲁年谱》，中山大学出版社 2010 年版，第 164 页；《孙中山全集》第八卷（1923.7～1923.12）中华书局 1981 年版，第 340 页	1923 年 12 月 3 日卸任
1923 年 11 月 27 日	兼任国立广东高等师范学校校长	《大本营公报》第 39 号	《邹鲁年谱》，中山大学出版社 2010 年版，第 168 页；《孙中山全集》第八卷（1923.7～1923.12）中华书局 1981 年版，第 454 页	
1924 年 1 月 30 日	国民党第一届中央执行委员会委员		《邹鲁年谱》，中山大学出版社 2010 年版，第 176 页；《孙中山全集》第九卷（1924.1～1924.3）中华书局 1986 年版，第 180～181 页	
1924 年 2 月 1 日	对外委员会委员		《邹鲁年谱》，中山大学出版社 2010 年版，第 177 页	与廖仲恺、于树德就收回租界、取消领事裁判权、关税自主、庚子赔款开展宣传
1924 年 2 月 4 日	中国国民党中央青年部部长		《邹鲁年谱》，中山大学出版社 2010 年版，第 177 页	
1924 年 2 月 4 日	国立广东大学筹备主任	《大本营公报》第 4 号《命令》	《邹鲁年谱》，中山大学出版社 2010 年版，第 177 页；《孙中山全集》第九卷（1924.1～1924.3）中华书局 1986 年版，第 433～434 页	

（续表）

任命年月	任命职务	任状号数	资料来源	备　注
1924年6月9日	国立广东大学校长	《大本营公报》第16号《命令》	《邹鲁年谱》，中山大学出版社2010年版，第200页；《孙中山全集》第十卷(1924.4～1924.8)中华书局1986年版，第260页	

资料来源：根据冯双：《邹鲁年谱》，中山大学出版社2010年版；《孙中山全集》第八卷(1923.7～1923.12)，中华书局1981年版；《孙中山全集》第九卷(1924.1～1924.3)，中华书局1986年版；《孙中山全集》第十卷(1924.4～1924.8)，中华书局1986年版整理而得。

由表2可知，随着邹鲁的才能和忠诚日益展露，孙中山对邹鲁的信任度也在攀升。就任职来看，首先是讨伐陈炯明时任命邹鲁为大总统特派员，代行大总统职责，可以说予以高度重视和信任，毕竟邹鲁与陈炯明为同窗好友，关系非同一般。继而任命邹鲁担任广东财政厅长一职，财政乃国家之命脉，过去孙中山不敢将财政交与邹鲁，而是交给更加信任的廖仲恺，现在任命邹鲁为财政厅长，表明邹鲁取得了孙中山的极大信任。晚年孙中山高度重视宣传在革命和建国中的作用[①]，而教育和演讲是孙中山宣传三民主义的重要方式。孙中山在中国国民党第一次全国代表大会开幕词中说："从前本党不能巩固的地方，不是有甚么敌人用大力量来打破我们，完全是由于我们自己破坏自己，是由于我们同志的思想见识过于幼稚。"[②]晚年孙中山重视宣传思想，促进团结，重视思想力

[①]　白文刚、郭琦：《论孙中山的宣传思想》，四川理工学院学报（社会科学报）第23卷第4期，第1页。

[②]　广东省社会科学院历史研究、中国社会科学院近代研究所中华民国史研究室、中山大学历史系孙中山研究室合编：《孙中山全集》第九卷(1924.1～1924.3)，中华书局1986年版，第98页。

量而不是战斗力量。孙中山任命邹鲁为国立广东高等师范学校校长、国立广东大学筹备主任及国立广东大学校长,并在学校里演讲三民主义,进行党的主义的宣传教育,可以说把当时十分重要的一个阵地交给了邹鲁。当然,邹鲁的办学才能和宣传才能早就凸显,一直没有得到很好的发挥,孙中山将其宣传才能用到实处,可以说是"千里马"遇上了"伯乐"。

1921年4月7日,正式政府成立,孙中山任非常大总统,计划先收复广西再北伐。邹鲁利用自己跟桂军师长刘震寰的私人关系,协助陈炯明出师广西。同时,邹鲁接受孙中山命令,趁此机会向陈氏说明孙中山北伐的计划,并盼望陈赞助:"我北伐成功,固然不必回两广;败呢,也无颜再回来。两广的事由你主持,只希望不要阻我北伐,并且切实接济饷械就够了。"①邹鲁的特殊身份——陈炯明的同窗,孙中山的"助手",使得邹鲁成为孙陈的"传话筒"。1922年6月6日,陈炯明发动兵变,孙中山对邹鲁说:"关于讨伐陈炯明这桩事,想来想去,你最为适当。因为粤军内部,你熟悉的人很多,而桂军刘震寰,又和你很好,所以要叫你去主持。"邹鲁问:"除粤军桂军外,还有在桂滇应该怎样进行?"孙中山说:"在桂滇军,本因我而来的,陈炯明叛变后,在广西,这部分军队可以加入讨陈。并且它的实力很厚,至于办法,汝可随机处理。"任邹鲁为大总统特派员。孙中山问:"这样烦重的责任,大约需要多少时日,可以完成?"邹鲁答:"一个月筹款,一个月进行,二个月很足够了。"②

陈炯明与邹鲁为好友,邹鲁此举着实需要下一番决心,同时他也尽力维护这段友谊,欲用和平方法解决,陈炯明并不领情,邹鲁即联络刘震寰、杨希闵等准备讨伐陈。期间,邹鲁致孙中山6次函电,呈报讨伐情形,分别为1922年11月2日报告联络滇桂军东下

---

① 邹鲁:《邹鲁回忆录》,第84页。
② 同上书,第95页。

讨陈情形;25 日汇报讨陈布置情形;29 日报告讨陈部属;12 月 6 日召开白马会议;22 日请孙中山考虑军司令人选;29 日汇报滇军动向、联络各军和代委各总司令等,并附陈四种办法①。

孙中山也函复告知解决方案,针对 1922 年 11 月 29 日函电,孙中山于次年 1 月上旬复函,"兄办理各军经过成绩之不虚,深为感慰","惟遇有重大问题,其事件须加商榷者,仍希电告,以定办法"。1922 年 11 月 30 日,孙中山将与邹鲁意见不合的古应芬调离香港,以促其讨陈②;关于 1922 年 12 月 2 日,方瑞麟呈函孙中山:"惟邹鲁则平生作事好出风头,私心甚重,且对于陈逆素甚亲近,对于本党则甚冷淡。"孙中山复函方瑞麟,对先生表示信任,写道:"香港会议并非由此间之命,令乃由港中自行协定。"③讨伐陈炯明既可以看出邹鲁对孙中山的忠心,也可以看出孙中山对邹鲁的信任。

1923 年 5～10 月,孙中山陆续任命邹鲁为广东财政厅长、统一广东财政委员、兼大本营筹饷总局会办,邹鲁均表示不满意。11 月 16 日,孙中山给邹鲁发出第 623 号指令:"本大元帅为事择人,关于筹饷事宜,仰该会办会同廖总办④悉心规划,妥筹办法,以裕饷源而济时艰。所请收回明令之处,应毋庸议。派状仍发。"⑤ 1923 年 11 月 27 日,孙中山命广东高师改为国立高等师范学校,并任命邹鲁兼国立高等师范学校校长,于 1923 年 12 月 3 日对这

---

①　桑兵主编,曹天忠、敖光旭编:《各方致孙中山函电汇编》第五卷(1923.1～1924.2),社会科学文献出版社,2012 年版;冯双:《邹鲁年谱》。

②　中国社会科学院近代研究所中华民国史研究室、广东省社会科学院历史研究、中山大学历史系孙中山研究室合编:《孙中山全集》第七卷(1923.1～1923.6),中华书局,1985 年版,第 24 页。

③　冯双:《邹鲁年谱》,第 150 页。

④　原文注:廖总办即廖仲恺。

⑤　中山大学历史系孙中山研究室、广东省社会科学院历史研究室、中国社会科学院近代研究所中华民国史研究室合编:《孙中山全集》第八卷(1923.7～1923.12),中华书局,2006 年第 2 版,第 410 页。

一任命作出解释:"呈奉命办学,恳请开出厅局各职,俾得专心教育事由。呈悉。前据该厅长一再呈请辞职,当以军事未竣。财政亟需整理,迭经慰留在案。兹复据呈以奉命办学,未便再任厅局他职,请开去本兼各职等情,热心教育,至足嘉尚,应予照准。"①孙中山鉴于广东高等师范因欠薪数月,陷于停顿状态,对邹鲁说:"你办教育,素来是很有经验的。历来汝对我说话常注意到青年,而且,谈到教育问题见解亦很对,现在广东的教育不但濒于破产,而且未能接受本党主义,还是你出来担任改进罢。"②邹鲁终于遇到了他的"伯乐",发挥他办学的优势。1924 年 2 月 4 日,孙中山将国立高等师范、广东法科大学、广东农业专门学校合并,改为国立广东大学,并派邹鲁为国立广东大学筹备主任,不久任命其为国立广东大学校长,在此期间邹鲁致函孙中山 25 次,涉及 8 种内容。

表 3　国立广东大学期间邹鲁致孙中山函统计

函电种类	次数	函电时间	备　　注
呈报就职	2	1924 年 2 月 21 日;1924 年 6 月 21 日	
教育经费	11	1924 年 3 月 6 日;1924 年 5 月 31 日;1924 年 6 月 2 日;1924 年 7 月 7 日;1924 年 9 月 16 日;1924 年 10 月 3 日;1924 年 10 月 12 日;1924 年 10 月 20 日;1924 年 11 月 20 日;1924 年 12 月 9 日;1925 年 2 月 4 日	税契、省外筵席捐、田税附加、土敏土厂舶来土敏土捐、皮头厘、盐税附加等
办学计划	4	1924 年 6 月 3 日;1924 年 8 月 22 日;1925 年 1 月 30 日;1925 年 2 月 4 日	分科、招生,办广东大学海外部里昂中法大学等

①　中山大学历史系孙中山研究室、广东省社会科学院历史研究室、中国社会科学院近代研究所中华民国史研究室合编:《孙中山全集》(第八卷 1923.7～1923.12),第 484 页。

②　邹鲁:《邹鲁回忆录》,第 103～104 页。

（续表）

函电种类	次数	函电时间	备　注
毕业试验	4	1924 年 6 月 11 日;1924 年 6 月 27 日;1924 年 7 月 21 日;1925 年 1 月 12 日	毕业生的成绩单,请示可否毕业
宿舍问题	2	1924 年 6 月 17 日;1925 年 2 月 28 日载①	挪移军队,增添宿舍等
国民会议	2	1924 年 12 月 18 日;1924 年 12 月 21 日	广东大学国民会议促进会
教学设备	1	1925 年 2 月	废枪作为体操设备

　　资料来源:根据《陆海军大元帅大本营公报》,桑兵主编,曹天忠、敖光旭编,《各方致孙中山函电汇编》(1923.1~1924.2)第七卷,社会科学文献出版社 2012 年版整理而得。

　　从表 3 可以看出,在 1924 年 2 月~1925 年 2 月间,几乎每个月邹鲁都向孙中山呈报国立广东大学相关事宜。内容包括很多方面,如呈报就职事项、请求增加教育经费和教学设备、汇报办学计划和毕业试验、解决宿舍不足问题、成立国民会议促进会等,尤其是解决经费问题。张掖回忆:“他(邹鲁)曾亲口对我说过,中山先生初时叫汪精卫去做广东大学筹备主任,可是政府经费奇绌,汪氏自顾无魄力筹一笔开办费,不敢奉命。”②可见当时筹办国立广东大学,经费是软肋,而邹鲁十分欣喜地接下了这个“烫手山芋”,原因在于邹鲁早年就积累了办学经验。邹鲁在《我的读书处世谈——对二十四年度新生第七次训词九月十七日讲》中提到:“当我十九岁的那一年③……和我的意见相同姓张的朋友商量,决定

---

　　①　该时间是记载在《陆海军大元帅大本营公报》上的时间,不是函电发出时间。据《邹鲁年谱》记载为“2 月中下旬”。从该函电落款“中华民国十四年二月　日”,可知该函电时间是不明确的,笔者认为“2 月中下旬”是相对准确的。

　　②　冯双:《邹鲁年谱》,第 178 页。

　　③　即 1903 年。邹鲁 1885 年 2 月 20 日诞生在广东省潮州府大埔县。

照我们的办法,自己来办间学校……但是我们没有钱,不能不四处去请人帮助,后来有一位姓彭的朋友从九江回来,帮助了四块钱,这算是我创办小学的唯一资本。我们有了这笔四块钱的款子,可以支付一些旅行及印刷费用,到远处去想办法,结果,找到一位我的先生,他是办'大馆'的,他很赞同我的主张,并且他已经有了校舍和学生,还有他的一位兄弟算有点钱,同时也有声望的,得到他们两人的赞助,终于把我们的大埔乐群中学和小学办起来了……是大埔民办的第一个学校。"①1905 年邹鲁 21 岁,又在家乡办了 3 所小学。1906 年在相同的处境下创办潮嘉师范学堂。正如邹鲁自己所说:"要做成一种事业,并不要怎样丰富物质条件,只要你不断努力去做,自然可慢慢的达到你的目的。"②筹措经费十分困难,邹鲁心知肚明,但是他并不害怕,穷尽筹款办法,并将采用这些办法的必要性、合理性、可行性详细告知孙中山。

自 1924 年 3 月 3 日,邹鲁主持召开国立广东大学第一次筹备会议③,到 7 月 15～27 日,主持召开全体筹备员大会④,总共三十次筹备会议。自 1924 年 9 月 1 日邹鲁主持召开第一次校务会议⑤到 1925 年 1 月主持召开第十五次校务会议⑥,总共 15 次校务会议。邹鲁可谓竭尽全力,办好广大,实现孙中山的愿望。

孙中山为解决邹鲁提出的问题,发出函电 38 次之多(包括致广东省长及相关职员的函电),内容涉及 8 种。

---

① 邹鲁著,国立中山大学校友社编:《澄庐文选》,《邹鲁全集》(九),台北:三民书局 1976 年版,第 238 页。

② 同上书,第 239 页。

③ 冯双:《邹鲁年谱》,第 183 页。

④ 同上书,第 211 页;易汉文:《中山大学编年史(一九二四～二〇〇四)》,中山大学出版社 2005 年版,第 4 页。

⑤ 同上书,第 222 页。

⑥ 同上书,第 258 页。

表 4 筹办国立广东大学期间孙中山复函情况统计

函电种类	次数	函电时间	备 注
授权筹备处	1	1924 年 2 月 9 日(致邹鲁)	用人、行政,悉由该筹备处主管办理
任职及呈报就职	3	1924 年 2 月 26 日(致邹鲁);1924 年 6 月 9 日(致邹鲁);1924 年 6 月 27 日(致邹鲁)	
成功解决教育经费	18	1924 年 3 月 6 日(致财政委员会、广东省长);1924 年 3 月 12 日(致邹鲁);1924 年 3 月 20 日(致杨庶堪);1924 年 6 月 5 日(致杨庶堪);1924 年 6 月 7 日(致邹鲁);1924 年 6 月 10 日(致杨庶堪);1924 年 6 月 10 日(致邹鲁);1924 年 7 月 16 日(致邹鲁);1924 年 9 月 25 日(致邹鲁);1924 年 10 月 6 日(致邹鲁);1924 年 10 月 14 日(致邹鲁);1924 年 10 月 23 日(致财政委员会、广东省长胡汉民);1924 年 10 月 23 日(致邹鲁);1924 年 10 月 26 日(致建国军滇军总司令杨希闵等);1924 年 11 月 26 日(致邹鲁);1924 年 12 月 12 日(致邹鲁);1925 年 2 月 6 日(致胡汉民);1925 年 2 月 6 日(致邹鲁)	根据邹鲁的要求命令相关人员拨出一部分经费给学校,如税契、省外筵席捐、田税附加、土敏土厂舶来土敏土捐、皮头厘、盐税附加等
尚未解决教育经费	2	1924 年 10 月 14 日(致邹鲁);1924 年 10 月 14 日(致两广盐运使邓泽如)	省河盐税附加大学经费,目前办理既多窒碍,自应暂缓实行
办学计划	3	1924 年 6 月 5 日(致邹鲁);1924 年 9 月 1 日(致邹鲁);1925 年 2 月 4 日(致邹鲁)	分科、招生,办广东大学海外部里昂中法大学等
准予毕业试验	4	1924 年 6 月 14 日(致邹鲁);1924 年 7 月 4 日(致邹鲁);1924 年 7 月 23 日(致邹鲁);1925 年 1 月 13 日(致邹鲁)	准予邹鲁称毕业事宜

函电种类	次数	函电时间	备　注
解决校舍问题	4	1924 年 6 月 21 日（致广东省长廖仲恺、湘军总司令谭延闿、中央直辖第三军军长卢师谛）；1924 年 6 月 21 日（致邹鲁）；1925 年 2 月 25 日（致谭延闿）；1925 年 2 月 25 日（致邹鲁）	根据邹鲁要求命令相关人员挪移军队，增添宿舍等
抄发《大学条例》	1	1924 年 8 月 13 日（致邹鲁）	

资料来源：根据《大本营公报》，广东省社会科学院历史研究室、中国社会科学院近代研究所中华民国史研究室、中山大学历史系孙中山研究室合编：《孙中山全集》第九卷（1924.1～1924.3）、第十卷（1924.4～1924.8）、第十一卷（1924.9～1925.3），中华书局1986 年版整理而得。

由表 4 知，孙中山在条件十分困难的情况下，还是给予邹鲁办学很大支持，尤其是解决经费和校舍问题。为解决教育经费问题，在邹鲁和其他相关人物之间函电来往 18 次，共解决了诸如税契、省外筵席捐、田税附加、土敏土厂舶来土敏土捐、皮头厘、盐税附加等项。尚未解决的经费问题只有一个，即"省河盐税附加大学经费"，这个问题没能解决亦是情有可原，正如两广盐运使邓泽如在致孙中山的函电中说的："盐税附加一节，关系重大，现在办理实多困难之点，不得不为贵署缕晰陈之。查敝行包缴盐税每日一万二千元。现在每日所收税项，实只三四千元。考其短绌原因，实因西江一带土匪抢劫，北江一带加抽军费，均在停运之中；且近日北江大军云集，每有封船拉夫之事；连州一带又因加抽军费，发生商会罢业之事；加之运商请求军队保护，伙食有费，办公有费，甚之赏恤有费，故运商之损失愈多，担负日重。种种困难，实难备述。而推销方面，北江有淮盐侵入，西江又私贩竞争，而运商成本加重，势将裹足不前。其结果必至商运失败，私销畅行，不特敝行包缴方面来日大难，即公家税收，恐亦大受影响。揆诸情势，实有不宜再加何种名目，以免发生阻力……拟请转呈大元帅从缓实行，容俟西、北两江运销畅旺,届时再行揆情度势,徐图施行。"①

　　孙中山命邹鲁创办国立广东大学,除了培养优秀人才外,还有一个更重要的目的就是为党训练革命人才,与黄埔军校相对应。他的教育主张是为政治革命服务的②。因此孙中山格外注意主义的宣传,除在校演讲三民主义,还时时来校,特别对学生演讲③。自1924年1月27日,邹鲁听取孙中山在国立广东高师第一次系统演讲三民主义的民族主义④,共6次民族主义演讲,6次民权主义演讲,4次民生主义演讲⑤。作为国立广东大学校长,邹鲁承担着为革命宣传创造阵地的作用。此时邹鲁还有一个任务,就是读校三民主义,直接为孙中山宣传革命思想。

　　协作阶段是邹鲁与孙中山关系的最亲密时期,建立了坚定的信任。孙中山全面支持邹鲁的办学梦想,也契合了晚年孙中山对宣传主义的重视。邹鲁的宣传才能自然不必怀疑,大学成了邹鲁协助孙中山宣传主义的摇篮。两人除了上下级关系之外,还是"伯乐"与"千里马"的朋友关系。

四、准分手阶段

　　1924年至孙中山逝世为两人关系发展的准分手阶段,尽管邹鲁在国民党一大召开之后与孙的新三民主义背道而驰,但是直到孙中山逝世,邹鲁依然是孙中山的忠实助手,因此笔者将这段时期

---

　　①　广东省社会科学院历史研究室、中国社会科学院近代研究所中华民国史研究室、中山大学历史系孙中山研究室合编:《孙中山全集》第十一卷(1924.9～1925.3),中华书局1986年版,第189～191页。

　　②　郭道明:《孙中山教育思想初探》,广西师范大学学报(哲学社会科学版)1981年第4期,第15页。

　　③　邹鲁:《邹鲁回忆录》,第106页。

　　④　陈锡祺:《孙中山年谱长编》,第1821～1822页。

　　⑤　该数据是据《邹鲁年谱》统计而得。

称为准分手阶段。

1924年1月20日国民党一大召开。此次大会上,邹鲁被选为中央执行委员之一,兼任青年部长。早在1922年,孙中山就跟邹鲁探讨过国民党改组事宜。邹鲁说:"苏联之法,我国古有行之者。"总理说:"对的,洪杨时曾行之。"邹鲁立刻申说:"非言主义,乃言组织。盖商鞅治秦,其法之密,与苏联等。以商鞅己身聪明,亦不能逃,至叹作法自毙;其重法不重情,于此可见。沿是非不并吞流六国,但一夫揭竿,天下互解,不旋踵而亡。较之姬国向礼重情者,东周虽弱,犹赖诸侯尊王,延数百年之祚,究何以得其利,而无其弊乎?"总理说:"吾党之情感至重。同盟会以前之党员,亲如骨肉,勿论矣;即至现在党员数十万,散处国内外,仍能精神脉脉相通,共向革命,完全在情感。今日改组,应保持本党原来之情感,采取苏联之组织,则得其益而无其弊,直可架苏联而上之。"①邹鲁在学习苏联方面与孙中山有分歧,其像大部分反对者一样,不能理解为什么要让外国人参与到本党中来,视他们为侵略者。孙中山比较有远见,视其为一种革命策略。不过邹鲁也并没有因此背离孙中山,而是保留自己的意见。直到孙中山1925年3月12日逝世,邹鲁都没有与其分裂,其还是孙中山遗嘱见证人。1925年11月23日至1926年1月4日,以林森、邹鲁、谢持为首的部分国民党中央委员,在北京西山碧云寺孙中山灵前召开一届四中全会,也称西山会议。会议发表宣言称"国民革命与阶级革命,势不并行。若共产党员长此隐混于本党之中,使两革命团体之党人,因内部问题而纷扰决裂,致妨碍国民革命之进展,不若分之,使两党之营垒,皎然以明,各为其党之主义而努力奋斗"。②这时邹鲁才真正违背了孙中山的新三民主义,但这不在本文研究范围之内,两人关系终止

---

① 邹鲁:《邹鲁回忆录》,第116页。
② 同上书,第133页。

于1925年3月12日孙中山逝世。

五、邹鲁与孙中山关系分析

邹鲁基本上一生都追随孙中山,协助他完成革命事业,尤其在宣传工作上,邹鲁发挥他出色的才能,也迎合了孙中山对宣传工作的重视。但是1925年3月12日孙中山逝世后不到一年,邹鲁就主持召开了西山会议,与孙中山的新三民主义背道而驰,这是两人关系发展的特别之处。

两人关系由浅入深比较容易理解,相似律即交往双方,若意识到彼此在个人特性方面具有相似处,则容易相互吸引,建立起人际关系,而且两者越相似,则越能相互吸引,产生亲密感。态度、信仰、政治思想观念等是相似律发生的最主要因素①。领导与服从并不能使两个人的关系长久和深入,邹鲁和孙中山主要是在个人文化背景、政治思想观点上存在相似性,促使两人共进退。两个人都是从小生活在广东,该地历史上战争频发,反抗斗争四起。相似的地理环境,使两人从小受到相似的文化熏陶,革命思想浓厚,也影响了两人今后的政治思想观点,由狭隘的民族主义到坚决反对帝国主义。两人的政治思想观念相似,为人际关系的发展打下了思想基础。互补律即一方所具有的品质和行为正好可以满足另一方的需要时,称为互补。孙中山与邹鲁主要是领导与被领导的关系,存在互补性。人的需要以及需要的发展是建立和推动人际关系发展的心理动力。孙中山需要邹鲁成为其革命协作者和宣传助手,命邹鲁编辑《民国杂志》,撰写对内对外电文,办国立广东大学宣传三民主义。邹鲁仰慕孙中山,为孙中山效忠,同时开发了自己

---

① 奚洁人、陈莹编:《简明人际关系学》,华东师范大学出版社1991年版,第54页。

的宣传才能,践行办大学的理想,孙中山可以利用自己的权力予以经费等支持,这是邹鲁没有的。

邹鲁基本上是孙中山的忠实追随者,后期还是出现了准分手阶段,原因是复杂多样的,从人际关系的角度来看,两人的不相似性包括受教育程度、性格等因素对这种关系的形成有较大影响。孙中山从小学习西方文化,受西方文化环境影响较深,心胸开阔,思想开放,敢于冒险,敢于牺牲当前利益,谋求长远利益,是一位典型的革命功利主义者,他深知为达到自己的革命目标应采取怎样的策略手腕[①]。而邹鲁从小受传统教育影响较深,较为保守。

总的来说,邹鲁与孙中山的关系经历了一个由浅入深的发展过程,孙中山任命邹鲁职务由无到有,由次要到重要,体现了孙中山对邹鲁的信任度逐渐加深。邹鲁对待孙中山的任职始终尽职尽守,体现了下级对上级的绝对服从。同时邹鲁在任职上也提出自己不同的意见,孙中山领会了邹鲁的意思,并在一定程度上采纳邹鲁的想法,表现出相对亲密的朋友关系。孙中山晚年将国立广东大学校长一职授予邹鲁,协助其完成三民主义的宣传教育工作,既满足了邹鲁的办学愿望,也实现了孙中山的宣传要求,孙中山既是邹鲁的领导,又是他的"伯乐"。基本上来说,邹鲁始终追随孙中山,协助其完成革命和建国事业。

(刘盼红　上海师范大学历史学系硕士研究生;

高红霞　上海师范大学历史学系教授)

---

① 杨奎松:《"中间地带"的革命:国际大背景下看中共成功之道》,山西人民出版社 2010 年版,第 51 页。

从档案文献看孙中山与宋庆龄的婚姻

朱玖琳

2015 年是孙中山逝世 90 周年,也是孙宋结婚 100 周年,这段婚姻虽然只有短短 10 年,但是它不仅影响了他们两人的人生,继而对他们各自的家族,尤其是宋氏家族的命运产生了深远影响。蒋、宋、孔三家姻亲一度占据中国政治舞台的核心地位,不能不说是得益于孙宋联姻带给他们的特殊身份。

100 年来,这段婚姻始终备受关注,除了因为有各种所谓"传奇"故事吸人眼球外,更重要的原因则在于这段婚姻与错综复杂的中国政治密切相关。

100 年来,这段婚姻被各种谣言和误会所扭曲,以至宋庆龄始终在为自己婚姻的合法性辩护。而出于政治原因,敌对者在诽谤宋庆龄名誉的同时,也在政治上打压她,斥责她是孙中山的背叛者。

中山大学李吉奎教授曾撰文《孙宋婚姻若干史实辩正》发表在《广州研究》1986 年第 12 期上,首次对孙宋联姻的原因以及结婚时间和地点做了考证。2001 年,日本女子大学久保田文次教授在"理想·道德·大同 孙中山与世界和平国际学术研讨会"上发表《从〈萱野长知·孙文关系史料集〉,谈孙中山与宋庆龄结婚及其他》,以朱卓文、宋耀如致孙中山的 4 封信,结合日本外务省档案有关孙中山在日活动记录,揭示了有关孙宋结婚的重要事实。

时隔多年,其他相关档案文献早已陆续公布,本文拟从有关孙中山在日活动记录、宋耀如生平及书信、宋庆龄自述、牛尚周书信等各种原始档案文献入手,以历史细节来全面、真实地反映孙宋结识缘起、联姻经过以及他们的婚后生活。

一、孙宋结识缘起

宋庆龄之所以结识孙中山,同她父亲宋耀如与孙中山的关系密切相关。1921年,孙中山尚在世时,宋庆龄曾自述:"由于家父是孙博士在其革新工作中最早的同志之一,因此从孩提时起我就熟悉他的名字和志向。"[①]

(一)宋庆龄童年时代,孙中山是其父"在上海老房子的一个朋友"

宋耀如的早年经历颇富传奇色彩,在美国接受到系统的神学教育后,他抱着要让上帝的光明照亮黑暗大地的决心准备回祖国传教,在给监理公会在华布道团团长林乐知的信中,他说:"我希望我能把光明带给中国人。我活着的目的是行善、敬人、赞美上帝;为别人做好事,将他们从永恒的惩罚中拯救出来。"[②]但是回国后,他备受所供职的布道团带给他的精神和物质上的双重压力,他觉得从布道团脱身才能够为他的同胞做更多的事情[③]。他希望解救

---

① 《宋庆龄自述》(1921年4月28日),上海市孙中山宋庆龄文物管理委员会、上海宋庆龄研究会编:《宋耀如生平档案文献汇编》,东方出版中心2013年10月版,第134页。

② 《宋耀如致林乐知函》(1883年7月27日),《宋耀如生平档案文献汇编》,第15页。

③ 《詹姆斯·伯克著〈我的父亲在中国〉有关宋氏家族的记载》,《宋耀如生平档案文献汇编》,第212页。

自己的同胞,就在这个时候他结识了孙中山。①宋耀如与孙中山同是广东人,都曾在国外生活和学习过,又同为基督教徒,所以两人的思想观念颇为接近,两人一见如故,很快就成为志同道合的知己。孙中山日后回忆这段历史时说他们俩和陆皓东一起初谈革命,"三人屡作终夕谈"②。

1894年11月24日,孙中山在檀香山建立兴中会,走上反清道路。宋耀如则在国内冒着风险,暗中支持孙中山。1895年3月,中日甲午战争战火正酣,清兵节节败退,宋耀如认为时不可待,飞函孙中山,促其立即归国,孙中山当即中止美洲之行,回国发起革命党人的第一次武装起义——广州起义③。广州起义不久失败,陆皓东牺牲,孙中山被迫流亡海外。

宋耀如因未暴露身份而幸免于难,但陆皓东的牺牲并未使他就此退缩,他仍然在国内坚持活动,秘密支持孙中山的革命事业。他在虹口宋宅自家的印刷厂里为兴中会和后来的同盟会印刷宣传

---

① 据冯自由说,宋耀如与孙中山相识于1894年孙中山偕陆皓东由粤赴沪,寻找上书李鸿章门径时(见冯自由:《革命逸史》第3集,第19页)。但据宋庆龄说,宋耀如与孙中山结识的地点是在海外。"他们在国外结识"(见宋庆龄1975年7月30日致邓广殷函,上海宋庆龄故居纪念馆编:《邓广殷、孙君莲及邓勤藏宋庆龄书信集(中译本)》,2010年刊印,第128页)。"孙中山先生在美国时常向中国学生演讲宣传中国革命和改革的必要。我父亲那时见到了孙中山先生,他们成了好朋友并一起旅行"(见宋庆龄:《我家和孙中山先生的关系》,《宋耀如生平档案文献汇编》,第130页)。考虑到宋庆龄的身份,她的说法应该比冯自由的更可信,但宋耀如和孙中山两人究竟何时在美国相遇她没有道明。就目前所知孙中山和宋耀如的活动轨迹,难以推断出两人在宋耀如1886年回国之后至孙中山1894年上书李鸿章之前何时在美国结识。以孙中山1912年4月致李晓生函所谓"宋君嘉树者,二十年前曾与陆烈士皓东及弟初谈革命者"之语,两人于1892年7月孙中山在香港西医书院大学毕业至1892年9月孙中山在澳门行医之间,在美相识并结伴旅行的可能性较大。

② 《孙中山致李晓生函》(1912年4月16日),《宋耀如生平档案文献汇编》,第34页。

③ 《孙中山〈建国方略〉有关记述》,《宋耀如生平档案文献汇编》,第30页。

革命的秘密小册子,并在经济上帮助孙中山的革命事业。而他的妻子倪珪贞在他的影响下,不顾母亲的劝阻和警告,承受着巨大的精神压力,节衣缩食,帮助丈夫资助革命事业。宋家人对孙中山革命事业的积极支持,使孙中山对宋耀如十分信任。孙中山流亡海外期间,每次秘密回国必然住在宋家①。虹口美租界的宋宅是中西合璧式的建筑,宋耀如以后又在法租界购置了一幢纯西式的建筑——宝昌路491号,于是虹口宋宅就被宋家人称为"老房子"。宋庆龄1975年在致邓广殷函中明确告诉他:"不论孙博士什么时候在上海停留,他都住在我家,但是我们孩子们除了知道他是父亲在上海老房子的一个朋友之外什么都不知道。"②孩子们虽然不知道父亲的朋友是干什么的,但他们知道有革命运动,并懂得要帮父母保守秘密。宋耀如夫妇告诉孩子们切不可向任何人提及父亲印刷宣传革命的小册子的事,也禁止他们去拿这些小册子③。

(二)宋庆龄青年时代,孙中山得到其父的公开襄助

1912年元旦,孙中山在南京就任中华民国临时大总统,宣布中华民国成立。1月12日,宋耀如致函孙中山,向其汇报外国传教士对建立民国的意见,在信中他还向孙中山索要去南京的通行证,并介绍了长女宋蔼龄④。远在美国威斯里安女子学院读书的宋庆龄得知辛亥革命胜利的消息后,在1912年4月号院刊上发表文章,欢呼辛亥革命的胜利是20世纪最伟大的事件。当宋耀如把一面崭新的共和国五色旗寄给她后,她跳起来把龙旗从墙上扯到

---

① 《〈宋母倪太夫人讣告〉有关记载》《宋庆龄著〈我家和孙中山先生的关系〉》,《宋耀如生平档案文献汇编》,第127、130页。

② 《宋庆龄致邓广殷函》(1975年7月30日),上海宋庆龄故居纪念馆编:《邓广殷、孙君莲及邓勤藏宋庆龄书信集(中译本)》,2010年刊印,第128页。

③ 《宋庆龄著〈我家和孙中山先生的关系〉》,《宋耀如生平档案文献汇编》,第130页。

④ 《宋耀如致孙中山函》(1912年1月12日),《宋耀如生平档案文献汇编》,第32页。

地上,双脚踏在旗上,欢呼:"把龙拽下来! 把共和国五色旗挂起来!"①

1912 年 4 月,孙中山辞去总统职,准备专办铁路,宋蔼龄以孙中山秘书和孙中山女儿家庭教师的身份随行左右②。其时,孙中山在沪期间即住宝昌路 491 号宋宅③。"这所房子是上海最好的住宅之一。……有三层,16 个房间,还不包括厨房和浴室等。"④宋耀如则负责主持孙中山九江路私人办公室的工作,宋蔼龄也在那里帮忙,宋家的私人车夫则在门外警戒,充当第一道门卫。⑤宋耀如的传教士朋友、东吴大学校长葛莱恩本想去请孙中山为学校演讲,结果他只见到了宋蔼龄,因为"宋(耀如)和孙(中山)正在里面同党的领导人举行一个重要的会议"⑥。11 月 14 日,孙中山在上海开办中国铁路总公司,宋耀如担任会计,宋蔼龄主持外事。⑦1913 年 2 月,孙中山一行以私人资格赴日考察,宋耀如亦同行。宋夫人倪珪贞及长女蔼龄亦赴日,陪同孙夫人卢慕贞。在日期间,孙中山与日本财界商谈,准备筹组中日合资的中国兴业公司。回国后,宋耀如作为上海地区实业家代表参加了数次筹备会议,被公推执管未来公司所有簿据⑧。

---

① ［美］埃米莉·哈恩著:《宋氏家族》,新华出版社 1985 年 9 月版,第 91～92 页。

② 1912 年 4 月 7 日(上海)《民立报》,转引自王庚雄:《孙中山史事详录(1911～1913)》,天津人民出版社 1986 年版,第 265 页;1912 年 6 月 23 日(上海)《民权报》,转引自《宋耀如生平档案文献汇编》,第 36 页。

③ 详见朱玖琳:《孙中山 1912 年至 1913 年在上海行馆的考释》,《民国档案》2003 年第 3 期。

④ 《宋美龄致米尔斯函》(1917 年 8 月 7 日),《宋耀如生平档案文献汇编》,第 84 页。

⑤⑥ 《詹姆斯·伯克著〈我的父亲在中国〉有关宋氏家族的记载》,《宋耀如生平档案文献汇编》,第 233 页。

⑦ 孟天祯:《从政前之孔庸之先生》,台北,传记文学杂志社 1969 年版,第 145 页。

⑧ 沈云苏:《孙中山创办的中国兴业公司会议记录》,《团结报》1983 年 11 月 12 日;彭泽周:《中山先生与中国兴业公司》,《中华民国建国史讨论集》第 1 集,1981 年 10 月,第 169 页。

1913年7月,孙中山在沪发起"二次革命"讨袁,旋即失败,遂于8月流亡日本。在他之前,宋耀如已经偕家人逃亡日本神户。8月9日孙中山抵达神户,与在东方饭店的宋耀如协商后决定"今后去向"①。不久,孙中山移居东京,继续策划反袁斗争,并准备把国民党改组为中华革命党。宋耀如和宋蔼龄随即离开神户,至东京为孙中山工作。他们同时担任孙中山的秘书②。

二、孙宋联姻经过

孙中山在沪发起"二次革命"之时,正是宋庆龄大学毕业准备回国之际,她甚至已经将行李托运上船,接到父亲急电后,她带着海外华侨给孙中山的一封信转到日本与家人团聚③。8月29日,宋庆龄抵达日本横滨,宋耀如旋即带其赴东京见孙中山,并暂住孙处④。以后,宋庆龄经常随同父亲和姐姐去孙中山处为其工作。1914年9月,宋蔼龄与孔祥熙在横滨结婚,宋庆龄正式接替姐姐担任孙中山英文秘书,同父亲一起积极协助孙中山的革命事业。宋庆龄当时的主要任务是保管密电码和负责外文复信,而她父亲的主要任务是帮助孙中山为党筹集革命经费⑤。关于宋耀如为孙中山筹资一事,在已经公布的日本外务省档案中,也的确有相关记录⑥。在宋庆龄为孙中山工作的日子里,孙中山和宋庆龄渐渐地相互吸引。

---

① ④ 《日本外务省档案有关记录》,《宋耀如生平档案文献汇编》,第63页。

② 详见《日本外务省档案有关记录》,《宋耀如生平档案文献汇编》,第63~79页。

③ 《宋庆龄致哈泽德夫人函》(1913年8月24日),《宋庆龄书信集》上册,人民出版社1999年12月版,第6页。

⑤ 《宋庆龄著〈我家和孙中山先生的关系〉》,《宋耀如生平档案文献汇编》,第130页。

⑥ 1914年9月23日,宋耀如把面值100日元的纸币计四捆半转交给孙中山。见《日本外务省档案有关记录》,《宋耀如生平档案文献汇编》,第72页。

（一）孙中山"有生以来第一次感受到了爱情"

宋耀如因为公开襄助孙中山,成为"叛党",袁世凯悬赏五万块大洋要他的人头①。1914 年 10 月,新婚的宋蔼龄偕同母亲倪珪贞和妹妹宋庆龄回到上海避居虹口老宅,宋耀如不敢回国,宋家亲友也不敢与宋家接触。1915 年 3 月,宋耀如连襟牛尚周写信给牛家在美国读书的孩子牛惠生和牛惠珠,警告他们不要与即将赴美参加宋子文毕业典礼的宋耀如接触,并说:"即使你们的宋阿姨、蔼龄和庆龄从日本回国,自她们 1914 年 10 月 28 日回来至今,我也一直没有见过她们,虽然我们的住处仅十步之遥。为什么? 因为如果我见了她们并同她们说话,人们会说我是一个'叛逆者'而告发我,我会陷入麻烦之中。"在 3 月和 4 月,牛尚周连发三封信给在美国留学的孩子,反复强调不能与叛党有任何瓜葛,不要去见宋家人②。

宋庆龄回沪后,孙中山的感情起了微妙的变化。孙中山日本友人梅屋庄吉的女儿国方千势子日后回忆说,她母亲德子多次向她提起,当宋庆龄回上海后,"孙先生看上去一直没有什么精神,像一直在考虑什么似的。孙先生原本是一个非常要读书的人,而在那段时间里,书虽然是翻开着的,但孙先生始终是一付心不在焉的样子。不止这样,连吃饭也没什么食欲。"在德子的询问下,孙中山坦言他爱上了宋庆龄,"遇见她,使我有生以来第一次感受到了爱情,体会到了相思的痛苦以及恋爱的那份喜悦"。他说他亏欠自己的夫人卢慕贞,但是他克制不住自己,他甚至说:"如果我能与宋庆龄小姐结婚的话,哪怕我结婚后第二天就死去,我也不会觉得后悔。"德子为孙中山的真情所感动,私下里曾拜托陈其美和另一人

---

① 《路易斯·罗伯特夫人著〈宋家父母〉》,《宋耀如生平档案文献汇编》,第 190 页。

② 《牛尚周书信中的宋氏家族》,《宋耀如生平档案文献汇编》,第 139~140 页。

去沪将孙中山的心意告诉宋庆龄①。

1915 年 1 月 29 日,孙中山同乡好友朱卓文由日抵沪,31 日与宋庆龄取得联系。2 月 2 日和 4 日,朱卓文连发两信向孙中山汇报,他已经取得宋小姐"极愿效力党事,且急盼党事之成"的承诺,并为宋安排了办事处,以教朱女慕菲雅英文为借口,"以避他(她)母之疑眼",孙可照办事处的地址与宋直接通信。②孙中山得悉宋庆龄正在学习中文,他便赠她"一些中国文学方面的书籍和有关当代政治方面的英文书"。他非常关心她的"学习和活动",对她的工作"鼓励甚多",使她"不知不觉渐渐地被他所吸引"③。

3 月 17 日,宋庆龄回到日本,孙中山亲往车站迎接。④宋庆龄突然回日本并不是为了孙中山,而是因为宋耀如病重,所以身怀六甲的宋蔼龄随后也来到东京陪伴父亲。5 月 3 日,两姐妹一起回国,孙中山同宋耀如一起为她们送行。⑤在日本的这一个多月时间里,宋庆龄曾于 3 月 22 日跟随父亲同孙中山等人一起赴热海游览,其间,宋耀如于 27 日送头山满女儿返回东京,宋庆龄和孙中山等人则在热海呆到 31 日。廖梦醒曾经讲过一段她父亲廖仲恺讲给她听的趣事。在热海,一次,孙中山、宋庆龄、廖仲恺、胡汉民、戴季陶和张静江等爬登一座小山,张静江坐轿子上山,很慢,宋

① [日]车田让治:《国父孙文与梅屋庄吉——献身于中国的一位日本人的生涯》,日文版,东京,六兴出版社 1979 年版,第 286~287 页。事实上陈其美于 1915 年 3 月 24 日方受孙中山命离开东京,回上海策动反袁武装起义。

② 《朱卓文致孙中山函》(1915 年 2 月 2、4 日),杨天石:《宋嘉树与孙中山、宋庆龄的婚姻——读宋嘉树复孙中山英文函》,载《百年潮》2001 年第 12 期。

③ 《宋庆龄自述》(1921 年 4 月 28 日),《宋耀如生平档案文献汇编》,第 135 页。

④ 俞辛焞、王振锁编译:《孙中山在日活动密录〈1913 年 8 月~1916 年 4 月〉——日本外务省档案》,南开大学出版社 1990 年 12 月版,第 352 页。

⑤ 《宋耀如致宋子文函》(1915 年 5 月 3 日),《宋耀如生平档案文献汇编》,第 51 页;《孙中山在日活动密录〈1913 年 8 月~1916 年 4 月〉——日本外务省档案》,第 376 页。

庆龄年轻腿快先到山顶,孙紧跟在后,然后是廖仲恺,但孙用手示意他别跟着。廖知道孙的意思,就叫别人也不要再往上爬了。过了一会儿,两人满面春风的样子下山。廖仲恺猜想很有可能是孙中山向宋庆龄求婚了①。3 月 24 日陈其美回上海后,他在东京的住宅便成为宋家暂居地,孙中山遂频繁出入宋家,他们几乎天天见面。

宋庆龄是接受西式教育长大的现代女性,她无法容忍中国纳妾、平妻的旧风俗。这使孙中山认识到,要同宋庆龄这样的现代女性结合,他就必须离婚,除此之外,"再没有别的办法了"②。

(二) 宋庆龄接受不经家人同意的意见,出走日本与孙中山结婚

宋庆龄回国后,依旧打算按照她的原定计划回美国去攻读新闻学,"以便使自己了解中国真正事实和形势"③。孙中山显然害怕她会再次远离自己,宋庆龄回中国后,孙中山分别于 6 月 28 日、7 月 9 日、7 月 11 日、7 月 20 日、8 月初数次致函宋耀如。他先是试探宋耀如是否会去美国,宋耀如颇为感激孙的关心,答复暂时不去,如有可能,将与孙的手下一起去。④孙中山继而告知宋耀如他的朋友即将赴美,询问宋庆龄是否会与宋耀如一起赴美,宋耀如复函称:"我也将于 12 月 1 日或在此前后去往美国。我认为罗莎蒙德不会去美国,因为她要在家中陪伴她的母亲,帮忙料理家事。"⑤

---

① 李湄:《梦醒——母亲廖梦醒百年祭》,中国工人出版社 2004 年 2 月版,第32 页。

② 《孙中山致康德黎夫人函》(1918 年 10 月 17 日),郝盛潮主编,王耿雄等编:《孙中山集外集补编》,上海人民出版社 1994 年版,第 223~224 页。

③ 《宋庆龄自述》(1921 年 4 月 28 日),《宋耀如生平档案文献汇编》,第 135 页。

④ 《宋耀如致孙中山函》(1915 年 7 月 13 日),《宋耀如生平档案文献汇编》,第52 页。

⑤ 《宋耀如致孙中山函》(1915 年 7 月 15 日),《宋耀如生平档案文献汇编》,第54 页。

孙中山随后开始直接试探宋耀如对宋庆龄婚姻的态度。他致函宋耀如，称宋庆龄可能会与一个"大叛逆者"结婚，并询问宋庆龄的爱慕者是否会与她结婚及何时结婚等。宋耀如非常认真地回答了孙中山的询问，他告诉孙中山宋庆龄还没有订婚，并反复向孙中山强调绝不会让宋庆龄嫁给有妇之夫，还特别提到在热海宋庆龄一句话都没有跟张静江二房说过的事情，他非常坚定地表明："也许我们贫于'世俗之物'，但我们既无贪心，也无野心，更不会低贱到去做违背基督教教义之事。"他还一再向孙中山表示坚决支持孙中山及其革命事业："这世上没有任何力量足以引诱我们以任何方式去伤害您及您所珍视并近乎全心全意奉献之事业。""您致力于缔造一个伟大的中国，然而有些人对此并不领情，但我们绝对是领情之人。……未来人们将还您公平、尊您为神，他们将像尊崇改革先驱孔子一样给您荣耀。"①

　　由于宋母要赶往山西照顾即将临盆的宋蔼龄，宋耀如一再劝说宋庆龄陪同母亲前往山西，宋庆龄最终仍旧拒绝了。而此时宋耀如又再次收到孙中山询问宋庆龄去向的信，于是他告诉孙中山宋庆龄不去山西，而他则将于 8 月 15 日回上海养病。②

　　孙中山一方面在试探宋耀如的态度，另一方面也在着手于进一步的动作。他从 7 月份就在觅租新居，并于 8 月底移居东京府丰多摩郡千駄谷町大字原宿 109 号③，随后又派朱卓文于 9 月份陪同卢慕贞由澳门来日本办理离婚事。孙中山原配卢慕贞是中国传统典型的贤妻良母，她与孙中山聚少离多，在他流亡的日子里从

---

　　① 《宋耀如致孙中山函》(1915 年 8 月 3 日)，《宋耀如生平档案文献汇编》，第 55～58 页。

　　② 《宋耀如致宋子文函》(1915 年 8 月 6 日)、《宋耀如致孙中山函》(1915 年 8 月 13 日)，《宋耀如生平档案文献汇编》，第 59～62 页。

　　③ 《孙中山在日活动密录(1913 年 8 月～1916 年 4 月)——日本外务省档案》，第 430～431 页。

未在国外陪伴过他,为此她总是劝孙照旧风俗另娶一个妻子。①9
月2日,卢慕贞在朱卓文陪同下来到日本。她在日后的回忆中自
述:孙中山行倒袁之举时,"着氏回澳与先伯同居。及先伯离世,后
电召氏往日本,商配宋氏之婚。"②两人协议离婚后,卢随即离开日
本返回澳门居住。离婚协议手续虽然是在9月办妥的,但宋庆龄
在各种回忆中均说孙卢是于1915年3月离婚。卢慕贞的回忆其
实暗示了这一说法,她特别提到孙中山是在孙眉去世后电召她去
日本的,孙眉去世日期是1915年2月,孙中山草拟离婚协议书的
日期虽在3月,而卢慕贞直到9月方在朱卓文陪同下亲到日本在
协议书上画押。宋庆龄并不清楚卢慕贞何时到日,但她看到了卢
慕贞画押的离婚协议书,正是因为亲眼目睹了这份协议,她才下定
了与孙中山结婚的决心。

　　10月中下旬的某日,宋庆龄在家中接待受孙中山派遣来沪的
朱卓文及其女儿慕菲雅,并看了朱卓文带来的孙中山海外来电,来
电让朱与宋当面密谈,迫切要求宋和朱氏父女即去东京。朱卓文
告诉宋庆龄,孙中山已与卢慕贞协议离婚,他是见证人之一,并给
宋庆龄看了他随身带来的孙、卢离婚协议法律证件,上有卢慕贞按

---

　　① 《孙中山致康德黎夫人函》(1918年10月17日),郝盛潮主编,王耿雄等编:
《孙中山集外集补编》,第224页。

　　② 《卢夫人述中山先生历史函》,《孙中山轶事集》,三民公司出版部,1926年,第
169~170页。孙中山侍卫官郑卓百岁时回忆说是他陪伴孙科从上海经香港到澳门将
孙中山要求离婚的信交给卢慕贞,还说卢慕贞与宋庆龄之间甚友好,宋庆龄1924年曾
随同孙中山探望卢慕贞(见梅士敏:《孙逸仙和卢夫人》,《澳门日报》(中文),1986年1
月13、15、19日。转引自杨效农主编:《台港澳及海外中文报刊刊载孙中山生平史料
及台报纪念特刊选集》,新华社《参考消息》编辑部,1986年11月,第72页)。此说不
确,孙科当时还在美国读书,而宋庆龄也从未见过卢慕贞(见宋庆龄1946年9月29日
致邱茉莉函、宋庆龄1980年9月17日致爱泼斯坦函,中国宋庆龄基金会研究中心译
编:《挚友情深　宋庆龄与爱泼斯坦、邱茉莉来往书信1941~1981》,中央文献出版社
2012年5月版,第33~35、347~348页)。

的大红指印。朱卓文走后,宋庆龄即向父母宣布电文内容,提出要跟孙中山结婚。这一天,宋母刚刚从山西回到上海,老两口事先对此毫不知情,他们非常震惊,他们不愿意女儿嫁给离过婚且是他们同辈的人,因此强烈反对。宋耀如发火了,倪珪贞则流了眼泪,宋庆龄在折磨人的争执中晕倒过去。宋庆龄明白父母决不会答应她的婚事,于是她接受了显然由孙中山提出的不经父母的同意而结婚的意见,她给父母留下告别字条后与朱卓文父女一起乘船赴日。①宋庆龄日后在给邓广殷的信中否认了斯诺书中所谓她父母把她锁了起来,她是在保姆帮助下逃走的说法,她说她的父母并没有那么愚昧和残酷,她出走的时候是早晨 6 点,那时她父母还没醒②。

三、孙宋婚姻生活

1915 年 10 月 25 日孙宋在东京结婚时,宋庆龄 22 岁,孙中山 49 岁。宋庆龄婚后享受着爱情的幸福。结婚一个月后,她给大学闺蜜阿莉写信说:"告诉你我很担心、很幸福也很高兴,我勇敢地克服了惧怕和疑虑而决定结婚了。当然我感到安定下来,感受到家的气氛。"③结婚一年半后,她在给阿莉的信中依然以对丈夫无限爱慕的口吻说道:"你记得吗? 在蒙特里特时我们去听卡梅伦先生

---

① 《宋庆龄自述》(1921 年 4 月 28 日),《宋耀如生平档案文献汇编》,第 135 页;宋庆龄:《我家和孙中山先生的关系》,《宋耀如生平档案文献汇编》,第 131～132;宋庆龄致爱泼斯坦(1980 年 9 月 17 日),《宋庆龄书信集》下册,第 902～904 页;张珏:《对宋庆龄的回忆——读〈宋氏家族〉译文后写》,载《上海社会科学报》1986 年 9 月 9 日、24 日。

② 《宋庆龄致邓广殷函》(1975 年 8 月 13 日),上海宋庆龄故居纪念馆编:《邓广殷、孙君莲及邓勤藏宋庆龄书信集(中译本)》,2010 年刊印,第 129 页。

③ 《宋庆龄致阿莉函》(1915 年 11 月 18 日),《宋庆龄书信集》上册,人民出版社1999 年 12 月版,第 11 页。

所做的关于中国的图解讲课,他给我们看了一张孙逸仙博士的照片。当时我没有想象过我们两人之间会有超过朋友的关系。但这是命运。""他比我年长许多,知道如何使我成为一个英雄崇拜者,虽然我们已经结婚将近一年半,但我对他崇敬之心依旧。像以往一样,我是他忠实的崇拜者。"①

（一）孙宋婚姻的幸福"包含在使所有在你周围的人都能愉快地生活的共同愿望中"

孙宋婚姻的幸福除了爱情的甜蜜外还有更高层次的内容,宋庆龄把自己同孙中山的结合视为参加革命。结婚一个月后,她告诉阿莉自己变成了"一个热情的小革命者","我帮助我的丈夫工作,我非常忙。我要为他答复书信,负责所有的电报并将它们译成中文。""我的丈夫在各方面都很渊博,每当他的脑子暂时从工作中摆脱出来的时候,我从他那里学到很多学问。我们更像老师和学生,我对他的感情就像一个忠实的学生。"②多年以后,她在给邓广殷的信中仍然将去日本与孙中山结婚说成是"去日本工作"③。

身为现代女性,宋庆龄的理想绝不是做一个贤妻良母,她嫁给孙中山,为孙中山工作的目的,就是"希望有一天我所有的劳动和牺牲将得到报答,看到中国从暴君和君主制度下解放出来,作为一个真正名副其实的共和国而站立起来"④。与孙中山结合让她体悟到"自己的理想得以作为人类的理想而实现"的幸福,她觉得当婚姻生活的幸福"包含在使所有在你周围的人都能愉快地生活的共同愿望中",这样的幸福就足够了⑤。

---

① 《宋庆龄致阿莉函》(1917年2月22日),《宋庆龄书信集》上册,第19页。

②④ 《宋庆龄致阿莉函》(1915年11月18日),《宋庆龄书信集》上册,第11页。

③ 《宋庆龄致邓广殷函》(1975年8月13日),上海宋庆龄故居纪念馆编:《邓广殷、孙君莲及邓勤藏宋庆龄书信集(中译本)》,第129页。

⑤ 《宋庆龄致阿莉函》(1917年2月22日),《宋庆龄书信集》上册,第20页。

为了更好地为孙中山工作,宋庆龄努力学习法文,法语水平迅速提高。她写信告诉美国同学:"我很愿意在我丈夫的英文通信往来方面,尽可能多地帮助他。我的法文大有提高,现在已能阅读法文报纸,较容易地边看边译。像你知道的那样,结婚对我来说,好比迈进了一所没有'考试'来麻烦我的学校。"①繁忙的工作之余,孙中山喜欢博览群书,宋庆龄也常常为孙中山读一些如马克思和其他政治书籍和社会学书籍。有时她也会朗读一些轻松的文章,如当时英语和日语报刊上的短文以及孙中山老师康德黎爵士从伦敦寄来的读物等②。

(二)宋庆龄是孙中山"工作班子中最重要的成员"

1916 年 4 月,孙中山回国领导护国运动,隐居在上海萨坡赛路 14 号山田纯三郎宅,因为宋庆龄负责所有的密电码,孙中山离不开她的帮助,所以不久就召她回沪协助工作③。就在宋庆龄抵达上海的前一日,陈其美在山田纯三郎宅被刺身亡,但是当宋庆龄于 5 月 19 日清晨抵达上海时,"大忙人"孙中山仍然不顾危险亲往码头迎接。④他带着宋庆龄秘密住进位于上海法租界洋泾浜 55 号的《中法新汇报》报馆楼上一个房间。据宋庆龄 1956 年回忆,他们住的"是那个编辑自己的屋子"⑤。宋庆龄所指是《中法新汇报》编辑韦玉,此人 1913 年曾是孙中山创办的《民国西报》副主笔,专写法文社论。以后韦玉担任过孙中山法文秘书,1924 年陪同孙中山

① [美]埃米莉·哈恩著,李豫生等译:《宋氏家族——父女·婚姻·家庭》,新华出版社 1985 年 9 月版版,第 108 页。
② 《宋庆龄著〈我家和孙中山先生的关系〉》,《宋耀如生平档案文献汇编》,第 132~133 页。
③ 《宋庆龄复陈锡祺等函》(1972 年 12 月 29 日),《宋庆龄书信集》下册,第 693 页。
④ 《宋庆龄致梅屋夫人函》(1916 年 5 月 20 日),《宋庆龄书信集》上册,第 13 页。
⑤ 《宋庆龄致黎照寰》(1956 年 11 月 3 日),上海市孙中山宋庆龄文物管理委员会编:《孙中山宋庆龄文献与研究》第 1 辑,上海书店出版社 2009 年 12 月版,第 237 页。

北上。为了纪念孙中山,韦夫人冯道生一直保存着孙中山睡过的那张床。宋庆龄对冯道生心存感激,1964 年 7 月 29 日,宋庆龄嘱咐寓所管理员周和康汇款 100 元赠广州冯道生老太太,作为医药等费用①。她在给周和康的两张便条中介绍冯老太太道:"冯道生的丈夫即韦玉先生,是上海法国报馆的主笔。此报即'L'echo chine',在八仙桥的。""1915 年孙先生从日本东京暗暗到上海。他住在法国报馆(L'echo chine)楼上总编辑的房间里。"②

关于那段日子,宋庆龄 1972 年回忆说:"我们不能出去,也不能探望同志们,但我穿上西式服装可以在晚上溜出去办事。"③他们当时的来往信件使用的也是化名,宋庆龄曾以化名中山琼英致函梅屋夫人说:"他(孙中山)从来都无所畏惧,即使有许多密探跟踪他也是如此。我当然非常为他担忧,如果他不与我在一起,我就感到不安。""但是,有一些事情他必须亲自处理,因为只有他才能在这艰难的年代拯救中国,使之免遭灭亡。因此,为了国家的利益和得救,我必须冒许多危险。"回国的所见所闻均使宋庆龄心感悲痛,但她"深信真理不死","终将看到中国会再度恢复和平与繁荣,并造福于人类"④。

袁世凯死后,新任大总统黎元洪解除党禁,孙中山公开身份,偕宋庆龄租住法租界环龙路 63 号。据时任孙中山卫士的马湘回忆,在这段安定的日子里,孙中山"每天的生活十分有规律","清晨起床后常常和夫人在花园打网球。早餐后就开始办公"。⑤

---

①　周和康:《风范传万世　光彩照人间》,《联合时报》1993 年 1 月 22 日。

②　原件存宋庆龄陵园管理处。

③　《宋庆龄复陈锡祺等函》(1972 年 12 月 29 日),《宋庆龄书信集》下册,第 693 页。

④　《宋庆龄致梅屋夫人函》(1916 年 5 月 27 日),《宋庆龄书信集》上册,第 15～16 页。

⑤　马湘:《跟随孙中山先生十余年的回忆》,尚明轩等编:《孙中山生平事业追忆录》,人民出版社 1986 年版,第 119 页。

　　1917 年 7 月,孙中山南下广州建立军政府,但是因为遭到西南军阀排挤,一年后不得不辞去军政府大元帅职。就在孙中山辞职前一日,宋耀如于 1918 年 5 月 3 日病逝于上海。宋庆龄此前一直在沪陪伴父亲。6 月 26 日孙中山抵沪后,偕宋庆龄入住上海法租界莫利爱路 29 号。孙中山特嘱孙科致函宋子文和"孙夫人","以吊唁其父[①]"。

　　有了家,夫妇俩的生活得以安定下来,在莫利爱路寓所居住的日子是他们俩生活最安逸的日子。在这里,孙中山在宋庆龄的帮助下埋头著书,1918 年 10 月 17 日,孙中山在给康德黎夫人函中告知,他目前已完成《民权初步》一书,正准备撰写《孙文学说》一书,并说:"我现在过着一种前所未有的新的生活:一种真正的家庭生活,一位伴侣兼助手。"[②]

　　据时任孙中山秘书的田桓日后回忆,在宋庆龄的细心照料下,孙中山的身体日益健康,胃病也治好了[③]。

　　1920 年年底,孙中山再次回到广东组建政府。他在广东就任非常大总统,领导二次护法运动,组织北伐。1921 年 10 月,孙中山出发广西,实行北伐。此役宋庆龄没有偕行。据老同盟会员陆丹林说,其原因为廖仲恺谏阻。"盖廖以中国古来出征,多不携带家眷,女子在军中,视为不祥,且恐惹起其他误会。总理本大无畏之精神,打破一切封建陋习思想,即答应廖说,此为不可为训的恶习,革命党人不该存此思想,并引梁红玉辅佐韩世忠打破金兀术故事来说明女子在军中的贡献。但因部属即存有此种思想,故亦勉

---

　　① 《孙中山致孙科函》(1918 年 7 月 4 日),载《孙中山全集》第 4 卷,第 484～485 页。

　　② 《孙中山致康德黎夫人函》(1918 年 10 月 17 日),《孙中山集外集补编》,第 224 页。

　　③ 田桓:《沉痛悼念宋庆龄同志》,《解放日报》1981 年 6 月 3 日。

从众意,孙夫人乃留守广州,未随同入桂。"①但宋庆龄"志切从军"②,12月21日,她由马湘和张发奎护送,率领红十字会员离开广州到达桂林,孙中山亲自到阳朔迎接宋庆龄③。

　　1922年6月16日,陈炯明叛变,炮轰总统府。宋庆龄在逃亡中流产,从此不孕。大难之后,宋庆龄先期回到上海。宋美龄大学时期的好友艾玛·米尔斯当时正在上海。在上海莫利爱路29号孙宅,艾玛第一次见到了宋庆龄,她在日记中记述了对宋庆龄的印象:"瘦小、柔弱,脸色惨白,总之是我见过的最孤单的家伙。"宋庆龄只穿着一身亮黑色的裤装,那是保姆才穿的衣服。她悲叹自己在广州丢了很多珍贵的东西,其中包括她记载了八年婚姻的日记。宋美龄相信孙中山不久就能东山再起,但是宋庆龄却哀叹道她不愿如此。她对宋美龄说:"我急切地希望他早点退下来,好好享受生活。"④

　　回到上海家中,宋庆龄继续以她女性特有的温柔悉心照顾自己的丈夫。时任孙中山卫士的马坤回忆道:他到孙中山身边不久,就发现宋庆龄是孙中山"工作班子中最重要的成员",孙中山工作时间一长,宋庆龄就会把他从书桌旁拉出来散步、玩球或打门球。不管发生什么事,宋庆龄总能使孙中山高兴和愉快。晚上,他们经常一起看书读报聊天,还常常在家里放电影⑤。而在宋庆龄的记忆里,留下的只是孙中山始终在工作的印象——"他通常是从早上

　　①　陆丹林:《孙夫人未随北伐之原因》,《组织》第二卷第九期,1943年12月21日。

　　②　"国内专电",1921年11月17日《申报》,第6版。

　　③　1921年12月22日(上海)《民国日报》,转引自盛永华主编:《宋庆龄年谱(1893～1981)》上册,广东人民出版社2006年版,第186页。

　　④　Thomas A. DeLong, *Madam Chiang Kai-shek and Miss Emma Mills: China's First Lady and Her American Friend*, McFarland and Company, Inc., 2007, p.53.

　　⑤　转引自伊斯雷尔·爱泼斯坦著,沈苏儒译:《宋庆龄——二十世纪的伟大女性》,人民出版社1992年版,第95～96页。

八点开始工作直到夜里十一点,而且他也从来没有时间安排午睡。他总是专心于工作、写作、会见国民党员,或者埋首于阅读和绘制地图。一年到头最多有一次可以花一个小时和人下一次棋。他没有什么特别的嗜好。"①

在这一阶段,孙中山开始频繁地同苏俄和共产国际的使者接触,他准备同共产党结盟,宋庆龄支持,但是宋美龄反对,她们日后的分歧在这个时候就已经表现了出来——姐妹俩之间就意识形态和革命过程问题经常产生争吵,甚至到了几天都互不理睬的程度②。

1923 年,孙中山第三次回到广东,组织北伐。孙中山在广州设立航空局,任命杨仙逸为航空局长,杨用他从檀香山带回来的美国部件组装制成我国第一架飞机,根据孙中山的提议,飞机以宋庆龄的英文名字"洛士文"(Rosamonde)命名。③宋庆龄 1966 年回忆道:"因为孙传芳当时试图收买我们的司机等人杀害我们或把我们送入他们的圈套中,所以为保卫孙博士,杨仙逸教我驾驶汽车,为此我永远感激他(我因此而成为从法租界获得驾照的第一个中国妇女)。"④

1924 年 11 月,孙中山应冯玉祥之邀,抱病北上共商国是,次年 3 月 12 日,孙中山在京病逝。

---

① 《宋庆龄致黎照寰》(1956 年 10 月 31 日),上海市孙中山宋庆龄文物管理委员会编:《孙中山宋庆龄文献与研究》第 1 辑,上海书店出版社 2009 年 12 月版,第 197 页。

② Thomas A. DeLong, *Madam Chiang Kai-shek and Miss Emma Mills*: *China's First Lady and Her American Friend*, p.56.

③ 1923 年 8 月 18 日(上海)《民国日报》、1923 年 8 月 11 日《广州民国日报》,转引自盛永华主编:《宋庆龄年谱(1893~1981)》上册,第 216~217 页。

④ 《宋庆龄致黎照寰函》(1966 年 4 月 10 日),上海市孙中山宋庆龄文物管理委员会编:《孙中山宋庆龄文献与研究》第 1 辑,上海书店出版社 2009 年 12 月版,第 266 页。

四、结　　语

　　孙宋结合是一位中华民国的缔造者和一位接受西式教育长大的现代女性的结合,他们的思想和追求与那个时代绝大多数的平常国人截然不同。对于女性,孙中山一贯主张男女平等、支持女性参政、重视女子教育,他藐视封建陋习,亲迎"志切从军"的爱妻随军助战。而宋庆龄是近代中国首批 4 名留美女生之一,男女平等对她而言绝不是一句空话,在美国留学期间她受到英美女权运动的影响,是一名妇女参政论者,她的个人理想与人类的共同理想一致,那就是看到中国"作为一个真正名副其实的共和国而站立起来",她曾说:"只知道做贤妻良母,不去尽国民革命天职的妇女,结果必定做帝国主义与军阀的'奴才的奴才'。"[①]孙中山是中华民国的创始人,宋庆龄无限崇拜他,并且为自己的婚姻幸福"包含在使所有在你周围的人都能愉快地生活的共同愿望中"而感到心满意足。

　　孙宋 10 年婚姻中,正如孙中山所说,宋庆龄既是他的伴侣,同时也是他的助手。宋庆龄全身心地将自己奉献给他,帮助他拯救祖国,同时也悉心照料他的身体健康。孙中山生前她作为伴侣细心照顾孙中山的起居,同时也作为助手帮助孙中山工作;孙中山去世后,她誓言"志先生之志,行先生之行"[②],从幕后走到台前,正式踏上政治舞台,1926 年 1 月,她在国民党二大上以绝对多数票(在

---

　　① 《妇女应当参加国民革命》(1927 年 2 月 12 日),《宋庆龄选集》上卷,人民出版社 1992 年版,第 39 页。
　　② 宋庆龄:《力争英帝国主义掌握中广州关余之孙中山先生》,1925 年 6 月 21 日(上海)《民族日报》,第 1 版。该文后以《为力争两广关余向英帝国主义斗争的孙先生》为标题,刊登在 1925 年 7 月 2 日的《广州民国日报》。

有效票总数 249 张中,得 245 张)当选为中央执行委员①。她说:
"我试求忘掉我自己,投身我丈夫毕生的事业,就是实现一个真正
的中华民国"②。

但是,谣言和诽谤很快就开始缠上她。1927 年 5 月,武汉国
民党中央政治委员特致函慰问:"彼反革命者,见同志能坚决履行
总理遗志,以促国民革命之进步,彼于畏惧之余,计无所出,遂不恤
为此人头畜鸣之伎俩。"③谣言和诽谤一而再、再而三地纠缠着宋
庆龄,1948 年,她在给友人王安娜的信中写道:"我认为只要我与
反对党的工作有联系,这种诽谤性的攻击就会继续下去,哪怕到我
满头白发的时候。谎言和诽谤已经追逐我 20 余年了。"④直至"文
化大革命"时期,谎言和诽谤还在重演。⑤

事实上,宋庆龄一辈子都活在对丈夫的追念中。1956 年 11 月,
孙中山诞辰 90 周年之际,来访者如云,宋庆龄要求黎照寰帮她挡
驾:"我恳求你,告诉那些询问关于我与孙博士共同生活情况的人,
我不能接受他们的要求,因为每当我试图去回忆我和孙博士在一起
的日子,我的伤口就被撕开。为这个原因,我不打算参与任何类似
的纪念会议。每当人家纪念这样的日子,我却是在经历痛苦"⑥。

----

　　① 《中国国民党第二次全国代表大会会议记录(第三日第六号)》,中国第二历史
档案馆编:《中国国民党第一、二次全国代表大会会议史料》上册,江苏古籍出版社 1986
年版,第 216 页。
　　② 《宋庆龄致阿莉函》(1926 年 4 月 16 日),《宋庆龄书信集》上册,第 53 页。
　　③ 《汉口民国日报》1927 年 5 月 30 日,转引自盛永华主编:《宋庆龄年谱(1893～
1981)》上册,第 346～347 页。
　　④ 《宋庆龄致王安娜函》(1948 年),《宋庆龄书信集》续编,第 139～140 页。
　　⑤ 《宋庆龄致爱泼斯坦》(1977 年 4 月 25 日),《宋庆龄书信集》下册,第 762 页。
倪以信:《无人能比的二姑》,上海市孙中山宋庆龄文物管理委员会、上海宋庆龄研究会
编:《回忆宋庆龄》,东方出版中心 2013 年版,第 362 页。
　　⑥ 《宋庆龄致黎照寰函》(1956 年 11 月),上海市孙中山宋庆龄文物管理委员会
编:《孙中山宋庆龄文献与研究》第 1 辑,上海书店出版社 2009 年 12 月版,第 199 页。

1975 年 3 月 15 日,宋庆龄 82 岁高龄时,致函廖梦醒感谢她在孙中山逝世纪念日送来鲜花慰问时说:"你懂得的,一旦我们所爱的人与我们诀别而去,那么相互爱得越深,我们所承受的悲痛也就更深沉。只要我活着,我内心空荡荡的感觉和悲伤将永远不会消失。人生在世,总不免一死。这残酷的现实谁都不得不面对,这是不可逆转的。但正像你所说,我们终有甜蜜和爱恋的记忆留在心间。"①

（朱玖琳　上海市孙中山宋庆龄文物管理委员会副研究员）

---

① 《宋庆龄致廖梦醒函》(1975 年 3 月 15 日),《宋庆龄书信集》续编,第 498 页。

最新研究孙中山力作*——《科学の人·孙文 思想史的考察》

易惠莉

2014年2月,日本东京的出版社"劲草书房"出版了京都大学人文研究所副教授武上真理子的著作《科学の人·孙文 思想史的考察》。当我得到此书粗略翻阅后,就有一种向中山学社及国内学界介绍的冲动。因为,我的第一感觉这本书的内容在过去国内外孙中山研究中基本未出现过,其研究视角是崭新的、独特的、充满个性的。

迄今为止,我已经见到日本两本史学杂志对于该书的两篇书评(《史林》①2015年5月号,日本中央大学教授深町英夫;《东洋史研究》②2015年3月,日本学习院大学教授高柳信夫),以及日本"孙文研究会"主办的专刊《孙文研究》(2015年6月)为此书召开的书评会上两位学者(日本庆应义塾大学副教授宫川祥子、京都大学日本学术振兴会特别研究员森川裕贯)的书评。以上四位学者除宫川祥子外,均是研究中国近现代史的专门家。但宫川祥子有

---

* 本文乃笔者在上海中山学社举办的"2015年中山论坛——孙中山之民族精神思想的当代价值"会议上的发言。文章所利用资料得到《科学の人·孙文 思想史的考察》著者武上真理子女士的帮助,特此说明。

① 《史林》2015年5月号,第111页。
② 《东洋史研究》2015年3月号,第147页。

一个特殊身份,她是孙中山20世纪初滞日期间与日本女性大月薰共同的后裔,即是孙中山的曾孙女。以上无论哪一位的书评,都高度评价了该书的研究视角和丰富独特的研究内容。如深町英夫认为,此书的出版,可以视作在日本的研究界沉寂了1/4世纪的包括孙中山研究在内的对中国近代革命人物研究的一个特殊的存在。尽管在2011年中国的辛亥革命100周年之际,日本出版社相继出版了几本有关孙中山研究的专著,以及几年前由于美国斯坦福大学胡佛研究中心的蒋介石日记对外公开引发学者的关注,又有《蒋介石研究　政治·战争·日本》等著作于2013年出版,但无论如何,1/4世纪以来,对包括孙中山在内的中国革命人物的研究被边缘化,已经是一个不争的事实。故对此书的出版,有一种"久违了"的新鲜感觉,尤其作者是一位新出的孙中山研究者,书的内容更是出自与过去的日本学界孙中山研究不同的崭新的视野。①高柳信夫认为,该书通过给长期以来已经定位于"伟大革命家"孙中山的再定位——"科学人",描绘了在过去孙中山研究中被忽略的一面,确实地向世人展示了新的孙中山形象的一端。同时指出,该书一边详细地追寻近代以来科学发展的踪迹,一边解明孙中山的"科学观",故该书将已有的孙中山研究向前推进了一大步。②森川裕贯认为,该书通过详细的讨论,展示了孙中山作为一个"科学人"的存在,故今后所有研究孙中山的著作,恐怕都不能无视这一点而展开研究。因而,该书是研究孙中山的一个新起点③。

对于孙中山的研究,我仍然属于门外汉,另外,由于日语阅读水平不高,要为这样一本讨论孙中山作为一位"科学人"存在的专著写出一篇书评,我是绝对作不到的。但我又实在想为此书新颖

---

① 《史林》2015年5月号,第111页。
② 《东洋史研究》2015年3月号,第147页。
③ 《孙文研究》第56号,第38~39页。

的内容喝彩,想让更多的人知道和了解这本书,故想在此对此书内容作一个大略的介绍。

一、《科学の人・孙文　思想史的考察》章节标题

引言

绪论　孙中山思想的示意图
　　第 1 节　作为多面体的孙中山形象
　　第 2 节　"科学时代"和孙中山
　　第 3 节　上海孙中山故居藏书
第一章　孙中山的科学观——其原点和到达点
　　第 1 节　香港西医书院的创设
　　第 2 节　西医书院的"科学"和孙中山
　　第 3 节　在"生元"说中见到的孙中山的科学观
　　第 4 节　围绕着进化论和细胞的知性的讨论
　　第 5 节　在"生元"说之后
　　小结
第二章　孙中山和医学——《红十字会救伤第一法》的翻译和
　　　　出版
　　第 1 节　《红十字会救伤第一法》出版的经纬
　　第 2 节　原著者柯士宾
　　第 3 节　《红十字会救伤第一法》的翻译
　　第 4 节　近代中国的国际红十字运动
　　第 5 节　孙中山和红十字会
　　小结
第三章　《实业计划》的时代位相——中国经济开发计划的背
　　　　景和工程师们
　　第 1 节　《实业计划》发表的经纬

二、引言和绪论　孙中山思想的示意图

作者在引言的第一句开宗明义地指出:"本书以'孙中山和科学'作为主题。"又指出,对于作为革命家在中国近代史上留名的孙中山来说,这里将他与"科学"联在一起,可以预想读者会有如下的反应。第一,这里所说的"科学"会令人联想到"科学社会主义",或

者揭示现代中国指导理念的"科学发展观",一旦有这样的联想,"孙中山和科学"这个主题就蕴含着极其强烈的政治性。实际上,在以往的孙中山研究中,根据时代的变化要求,试图用"科学"一词来解读其政治思想和行动的也不少。第二,从近代日本开始普及到汉语圈的所谓"科学"一词到现代,"科学"一直主要指称"自然科学",所以有人会把孙中山的"科学"看作"自然科学"。但该书并非从以上两个意义(科学社会主义、科学发展观;自然科学)来指称"科学",而指称的是包括自然科学、人文科学、社会科学在内的"广义科学",因为这是最初在欧洲以拉丁语 scientia 所指称的"科学"的原义。所谓"孙中山和科学"的"科学",就是指的是这样的"广义科学"。虽然孙中山本人通晓"广义科学",但是并没有从事特定领域的科学研究。因此本书并不将孙中山视作专门的"科学家(scientist)",而视作"科学人(man of science)"之一,所谓"科学人",就是将科学作为统摄自己思想和行为的原理的人。如果孙中山真是这样的"科学人",那么则其以"科学"为核心的思想在深化过程中定会架起通向哲学的桥梁。因而就孙中山思想"由科学到哲学"的发展进行考察,这也是本书的最终研究目的。

"绪论"部分,首先回顾孙中山去世之后迄今各国研究孙中山的历史,在概观不同时代不同国家所描绘的"伟大的革命家"的基础上,以"科学"为关键点,重新构筑孙中山的形象。作者指出,孙中山作为"伟大的革命家",不但被中国人、生活在世界各地的华人,还由于他长期在海外的革命活动的足迹和影响,无论他生前还是去世后,都受到广泛的关注。作者利用了以往研究者统计编辑的孙中山研究目录,指出直到 1997 年,中、日、韩、英、俄、法、德等 19 种语言写出的孙中山研究的论文、著作、资料集,包括音像资料在内的孙中山研究,数量之庞大,内容之丰富,形式之多样,令人感慨。不过,正是因为不论时代,不论国别,孙中山被视作伟大的革命家这一特征,无论他活着还是去世后,即使是在中国,对他的评价和看法亦伴随着时事的、政治的、社会的状况的影响而发生变化，他的形象亦不断在变化，有时甚至很矛盾。不过，在已有庞大的孙中山研究的基础上，即使今天用"科学"的话语来解读他的思想，也并不认为新奇。因为，从将"民族、民权、民生"而形成的"三民主义"解释为"伦理、民主、科学"的"本质的"蒋介石的言论，就是其先驱。更进一层，按照唯物史观将孙中山思想阐释为科学的唯物论，将孙中山视作在中国接受西方文明的过程中近代科学的正确的理解者等各种言论不断出现，尤其近年来将孙中山的《实业计划》视作科学技术振兴的提案的言论更是不少。尽管如此，却难以见到关于他自身的科学观的研究。本书，将暂时舍弃孙中山作为"伟大的革命家"的形象，将其对"科学"的对应置于"科学时代"而丰富其思想，并且将其思想置于从 19 世纪末到 20 世纪初近代科学思想的潮流中，分析其科学观的形成；更进一步，将科学作为线索，追寻其思想的深度和深化——即构架起从科学到哲学的桥梁，并进行其特质和意义的考察。

孙中山所经历的 19 世纪下半叶至 20 世纪初，是各种科学知识与技术飞跃发展的"科学时代"。这一时代是科学被分类制度化的时期，也是科学的大众化和广泛应用的时期。对于后者，西方将其称为"大众科学（popular science）"，这种对科学的全新认识不容忽视。在现代，"大众科学"给人以"通俗科学"，甚至有些"似是而非"的印象。但须知在孙中山所处的时代，"大众科学"曾被认为是专家知识探索的结晶，且建立在教育制度的普及和出版媒体发展的基础上，其信息足可信赖。更重要的是，"大众科学"的普及使人们的世界观发生变革，从而开启了解释科学思想的社会性、政治性、宗教性意义。孙中山结合这样的"科学时代"的世界潮流，首先吸收了各种科学技术的最新成果，并试图在中国推广。由此作者认为，孙中山并非一个科学研究者，而是一个好的"科学利用者"。此外他还在这一基础上，试图构建一套后人所谓的"科学哲学"。

为了证明自己的看法,作者对上海孙中山故居的藏书目录进行了详细分析,最后得出结论,藏书数量的多少依据顺序是医学、科学技术和哲学,哲学的藏书数量之高甚至令人感到意外。另外,属于人文科学类的历史和宗教类的书在孙中山藏书中数量亦不少。故从孙中山的藏书目录中可以看到其思想的示意图,其思想的构成包括自然、社会和人文科学的"广义科学"。这是了解"孙中山和科学"的出发点。

三、第一章 孙中山的科学观——其原点和到达点

该章内容①,主要是解明孙中山的科学观的原点和到达点,强调其科学观的原点,并非是从中文知识开始的,而是直接由英文知识开始的。

作者首先指出,传统中国知识分子的基础教育是古典著作《大学》中的"格物、致知、诚意、正心、修身、齐家、治国、平天下",故所谓的科学是指"格物致知",而孙中山从小所接受的教育是从英文开始的,故他的科学观的原点不是"格物致知",而是英语词汇中的"科学(science)"。作者重点通过探明孙中山在香港西医书院接受的医学教育的理念和问题意识所在,解析其科学观的原点。1887年10月1日开学的香港西医书院,完全是用英语进行授课的学校,作为学校支柱的三位人物何启、孟生、康德黎,是苏格兰阿伯丁大学(该校创办于1495年)医学部的同窗生(尽管何启是中国人,但他于1872年就赴英国留学,直到1882年归国定居香港),具有相同的理念和问题意识。故西医书院作为医学教育学校的组织结构、制度和教学计划等,均是遵循的英国准则,所谓"本校的授课教

---

① 该章的大部分内容,作者曾以《孙中山的科学哲学》为题,在2008年8月中山学社举办的"孙中山的《建国方略》国际学术研讨会"作了大会发言。

程完全与英国医学校的规定一致",将教授"医学所有的学科"。担任西医书院教学的教授队伍阵容强大,它包括香港殖民政府公立医院的医师、伦敦传道会所属的传道医师、香港英国陆海军的外科医师等各路医学专门人士。更引人注目的是,所有在西医书院执教鞭的教授均是作为志愿者,不从学校领取任何报酬。孙中山是西医书院创建时的第一届学生,而他在入读该学校之前,已有在广州博济医院附设的医学校学习一年医学的经历。西医书院第一届学生共有 11 名,而当 5 年制的学业完成毕业时,获得毕业证书的仅有两人,孙中山则是其中一人,其毕业时的综合成绩表显示,在全部 12 个学科中,获得"优等"的有 10 科,"及格"的有 2 科,总评价为"最优等"。作者指出,孙中山之所以取得如此优秀的成绩,首先得力于他从少年时代开始在夏威夷所接受的英语教育,以及进入西医书院之前已在广州博济医院附设医学校用中文接受过医学的基础教育,再加上其个人强烈的学习意欲和不断的努力。1892年 7 月,西医书院为第一届毕业生颁发毕业证的同时,孙中山还获得了在内科、外科和产科行医的资格证书。作者通过分析西医书院当时授课的具体内容,以及执教鞭的教授们在医学方面的专业特长和教育理念,指出孙中山在西医书院所接受的医学知识,虽然还不能说其与 19 世纪后半期欧洲医学界最先进的发明同步,但是它仍然可以说这种知识在当时属先进。通过用显微镜观察细菌等知识的学习,以及通过孟生、康德黎和伦敦传道会医师等医学专业知识并不输于欧洲本土的教授的教育(孟生是当时世界知名的热带传染病学研究者,康德黎是英国皇家外科医学院院士),相信孙中山在西医书院学到的不仅是专业的医学知识,还有一种要将医学(科学)传播到大众社会的使命感和意识。尽管还不能说孙中山在西医书院已经被培养起了进化论或者社会进化论的思想,但他在此时期内读过达尔文的《物种的起源》则是肯定的,由西医书院的建校精神,以及由执教鞭的教授们传授的医学是能够推进社会进步(＝进化)的科学和促进社会改良的进步史观,孙中山是接受了的。

　　1918 年 7 月,孙中山由广州军政府大元帅之位上退下定居上海,专事写作活动,其关注点转向科学。如此时他曾写过一信给儿子孙科,说他正在阅读一本名为《细胞的知性》的书,此书的思想极其新颖,是现代学者的著书,等孙夫人读完后,就寄给孙科读,并请其务必将此书翻译成中文,开阔中国学者的视野。《细胞的知性》是美国人勒鲁斯·库普里的著作(中国学者将书译为《细胞的智能》,作者译作圭哇里)。库普里在承认生物进化法则(生存竞争、适者生存)的同时,反复强调进化不是偶然(突然变异和自然选择)而成的,而是细胞本身的知性(即存储记忆、基于明确目标的判断和行动能力)所发挥出来的结果。库普里此说给孙中山深刻的影响,次年的 1919 年,《孙文学说》中即出现"生元"一说。孙中山用"生元"一词代替"细胞",事实上是要强调生物最原始的存在状态。《细胞的知性》指出"细胞的复合体形成共同体或者共和国",而《孙文学说》则指出,人体可视作"由生元构成的国家",因为在最高度地进化了的生命体中,一个一个的"生元"各自完成知觉、传达和运动等功能,保持一种理想的协调状态,而这恰相当于国家的状态;在伴随着进化的国家之中,作为"生元"的大众分化为三类,所谓"知的生元",即"先知先觉"(发明家),"传达的生元"即"后知后觉"(鼓吹家),"动的生元"即"不知不觉"(实行家)。故孙中山把"生元"说与进化论相结合,试图以此对宇宙诞生到人类实现其最终目标的历史进行科学把握;如同生命体中"生元"一样,人类进化的原则是相互扶助,故人类进化的目标是"天下为公"。总之,孙中山的"生元"说认为,所有的"生元"(细胞)都具有知性存在的特点,故可以通过"生元"生命体的调和,形成有机的身体,无论国家、社会、人类的关系均是如此。这样,"生元"说成为一种科学哲学,而超出生物学的范畴。因此作者以《孙文学说》提倡的"生元"说为孙中山科学观的到达点。

四、第二章　孙中山和医学——《红十字会救伤第一法》的翻译和出版

该章以孙中山于 1897 年在伦敦翻译出版的《救伤第一法》为线索,解析孙中山从医师到革命家身份转换,以及其所具有"科学的倡导者"觉悟的过程。

孙中山从西医书院毕业,获得内科、外科和产科的行医执照后,先是在澳门的镜湖医院工作,几个月之后他开设了属于自己的独立的医疗诊所"中西药局"和"孙医馆"。镜湖医院是为澳门的贫困的中国人提供医疗的慈善医疗机构,中西药局则是为中产阶级以上的中国人提供医疗,而孙医馆则是为葡萄牙人和澳门葡籍人提供医疗,孙中山每日分别在这三个地方工作,其工作极其繁忙。虽说要把握此期孙中山作为医师的全部实态比较困难,但作者认为通过孙中山在此后不久翻译《救伤第一法》之事,可以窥见从"医师·孙中山"到"革命家·孙中山"的转换点。因为《救伤第一法》是作为孙中山的医学实践唯一留存下来的文献资料。

1895 年 10 月,由孙中山参与的革命团体"兴中会"发动的广州起义失败后,孙中山亡命海外,医师职业的废弃是自然的。一年之后,他亡命到英国伦敦而不幸被清使馆"幽闭",当被香港西医书院求学时代的恩师康德黎先生竭力解救出险后,其有 8 个月的时间在伦敦。其间,孙中山常去大英博物馆图书阅览室读书,后来其发表的"三民主义"被认为是他此期读书和思索的成果,而《救伤第一法》更可视作此期其探求知识的一个成果,解明其科学观的一条线索。当孙中山于 1896 年 10 月 23 日被从清使馆解救出来后,其事情的前后被伦敦各大报纸所报道,而因此由中国的亡命者一变而为伦敦的知名人士,他利用此机会在伦敦的舞台上展开活跃的

社交,此包括他结识《救伤第一法》的作者英国人柯士宾,后者亦是孙中山此际在伦敦的一个知己。柯士宾(1848～1936)出身于外科医生的家庭,曾担任过英国海军炮兵志愿队的外科医生,当时其职务则是王立外科医师协会特别研究员、圣约翰急救队伦敦队外科主任、圣约翰救护会讲师兼考试官等。《救伤第一法》的出版时间不明,第 2 版出版于 1890 年,此后法、德和日本出版了译本;由于英文的第 2 版已经绝版,故 1894 年出版了第 3 版。而孙中山是根据该书第三版翻译的。据康德黎夫人的日记,从 10 月 31 日开始,孙中山被柯士宾邀请赴其宅作客 3 日。大约是受柯士宾热情的怂恿,孙中山决意翻译柯的书。对于孙中山而言,他对急救医疗知识并不陌生,因为早在香港西医书院读书时,康德黎就在西医书院教授过急救医疗的课程,1891 年 1 月,当香港殖民政府成立五十周年之际,康德黎还率领西医书院的中国人学生救护队参加典礼,或许孙中山亦在此队伍之中。故孙中山不仅具备近代西方的医学知识,恐怕还体验过急救活动的实习。柯士宾了解到这些,他大概认为孙中山是将其书翻译成中文的最佳人选吧。

之后,孙中山译成的中文版书命名为《红十字会救伤第一法》,约于 1897 年 6 月出版,因为在该年 6 月 28 日他将此书赠送给视为"知音"的同在伦敦的日本人南方熊楠和田岛、镰田三人。从着手翻译到出版大约经过 7 个多月时间,书是由伦敦的东洋印刷所出版的,时间在孙中山离开伦敦前夕。作者在牛津大学图书馆寻觅到《红十字会救伤第一法》的第一版,书的扉页上有用英、中两种文字给维多利亚女王的献辞。中文献辞:"奉特旨赏准是书表志大君主大后帝登极六十年以来所被之深仁厚泽以申微忱 并印行以加惠大君主宇下所属华民 及广传寿世寿民之意。"《救伤第一法》的主要内容和目的,是为在日常生活中紧急状态下为突然出现的伤病者提供救助,以提高伤病者的救命率。简言之,是向大众普及医学技术知识的快速简易方便的医疗书籍。作者将孙中山译中文书中的医学专用名词与英文版、日文版以及 19 世纪上半叶在中国南方活动被誉为西方医学书籍翻译第一人的英国伦敦布道会传教士医生合信所译数种医学书、在香港和中国内地活动的德国传教士罗存德 1897 年编《新增英华字典》、孙中山就读过的广州博济医院附属医学校的美国传教医生嘉约翰所编《西医新法》等书中医学专用名词列表相比较,指出孙中山的译文受到嘉约翰《西医新法》的影响较大,而他在译文中亦有对自己所掌握的医学知识的发挥,但并不能看出他参照过日文译本。孙中山因自幼置身于英语环境,当时还未曾在日本长期生活,故未曾想到参照日译本,这也不足为奇。另外,孙中山将原英文的《救伤第一法》命名为《红十字会救伤第一法》,而称柯士宾为"红十字会总医员(或医生)",表明他应该是了解甲午战争中英国传教士医生克里斯蒂在牛庄等地组织红十字会活动,救援中国伤病士兵,以及日本亦在战争中利用红十字会救助伤病者等活动。再者,发表孙中山写给李鸿章的《上李傅相书》的 1894 年 10 月期的《万国公报》上,在报纸主办人美国传教士林乐知介绍甲午战争的文章中,就已经出现了"红十字会"一词。可以想象红十字会的活动和宗旨给孙中山以深刻印象,将译书命名为《红十字会救伤第一法》,很明确他将红十字会与自己的国家联系起来。

最后作者指出,孙中山在赠送给南方熊楠《红十字会救伤第一法》的扉页上题字:"恭呈　南方熊楠先生大人雅政　中原逐鹿士孙文拜言",此举就如同研究者黄宇和所指出的那样,当时的孙中山已经看到此书将在今后的革命军中发生作用,至少他确信自己的翻译将来可资中国利用。总之,翻译出版《红十字会救伤第一法》既显示了孙中山所拥有医学科学知识的先进性和水平,又显示他已经具有向大众普及医学科学知识,即面向大众的"科学的倡导者"的觉悟。可以说他的目的是熏陶和教育人们遵循科学方法进行思考、行动,并将科学应用于日常生活。尽管以后他的活动脱离了医学的领域,但并非说明其活动的目的意识和思想已经与科学无缘。更进一步说,其后孙中山所倡导的"科学",不仅在自然科学,还在包括人文、社会科学等各种领域,而与人们的思考、生活直接相关。

五、第三章 《实业计划》的时代位相——中国经济开发计划的背景和工程师们

该章①主要是检讨"为实现中国的繁荣富强所描绘的最初蓝图"和在现代中国占有特别位置的孙中山的《实业计划》的写作和发表的背景和过程。

作者指出,1925 年 3 月 12 日,孙中山尚未看到他一生为之奋斗的革命成果就去世了,他在遗嘱中提出继承其遗志的同志须依照他的著作行事,而他提到的第一本著作就是《建国方略》。《建国方略》三个组成部分之一的《实业计划》,②虽然是孙中山为实现中国的繁荣富强绘制的蓝图,但到 1979 年中国政府实行改革开放之后才开始重视它,研究成果陡增。不过,已有的研究并未充分地检证《实业计划》的写作出版过程。作者通过讨论《实业计划》的写作出版过程、《实业计划》在西方国家引发的英文读者的回应和反响等问题,试图从领先环太平洋区域的工程师们的视角重新审视《实业计划》,以此从新的侧面剖析孙中山的科学观。

《实业计划》亦是孙中山由广州军政府大元帅之位上退下定居上海后,专事写作活动期间所写作的。此际第一次世界大战刚刚结束,孙中山就确信:"将来各国欲恢复其战前经济之原状,尤非发展中国之富源,以补救各国之穷困不可也",乃开始着手"研究国际

---

①② 此章大部分内容,笔者以《全球史中的〈实业计划〉——孙中山的中国经济发展计划与工程学》为题,提高 2014 年 11 月中山学社所举办"纪念孙中山:全球视野与中华振兴"会议,并作大会发言。

共同发展中国实业"。1919 年 2 月初,孙中山完成了后来被称作《实业计划》"绪论"部分的英文底稿,[①]上海的英文杂志《远东时报》3 月号首篇即以《中国之国际开发:辅助战后产业再建的一个构想计划》为题将其刊发。之后,《实业计划》的其他章节,亦被《远东时报》从 1919 年的 6 月号到 1920 年的 11 月号分 6 次刊发。《远东时报》是"关于远东的工程学、金融、贸易的月刊评论杂志",其纲领是"致力于远东各国产业发展与贸易促进"。报纸不但给居住在中国国内的英文读者阅读,据报纸的创办兼编辑出版者美国人李亚说,每月有 3 000 份左右的报纸还分别寄给美国国内的远东铁道企业家和实业问题权威。日本满铁东亚经济调查局每月的报告书《经济资料》,亦定期刊录《远东时报》的消息。自辛亥革命之后,李亚与孙中山建立了亲密关系,他向孙中山表示愿意支援新中国的国家发展事业,尤其是全国铁路网的建设,《远东时报》为推进孙中山的铁路计划,曾展开过积极的舆论宣传。《实业计划》的"绪论"甫经完成,就最先由《远东时报》刊发,正反映了李亚与孙中山的这种关系。而与《远东时报》几乎同步发行《实业计划》"绪论"部分的,是 1919 年 3 月 7 日上海的《民国日报》,题名为《孙中山先生国际共同发展中国实业计划书》。之后,中文的《实业计划》的其他内容,则由该年 8 月创刊的《建设》来陆续刊发了,一直到 1920年 12 月其停刊为止。《建设》是孙中山主导在上海创办的月刊杂志,"建设社"是编辑和总发行人,章程说明其性质是"以从精神上物质上谋国家及社会之建设及革新为目的经营译著出版事业",国民党的笔杆子胡汉民、汪精卫、戴季陶、廖仲恺和朱执信均是其撰稿人。由刊发于《远东时报》和《建设》的《实业计划》标题比较,可知孙中山将《实业计划》的内容用英文完成一部分后,即交前者刊发,再由建设社组织人员执笔翻译和编辑后,用中文在《建设》刊

---

① 后来的中文版中,原英文版的"绪论"被题名《开篇总论》《总论》等。

发。故后者刊发的《实业计划》题名有统一性,并均刊发于卷头,又可知《建设》是专为刊发《实业计划》而创刊的杂志。

《实业计划》在杂志上公开前后,孙中山曾将"绪论"部分的英文原稿寄给各国要人,展开了对他的计划的宣传活动。作者分析了几位对孙中山的《实业计划》表示赞赏和支持的欧美人的反应。当时居住在罗马的美国人艺术家轩特力·安得生就高度赞赏孙中山的计划。安得生正在提倡建立包括艺术、科学、宗教、工商业、法律等与人类活动相关各领域在内的所谓"世界交流中心"的国际机构(故有时他被称作"都市计划家"),他致信孙中山,已经将《实业计划》的"绪论"转交美国总统威尔逊。孙中山期待通过安得生获得美国实业界的援助,安得生则期待孙中山在中国介绍他的"世界交流中心"计划。的确,上海的《建设》杂志上曾一度刊登过《世界中都计划》作为"世界交流中心"的介绍,不过此事并未有什么结果。除了安得生之外,赞同孙中山的计划并尽力想支持它实现的是当时美国驻中国公使芮恩思,后者甚至对前者的计划还提出详细的富有建设性的见解,孙中山接受和采纳了芮恩思的意见。芮恩思不仅高度评价"绪论",而且派商务部特别委员威瑟姆前往孙中山制定的"北方大港"新港计划位置及其周围进行实地考察,而推动建设该港。虽然该计划最终未得实施,但从《实业计划》单行本收入的芮恩施方案可一窥其概要。事实上,孙中山在写完"绪论"后,极有可能是参考了在《远东时报》上刊登的上述威瑟姆的文章《港湾开发对产业的影响力》。原来在《实业计划》的"绪论"中,孙中山第一个列举的计划是通过完善铁路、道路、运河网、河川等"交通之开发",第二个计划是"商港之开辟",继之是扩建城市设备、工矿业和农业之发展、培植森林、移民之计划,等等。但在之后公开的《实业计划》的第一到第三计划,则分别是"北方大港""东方大港"和"南方大港"三大港的建设和改良,以及与此相连的铁路、水运网的改善、移民计划、工矿业发展,等等,而十万英里的全国铁路建设规划则退后到第四计划。这并非铁路建设计划对孙中山已不再重要。毋宁说,他所描绘的全国交通网已不再仅是对国内经济发展有效发挥推动作用的动脉,这种看法基本上与威瑟姆一致。同时,孙中山应该也参考了同一时期《远东时报》刊载的《中国开发水陆交通的组织发展的必要性》《与中国港湾连接的铁路》等以铁路和海运为题的论文。总之,孙中山的《实业计划》内容并非是他闭门造车的产物。

　　另外,自称"铁路专家"的美国人碧格亦对孙中山有所影响,他通过《远东时报》向孙中山致信,高度评价孙中山的铁路计划,并说明他即将在日本东京创刊的杂志《联太平洋》上发表论文《中国铁路建设的可能性》。《联太平洋》是"以实施国际规模调查为己任的财政经济月刊杂志",出版人为美国人伏赛莎(今译"费莱煦"),虽然是英文杂志,它辟有日文栏和中文栏,"不仅未局限在翻译英文新闻的层次,还单独登载中日两国人民的关心事项"。碧格在《联太平洋》1919 年 8 月创刊号发表的文章中指出:"中国的铁路计划不仅仅局限在金融、工程学或政治战略的范畴,还是实现世界和平的手段。"而 10 月发刊的《联太平洋》第 2 号中文栏就登载了《孙文之发展中国实业计划》一文,此乃上海 8 月创刊的《建设》上登载的《建国方略:发展中国实业计划第一篇》的概要。《孙文之发展中国实业计划》一文以之前登载的碧格的论文和碧格给孙中山的信函为依据,强调了两者主张的共通性,由此可以了解碧格将孙中山及其言论介绍给了《联太平洋》杂志。之后,该杂志中文栏再登载了署名孙中山的文章《中国实业当如何发展》,以及响应《实业计划》的《孙中山之借款意见》《南支那地方铁道计划》(此是满铁东亚经济调查局发表的《南支那地方铁道计划》的汉译,以作〈发展实业第三计划〉之参考文献)等论文。到 1920 年 1 月号,《联太平洋》英文栏中,孙中山的名字开始出现在"政治家与产业界的领导人"名单中了。因此,《联太平洋》非但是在中国之外最早介绍《实业计划》

的外国杂志,它还成为孙中山的《实业计划》向生活在"联太平洋"区域的华侨和留学生宣传和普及的渠道。另外,在英文栏中,虽然没有登载直接论及《实业计划》以及关于孙中山的文章,但它刊登了很多关于中国开发计划的新闻,其新闻来源之一是前面所提及的美国人威瑟姆。除此之外,1922年2月号杂志还刊登了威瑟姆的论文《上海港:中国的跃动》。作为一名港湾专家,威瑟姆将视野从处于扬子江入海口的上海扩展到中国各地的大小港湾,俯瞰整个中国港湾的建设。威瑟姆提出在中国北方、东方和南方设置三大中心港口,再以各自为起点建设通往内地的交通网,以便达到推动经济发展目的的构想,这与孙中山的《实业计划》内容基本吻合。由此可以看到,如前面已指出,发表在《远东时报》上威瑟姆的文章《港湾开发对产业的影响力》,曾经对孙中山《实业计划》的后面部分产生影响,而此际孙中山关于三大港的计划亦对威瑟姆所描绘的中国港口和交通网的蓝图产生了影响。作者指出,工程学门外汉的孙中山的计划,并未与肩负"太平洋时代"的工程师威瑟姆们的见解发生矛盾;最早从应用科学领域医学开始学习和濡染科学的孙中山,顺应第一次世界大战结束后的世界形势,将工程学也纳入其"科学"视野,并撰写了《实业计划》。更重要的是,孙中山为提倡"民生主义"所书写的《实业计划》,正是位于"民生(civil)"和"工程学(engineering)"的结合空间,此正是该书的价值所在,也正是可以将《实业计划》作为"工程学之书"来阅读的理由。

六、第四章 孙中山与工程学——"太平洋时代"的上海港

该章①从工程学的视角解读《实业计划》,并主要聚焦于"东方

---

① 本章的大部分内容,笔者曾以《孙中山"东方大港"计划的历史地位》为题,在2011年8月中山学社举办的"辛亥革命与上海"会议上作了发言。

大港"(上海港的开发)的计划,进一步检讨"孙中山与工程学"的命题。

作者指出,2005年12月位于杭州湾的洋山深水港开港了,一时有很多的研究言及洋山深水港的原型就是孙中山提出的"东方大港"。"东方大港"的计划,是孙中山最重要的著作之一《实业计划》中的第二计划的开头部分,虽然,取代已有上海港的新港的建设构想的确与洋山深水港有一致的地方,但新港的建设地和建设方法未必一致,事实上,洋山深水港是孙中山"东方大港"计划的扩展。如同前章提及的,《实业计划》是对20世纪初"太平洋时代"——即太平洋地区的国家要在政治上经济上成为与大西洋地区国家匹敌的在国际上具有重要性的时代——的呼应。作为担当太平洋时代开拓者的工程师们的构想,事实上被孙中山编织进了他的计划之中;而孙中山的提案,事实上也传达给了萌芽时期担当中国工程学的人们。在孙中山的构想中,以十万英里的铁路网为国内的交通网,而以北方、东方和南方的三大港口作为与外洋海运联网的门户,推进中国的实业开发。故孙中山将三大港的开发计划置于第一和第三的位置,将全国铁路网的建设计划置于第四的位置,乃在《实业计划》之中,处处体现出水利计划的重要性。本章作者以《实业计划》作为"向工程师们展示的企划书"来进行解读,并以解明"东方大港"计划提案出台的背景和经纬作为第一目标。因为当时在上海,关于上海港的建港问题中外各界已经广泛关注,工程师们的各种提案也被留存下来,故可以将孙中山的提案与之比较。孙中山是如何将从工程师们那里得到的情报进行咀嚼,并将其编织进自己的计划? 这些应该是探讨孙中山的科学技术观的重要线索。

自1843年上海开港,各国外商就同感黄浦江下游愈益堆积的泥沙阻碍船只进港,影响中外贸易,经过长时间与中国政府的交涉,终于在1905年上海地方政府与海关合作成立黄浦河道局,疏浚黄浦江下游的泥沙,但该工程尚未过半,黄浦河道局即因资金短缺而被撤销,之后 1912 年重新成立。而该局又经过长时间调查,到 1919 年 3 月提出各种方案以彻底解决以上问题,其中有重新在杭州湾海岸的附近奉贤,或者在上海东部的南汇嘴等地建设新港的计划等方案。正是在这些所谓"上海港未来的开发"新方案引发多数媒体的关注和宣传,引起寓居上海的外国人广泛注目的 5 个月之后,孙中山发表了他的"东方大港"计划方案。孙中山的"东方大港"计划,是在离现在上海港约 90 公里的杭州湾的乍浦到其西南的澉浦之间建设新港。其在此地建设新港的理由有五点:第一,没有泥沙的淤积,可以保证足够的水深;第二,因为是完全未开发的地域,可以利用最新的技术以及新城市的规划和产业开发计划;第三,通过铁路和水运的整备,具备连接长江流域各地的交通的便利性,可以达到与上海同等的效果;第四,与上海比较不但土地价格低廉,而且不担心会废弃已有的建筑设施;第五,该计划的第一期开发可以利用国有土地,以此降低开发所需要的资金,第二期以后的开发资金则可以利用已开发区域内地价的升值部分,即低成本高收益的开发。新港建设分五期开发,全部完成后乍浦周边地区将成为近代化的港湾城市。就在孙中山"东方大港"计划发表后的翌月,寓居上海的外国人便有"孙博士提案的各种计划,基本已在前浚浦局的调查计划之中"的说法。作者就此指出,仔细阅读孙中山的计划和浚浦局的调查计划,的确后者计划中的调查数据被前者所利用,但前者的计划并未局限在后者的框架内,而更多的是为了证实自己计划的客观性,而积极利用了后者计划中的数据资料。更值得注目的,是在上海孙中山故居的藏书中,保留有浚浦局出版的调查报告书英文 13 册,中文 2 册,前述《上海港未来的开发》中文版是出版于 1918 年,孙中山"东方大港"计划中 5 个与浚浦局相关的记述有 4 个出自其中,而浚浦局的《上海港调查研究》报告书(英文,全 5 册,1921 年出版)是在孙中山"东方大港"计划发表之后,此事说明围绕上海港的讨论引发更多的关注。另外,在孙中山故居的藏书浚浦局的 15 册英文出版物中,有 5 册是在他去世之后才出版的,这个事实说明孙中山生前充分阅读了浚浦局的出版物,而在其去世后宋庆龄作为对其的怀念,继续收藏浚浦局的出版物。总之,尽管孙中山的"东方大港"计划参考和利用了浚浦局调查报告的数据,但最终"东方大港"计划是在浚浦局计划案之外独立的方案。

与浚浦局方案是将上海作为国际贸易都市令上海持续发展不同的,是孙中山的将港湾建设与都市计划结合在一起的在杭州湾建设"东方的纽约"的"计划港"的宏大方案,他将缔造内陆市场、制造业中心以及国际金融和物贸业流通中心的功能托诸于新港的建设,故在"东方大港"计划案中,上海港的改造建设意味着黄浦江大规模的河道变更,上海的旧街市将从面对黄浦江的一面大大后退,以及将原来城市的中心向浦东转移。而浚浦局的方案更着眼于上海港水深不足的问题,重点在解决阻害上海贸易发展的物理性因素——黄浦江口的泥沙。故孙中山的"东方大港"计划案是有"革命"性的,首先它将视野置于中国整体的发展和国民生活的提高;其次是将新港的建设作为一个起爆点,带动长江流域乃至中国全体实业的发展,如果此点能够实现的话,它将会弥补上海的损失而影响外国实业家。另外,以新港作为中国经济的中心而取代已经被掌控在外国资本家手中的上海,在这里是否也能够看到孙中山的爱国主义者的形象呢!第二,在孙中山"东方大港"计划案中,将开拓地的获得及其利用为耕作地作为长江河口整备的重点项目,这是非常出色的思考。伴随着经济发展而上升的地价收入,成为国家财政的重要部分,是孙中山多年来主张的平均地权的核心,故它并非是新的观点,再说在浚浦局的方案中,作为新港建设的一环也有开拓地的获取。不过,后者的着眼点是工商业用地的获取,并未考虑到农业用地;而前者则考虑将长江下游的水利机能,由清末以来的旧有灌溉水利中心转移到为贸易商业活动的流通领域的基地,所谓"上海港所诅咒的泥沙,在滩地则是上天的赐予"。一举实现长江口水路的确保与农业用地的扩大的孙中山的计划,是继承了当地人常年经营水利事业的经验。换言之,孙中山"东方大港"计划案的背后,不仅有浚浦局的调查报告,还有中国人常年水利事业经营的经验。作者在此举出了张謇在民国后的治淮水利活动。虽然,在孙中山的计划案中,并未见到关于张謇治淮水利活动的文字,上海孙中山故居的藏书中亦未见到相关内容的文献,但是"东方大港"计划案的内容的确与张謇的水利事业有关联,要说是两者之间有影响,不如说两者之间在一定的时间和空间内有着一种呼应的关系更恰当。

七、终章 近代科学思想与孙中山

该章是对前面各章内容的概况、总结和进一步解析。

第一节"关于孙中山的科学观的成立"。作者认为,孙中山的科学观主要是通过阅读吸收科学知识,并在将这些知识运用于解决自己所面对的问题的过程中成立的。作者再回到上海孙中山故居的藏书中自然科学书籍类方面,指出这些书籍的 34 名著作者中,除两名为教会人员、4 名是小说家、诗人外,其余全属大学和研究机构的职业科学者,如物理学 5 名,天文学 4 名,自然史学 3 名,数学、植物学、心理学各 2 名,动物学、生理学、地质学、化学各 1 名,领域非常广阔。另外,作为包括人文、社会科学在内的"广义科学"知识源泉的丛书也有很多。作者再特别指出,如《实业计划》就是通过阅读而综合利用了书籍中的知识的产物。在孙中山故居的藏书中,被誉为"美国交通学之父"的经济学家琼斯·艾莫理·理查德(1864~1950)的著作全 5 种 6 册中,3 册上有孙中山亲笔署名,孙中山一定从这些书籍中得到与作者相同的感受。

第二节"构架科学和哲学之桥"。作者再次指出,《孙文学说》中的"生元"说明确显示,孙中山不仅相信科学终将阐明人体的功能系统,而且重视生命整体内在的协调性和发展潜能,所以反映了孙中山的科学哲学。在孙中山的藏书中,除有《人体》《生物学的哲学》等生物学研究者所写的书籍外,还有 20 世纪上半叶法国重要的哲学家亨利·柏格森(1859~1941)和宣扬理想主义人生哲学的哲学家欧肯·鲁道夫·克里斯托弗(1846~1926)等人的著作。这些哲学家,作为"生之哲学"的倡导人,都在明治末期和大正初期被介绍进日本。而 1914 年 11 月正在东京的孙中山的一次购书中,16 册(15 种)书中哲学(包含宗教)的书就有 15 册,其中柏格森的英文概说书有 3 册,欧肯著作的英译书和英文概说书分别为 4 册和 1 册。这是孙中山从以往倾向于购买政治、经济类书到集中购买哲学类书的一次转向,恐怕此次在东京通过阅读与宣扬"生命主义"的哲学家们的相遇,加深了其探求"生之哲学"的愿望。哲学史上所谓"生之哲学",不同于强调理性的合理主义和主智主义,不仅重视作为直接存在的"生命"和个体的生命活动,更有一种从共同体的存在和原始的生命的冲动去直观地理解的立场。可以说,通过"科学"的观点把握了从细胞(生元)到人类个体生命过程的孙中山,更扩大了其"生之哲学"的视野,而构筑了面向更大"生命"的成就的实践哲学。

第三节"孙中山和哲学"。孙中山将吸收的科学知识作为精神食粮,最后形成了他独自的"生之哲学"。不过,这种从科学到哲学孙中山思考的向量,与他所生活的时代的思想潮流亦相一致。作者在此将孙中山的思想置于"科学时代"进行解析,并首先将此种解析的前提,即 19 世纪关于"科学""哲学"两个词汇放在人类思想史的长河中,以及围绕两个词汇的同时代的议论进行说明。作为翻译语的"哲学""科学"两个词汇,是从日本传入中国的,20 世纪被固定化于中国语了。明治时期日本知识人关于两个词汇的概念,自然也带给中国人影响。如果将目光移向与《孙文学说》同时代的中国思想界,可以看到在那里科学与哲学的关系成为论争的主题,两者基于对立,即所谓"科学派"和"玄学派"的论争。此论争亦将代表西方的物质文明与代表儒教的中国传统精神文明置于对立的立场。而在孙中山身上,虽然并未留下其积极投身于此场论争的痕迹,但在其"三民主义"的讲演中,却屡屡言及欧美的物质科学与中国传统的政治哲学(《大学》的八条目)的对比。但那只是讲演过程中需要把科学的范围暂且界定为物质文明,以论证中国政治哲学的优越性而已,与讨论科学是否可能关涉人生观的形成这一形而上学问题,属于完全不同层面。总之,对于孙中山而言,其哲学是将由通过科学所蓄积的知识置入实践而形成的统一的人生观和世界观。须要反复强调的是,孙中山关于科学的知识主要是通过阅读大众科学的书籍而得到的,其离专门的科学家还有遥远的距离。虽然柏格森说过"哲学开始于科学的终结",但于孙中山而言,哲学是替代由"科学"机械地积累的方法,而欲将世界和人类缔造成"活生生的整体"的学问,欲要得到"统一的人生观、世界观",除叩问"生"的姿态的哲学外别无他法。孙中山从接触科学以来就持续抱有的对"生"的强烈关心,构架起从科学到哲学之桥。

结束语。作者总结,全书是考察孙中山如何将同时代的科学置于自己的视野,再吸收和运用这些科学知识,更进一步在科学的基石上构筑哲学的过程。作为革命家来说,孙中山的哲学的本质是为了革命运动的行动哲学,这是自然的。然而,在这种行动哲学的原点上,还有应该被视作为"生之哲学",这不能不被考虑为这是他一贯围绕着科学而思维的结果。对于孙中山而言,"生"既不是由分析者的眼睛所观察到的纯然的客体,也不是通过形而上学的思辨所得到的抽象的存在。立足于科学,希求于在个体的人和国家生命体之间进行调和的孙中山的哲学,既不同于将生命视作为类似机械一样的机构的唯物主义,又迥异于将一切还原为生命这一创造原理的形而上学的生命主义。孙中山将三民主义之一冠以"民生"之词，就是"为在科学的范围内以它适用于社会经济"，将"民生"定义为"人民的生活、社会的生存、国民的生计、大众的生命"，亦表明了其独特理解的"生之哲学"。这样的"哲学"，对今天也有很大意义。

作者指出，日本的科学哲学研究者们认为，贯穿于科学革命、产业革命、信息革命的近代文明本身，现在正面临彻底反思，并预测说在根本上决定当今文明转换的是"环境革命"，而"环境革命"将实现的课题之一是自然观、世界观的变革。他们也认为，这个变革的开始，首先是承认"我感"（感情）是自我的根源，并了解"我感"的根本是无可否认的"我生"（生命）。作者认为，如果真是如此，如下责任就是生活于现代的我们应该承担的，即继承孙中山的"生之哲学"，把他曾注目审视的生命活动置于地球这一大环境中重新把握，并将"生命"的领域扩展到人所处世界的每一角落。

八、补论　孙中山与南方熊楠

该书最后还有一章"补论　孙中山与南方熊楠"。作者指出，南方熊楠(1867～1941)是日本著名的博物学和民俗学家，其研究业绩享誉全球。他比孙中山小一岁，于 1886 年先赴美国，再于 1892 年由美国赴英国留学，其间到南美各国采集植物标本，尤其是菌类和地衣类标本。到英国后，他经常到大英博物馆读书和研究，从 1893 年开始在英国科学杂志《自然》上发表论文，成为英国科学界的名人。据南方熊楠的日记，1897 年 3 月 16 日，他与孙中山在大英博物馆东洋图书部部长道格拉斯的房间见面相识，之后直到 7 月孙中山离开伦敦前往日本，在三个多月的时间里，两人在大英博物馆和各自的宿舍频繁会面交谈，并共同到伦敦植物园和自然博物馆等处考察以及游览伦敦市区。在伦敦期间，孙中山曾赠给南方熊楠两册书,一册是前面已经提及的其在伦敦刚刚翻译出版的《红十字会救伤第一法》,另一册是《原君原臣》。后者是被称作"中国的卢梭"的明末清初人黄宗羲(1610～1695)著《明夷待访录》的摘抄本。1901年2月因惠州起义失败亡命日本居住在横滨的孙中山,听说南方熊楠从英国归国居住在家乡和歌山,乃特地赴和歌山看望熊楠,并在那里停留了两天。在熊楠的遗物中,有8通孙中山在与熊楠在和歌山会面前后用英汉混合文字致熊楠的书简。另外,在熊楠的日记中亦有关于孙中山的记载。孙中山在与熊楠会面后,还为熊楠书写了给他在日本的支持者犬养毅的介绍信。信中先介绍熊楠其人:"留学欧美近二十年,博通数国语言文字,精深哲学理学,其大名每每为欧洲专家所惊倒。"由此可知孙中山对熊楠的尊崇。作者对熊楠在博物学和民俗学方面的成就略作了介绍,并说明孙中山与熊楠交往的根基是"科学",分析孙中山致熊楠的8通书简内容,"科学"是贯穿始终的主题。能够为此论点提供有力的一个证据,是2007年8月在熊楠的后裔移交给日本国立科学博物馆保存的熊楠的菌类和植物标本中,有一件孙中山从夏威夷专门为熊楠采集的地衣干燥标本。这是孙中山1901年从亡命地日本离开到夏威夷后,为熊楠采集并寄赠到日本的。在1901年6月25日熊楠的日记中,亦有收到孙中山来函的记载。孙中山函中有说明地衣标本是"在夏威夷岛上采集的,可能不甚珍贵,但借以聊表对您的思慕"等内容。之后,熊楠与孙中山之间有关于此件地衣标本的各种问答的书简来往。在熊楠一生所收藏的地衣标本中,孙中山所赠此件标本成为数量极少的海外采集品之一,可见熊楠对其的重视。尽管孙中山在赠熊楠地衣标本之后两人之间再没有书简来往,彼此亦再未有会面,但在辛亥革命发生之后,熊楠对孙中山长期所追求的革命事业一时的成功发表了赞赏的评论,甚至在1941年4月10日,离熊楠去世前8个月,他还在日记中写下"梦见与孙中山在大英博物馆见面"的文字。熊楠和孙中山在 19 世纪"科学时代",两人的交友和对话是围绕着由显微镜观察和采集的对博物学的关心所触发的,故"科学"是联接两人的纽带。

以上,是笔者对专著《科学の人·孙文　思想史的考察》主要内容的介绍,由于笔者的日语阅读水平太低,介绍也许太过于简单,对于有丰富内容和深刻思想的专著而言,不仅有挂一漏万之嫌,可能也还有误读和误解了专著丰富的内容和深刻的思想之处。好在从著者处得知,京都大学人文科学研究所现代中国研究中心已经邀请江苏师范大学日本语专业的教授袁广泉先生将此书翻译成中文,顺利的话预计 2016 年在中国出版。对这个研究有兴趣的先生,那时务必请读这本专著的中文版。

（易惠莉　华东师范大学历史学系教授）

二、政治外交

上海和马赛之间

——晚清外交官体验的"法邮"远洋轮船

马　军

1851 年，一个来自法国马赛的船主 Albert Rostand 和 Messageries nationales 陆路运输公司老板 Ernest Simons 联合创办了一家船运公司。该公司先是取名 Messageries nationales，后改为 Messageries impériales。自 1871 年起，又易名为 Compagnie des messageries maritimes，简称为 MesMar 或 MM。在中文世界里，它最初被译为"大法国火轮船公司"或"法兰西火轮船公司"，后来则被译为"法国邮船公司""法兰西邮船公司"，简称"法邮"。1977 年，该公司与 Compagnie générale transatlantique 合并，组成 Compagnie générale maritime。

"法邮"的海上定期航线最初在地中海和中东一带，后来随着法兰西殖民帝国的扩张，为了加强本土与各殖民地的军政和经贸联系，公司在法国政府的支持、资助下，逐渐将航线扩展至大西洋、印度洋、远东和太平洋地区。1862 年，即第二次鸦片战争结束后不久，"法邮"将航线延伸至上海，从马赛经那不勒斯(拿波里)、亚历山大港、塞得港、苏伊士、亚丁、科伦坡、槟榔屿、新加坡、西贡、香港至上海的来回航线，成为了当时沟通欧亚非交通的一条主动脉。公司不仅承担了洲际间运送人员的使命，而且几乎垄断了上海与法国之间的丝、茶运输。其兴旺程度，大有后来居上，赶超先行一步的大英国火轮船公司(Peninsular and Oriental Steam Navigation Company, London, 1845 年即开辟了上海至香港的定期航班)之势。由此,1871 至 1914 年也被公认为该公司历史上的"黄金时代"。

一、外交官·船只·航程

这一时期,由于中西关系日益密切,有不少中国外交官有缘出使"泰西"。他们大多乘坐"法邮"蒸汽动力铁船,其中的许多人留下了欧亚间海上之行的详细记载,更有人甚至还来回多次,每趟必记。这些文字对本已丰富的"法邮"史书写,不失为一个侧面而独特的补充。下文以钟叔和编的《走向世界丛书》(长沙:岳麓书社 2008 年 10 月修订版)为主要资料来源,试图为全面研究上海与马赛间的海上之行提供以往被忽视了的若干佐证。

1. 斌椿《乘槎笔记》①、张德彝《航海述奇》②记载的 1866 年来回之行

1866 年,后来被誉为"中土西来第一人"的满族官员斌椿,奉清廷总理衙门之命,率其子及同文馆学生三人赴欧洲游历。除了斌椿写有《乘槎笔记》以为游记外,随行的同文馆(英文馆)学生张德彝亦撰有《航海述奇》记录行程。两相可为比照。

3 月 23 日,斌椿一行在上海江海关前马头坐官船顺流至吴淞口登上了法国公司"拉布得内"号邮船。斌椿勾勒了这艘蒸汽机动大船的结构、动力、人员、客舱、照明、用水、驾船方式等情况:

> 船长八十四迈当(法国大尺名迈当),合中国二十七丈六尺(计一迈当,乃营造尺三尺三寸),宽三丈,深一丈八尺,可容

---

① 斌椿:《乘槎笔记》,走向世界丛书修订本(钟叔和编,1),岳麓书社 2008 年版。
② 张德彝:《航海述奇》,走向世界丛书修订本(1)。

二千礅(每礅作十七石)。火轮器具居其大半,占一千二百礅,货物正容八百礅。船主一人,司船者十一人,水手三十人,管水火器具者四十人,司火食者十五人,庖丁六人,共一百零三人。房舱共四十间,每间住三四人。中桅以后为饭厅。饭桌长六七丈,可坐三四十人(皆上等客也,中下等客皆在前舱)。器具精洁,肴馔丰美,皆外洋风味。晚则灯烛辉煌。两旁住屋十五间,每间各嵌玻璃灯二,大穿衣镜一。烛光照耀,入其中者,目迷五色,不啻千门万户矣。中桅以前,为火轮器具及厨屋。两旁有长巷二,每门各悬灯,为司事及贾客住屋,计四五十间。晚则到处光明。其余厨灶、厕屋,前后十余处,无不精妙。司船者披图以考疆域,测影以计道路。前后左右暨桅中用针盘五,各二人司之,以定方向。用铅砣以量浅深。用绳板以验迟速。其余考寒燠,测风雨,以至张帆揿柁,皆精巧异常。舟行昼夜不息,饮食充备,如入市肆,如居里巷,不觉其为行路也。尤奇者,行海以淡水为要,轮船则以火灼水,借水气之力以运船,即用气化之水以供用。舟之上下四旁,皆有铜铁管贯注,数百人饮食洗濯之用,无缺乏忧也①。

张德彝则把该船名译为"拉不当内",他似乎对"法邮"公司的组织、功用、财政概况更感兴趣,"凡公司船,乃法国通城绅富捐资公造。大小各种轮船,分布洋海,而本国差派船主、总管、千总、火机使者等人。每船必有一东主,同众人共保一船,传带书信、公文、新闻纸等件。此外往来载人运货,获利不菲;然往来索费,其款亦巨。每次助官钱六千余贯,一次所费人工、煤、油、饮食一切,约数不下万金。"②

所谓的"拉布得内""拉不当内",据笔者查证 L'Encyclopédie

---

① 走向世界丛书修订本(1),第94、95页。
② 同上书,第452页。

des Messageries Maritimes("法邮"百科全书,http://www.mes-sageries-maritimes.org/p1mm.htm),实系 Le La Bourdonnais 号,该船 1862 年 9 月 23 日下水,船长 88 米,宽 9.6 米,排水量达到 2 200 吨,航速为 12 节,功率 1 600 马力,载客 100 人。该船最初服务于苏伊士至香港航线,1867 至 1871 年改跑香港至上海航线,1872 年改建,此后转走法国利凡得(Levant)至伦敦来回线,1896 年在马赛被拆毁。①面对该轮的高速,斌椿不由得发出了"两日行二千五六百里。非轮船之神速,焉能如是"②的惊叹。顺便一提的是,就在斌椿出洋的上一年,中国的第一艘明轮式蒸汽轮船"黄鹄"号才由中国近代科学家徐寿和华蘅芳研制成功的,船长 55 尺,载重 25 吨,航速仅 6 至 7 节③。两相比较,差距是极为明显的。

3 天后,即 3 月 26 日,Le La Bourdonnais 号抵达香港,斌椿一行在此换乘"法邮"的另一艘邮船——"康拔直"号,该船"船身内舱分三层,头等舱十七间,可住二十九人;又二十九间,可住九十二人。二等舱二大间,可住三十六人。船主名得剖比思。司船者其人。法国水手三十九名,麻六甲黑人八名。管器具者,法国十三名、阿非利加人(皆黑人)五十九名。侍候饭食者,法国四十四名,中国二十名。船身长三十八丈,宽四丈六尺,深四丈二尺,可容三千三百礅。每日烧煤六十礅(合中国一千零二十石,计十万二千斤)。船顶后半支布帐,长二十余丈,晴雨皆宜"④。张德彝则将船名译为"岗白鸥士","此系西国上等行船,船通身铁包极厚,下分四层"。随后他洋洋洒洒数千字,详叙了此四层的布局,几乎遍及了船体的每个角落⑤。据笔者查证,所谓的"康拔直""岗白鸥士"号

---

① http://www.messageries-maritimes.org/labourd.htm.
②④　走向世界丛书修订本(1),第 96 页。
③ 马军:《中国近代科学家徐建寅传略》,广西师范大学出版社 2005 年 12 月版。
⑤ 同上书,第 453～459 页。

系 Le Cambodge 号,即"柬埔寨"之意。该船长 101.4 米,宽 11.7 米,排水量 3 300 吨,航速 13 节,功率 500 马力,载客 87 人(一等舱 36 人,二等舱 30 人,三等舱 21 人),1861 年 5 月 11 日下水,此时专跑苏伊士至香港航线,1902 年船旧拆毁。[①]

Le Cambodge 号经南中国海于 3 月 30 日抵达安南西贡(今胡志明市),4 月 3 日抵新嘉坡(今译新加坡),越印度洋于 4 月 9 日抵锡兰(今斯里兰卡),4 月 18 日西行至亚丁,并由此转入红海,继续北航[②]。该船每到一地必上煤上货,补充淡水、食物。此时著名的苏伊士运河尚未开通,红海和地中海之间尚有陆地相隔。当轮船 4 月 24 日抵达"苏尔士"(今译苏伊士)某地时,旅客须全体下船上岸,坐火轮车(火车)运行两日(约千里),途经"改罗"(今译开罗)、尼罗河,赶至地中海边的港口"阿里格三它呀"(今译亚历山大)再重新登上另一艘船。"船小于'康拔直',规模少异,而饭厅宽阔过之。长桌三,可坐百五六是人。两面明窗,间以细画。晚间,悬玻璃灯四十四盏,光明如昼。"[③]"船名'赛达',长约三十丈,宽三丈,亦系法国公司轮船。"[④]据查,"赛达"号系 Le Said 号,1863 年 10 月 18 日建成下水,船长 94.15 米,宽 9.7 米,排水量 2 172 吨,航速 12 节,功率 1 600 马力,主要从事地中海航线,1890 年在马赛被拆毁[⑤]。

4 月 30 日,Le Said 号抵意大利墨西拿。5 月 2 日,到达此行的海路终点法国马赛。全程历时约 40 天。在马赛,则可以坐火车前往欧洲各地。

---

① http://www.messageries-maritimes.org/cambodge1.htm 自 1850 年代起欧亚间的海运有许多已不绕道非洲好望角了。

② 自 1850 年代起欧亚间的海运有许多已不绕道非洲好望角了。

③ 走向世界丛书修订本(1),第 106 页。

④ 同上书,第 476 页。

⑤ http://www.messageries-maritimes.org/said.htm。

此后,在经过了 4 个月在法国、英国、荷兰、丹麦、瑞典、普鲁士、比利时等国的游历之后,斌椿一行又于同年 8 月 19 日在马赛登轮返国。"上火轮船名'陆必思',长约二十一丈,宽五丈,系暗轮者。"①"陆必思"号即 Le Peluse 号,1863 年 2 月 2 日下水,1891 年除籍,船长 94.15 米,宽 9.7 米,排水量 2 172 吨,航速 12 节,1 个螺旋桨,功率 1 600 马力②。该轮 8 月 21 日抵墨西拿,8 月 25 日至亚历山大港,登陆后坐火车一日行 800 余里至苏伊士某处转乘"梯格尔"号轮船。"亦系法国公司,乃暗轮者,长五十余丈,广五长二三尺。"③"梯格尔"系 Le Tigre 之音译,意思是"老虎",此时承担的是苏伊士至香港航线。该船于 1862 年 12 月 22 日下水,长 106.75 米,宽 11.7 米,排水量为 3 234 吨,航速 12.5 节,1 个螺旋桨,功率 1 600 马力,载客 132 人。该船后于 1904 年被拆毁④。

Le Tigre 号于 9 月 2 日到亚丁,9 月 11 日抵锡兰,9 月 19 日到新加坡,9 月 23 日抵西贡。在西贡时,斌椿还曾上岸参观法国邮船公司西贡分公司的新建筑,只见"楼高三尺,地皆瓷墁。顶上有瓷造二龙戏珠,系仿中华殿宇而造"⑤。9 月 28 日船到香港。次日斌椿乘九江号轮往广州一行,10 月 9 日又返至香港。10 月 13 日再从香港乘船前往上海,并于 10 月 20 日抵达终点。而此前,张德彝则于 9 月 29 日先行在香港转乘"拉不当内"号轮船北行,于10 月 4 日抵沪。

此行,斌椿、张德彝乘坐过的"法邮"轮船至少有 4 艘,分别是 Le La Bourdonnais、Le Cambodge、Le Said、Le Peluse、Le Tigre。

---

① 走向世界丛书修订本(1),第 584 页。
② http://www.messageries-maritimes.org/peluse.html.
③ 走向世界丛书修订本(1),第 586 页。
④ http://www.messageries-maritimes.org/tigre.html.
⑤ 走向世界丛书修订本(1),第 590 页。

2. 张德彝《欧美环游记》①(《再述奇》)对 1869 年归航的记载

张德彝第二次到"泰西"是作为总理衙门章京志刚(清朝向西方国家派出的第一个外交使团)的随员。1868 年 2 月 24 日,志刚一行坐美国轮船离沪,经日本到美国,再到欧洲。次年 7 月张德彝因在巴黎坠马受伤,于 9 月 4 日从马赛先行回国。所登轮船"船名'北吕司',长约二十余丈,宽二丈五尺"②。"北吕司"号系 Le Peluse 号,与张德彝两年前离法时所乘的"陆必思"号,实系同一条船。

Le Peluse 号 9 月 10 日抵达亚历山大港,张德彝上岸后坐火轮车行一夜,次日抵达苏伊士后转登"泰格"号轮船,"泰格"也同样是上次所乘的 Le Tigre 号。该船 9 月 17 日至亚丁,9 月 27 日抵锡兰。10 月 1 日,张德彝曾获悉在同一航线上某英国邮轮的一起沉船事故:"有英国火轮船名'甘那达大'者,于初七日辰初从苏耳士开行,途中落后。船主不喜,抵红海时,令人添火催轮,改行捷径,抄出我舟之前。不意误走海上山顶,即刻船断,覆水者不知其数,可为进锐者戒。"③后来张氏曾感叹"盖英国轮船喜速行,每多遇险;而法郎西、合众二国轮船虽慢行,永不遇险。"④

Le Tigre 号 10 月 4 日抵新加坡,10 月 8 日至西贡,10 月 13 日到香港。在香港,张德彝又换乘了另一艘法国公司轮船,"名'菊铺蕾司',长三十余丈,广四丈余,坚实快捷,洵水程之飞将军也"⑤。据查,"菊铺蕾司"系 Le Dupleix 号,船长 84 米,宽 9.4 米,排水量 2 066 吨,航速 12 节,功率 1 600 马力。⑥10 月 20 日,该船

---

① 张德彝:《欧美环游记》,走向世界丛书修订本(1)。
② 走向世界丛书修订本(1),第 805 页。
③ 同上书,第 812 页。
④ 同上书,第 817 页。
⑤ 同上书,第 815 页。
⑥ http://www.messageries-maritimes.org/dupleix.htm.

抵达上海同孚码头。此行共 47 天,历 Le Peluse、Le Tigre、Le Dupleix 3 船。

顺便一提的是,18 天以后,即 1869 年 11 月 17 日,苏伊士运河正式开通了。

3. 志刚《初使泰西记》①对 1870 年归航的记载

志刚比张德彝晚一年回华,1870 年 9 月 4 日"乘法国暗轮'阿发'船入地中海东驶,往中国进发"。②"据查,阿发"就是当年刚刚下水的 L'Ava 号,船长 117 米,宽 12 米,排水量 4 420 吨,功率2 400 马力,航速 13.8 节,载客约 300 人。后于 1900 年解体拆毁。③

L'Ava 号于 9 月 9 日抵达埃及塞得港,次日便由北而南顺利通过了开通尚不到一年的苏伊士运河。其时,志刚禁不住感叹"法人与埃及发奋而开此河四百五十余里,大轮船可以由大西洋直卜罗多峡,经地中海达印度南洋,毫无阻碍。昔未开运河时,船至埃及换火车至苏尔士,乘轮船入红海,今省此一番周折矣。"④他也很可能是最早坐船通过苏伊士运河的中国人之一。

该船于 9 月 16 日抵亚丁,9 月 24 日至锡兰,10 月 1 日到新加坡,10 月 5 日泊西贡,10 月 11 日达香港。次日,又换乘"伐司"轮船前往上海,并于 18 日抵达。"伐司"是 Le Phase 号,该船建成于 1857 年,长 76.2 米,宽 9.9 米,排水量 1 698 吨,功率 1 200 马力,航速 13 节,载客 778 人(一等舱 33 人,二等舱 28 人,三等舱 24 人,统舱 693 人),1867 年起承担香港至上海线,1879 年拆毁⑤。

此行共易两船,即 L'Ava 号、Le Phase 号,费时 44 天。

---

① 志刚:《初使泰西记》,走向世界丛书修订本(1)。
② 走向世界丛书修订本(1),第 370 页。
③ http://www.messageries-maritimes.org/ava.htm.
④ 走向世界丛书修订本(1),第 372 页。
⑤ http://www.messageries-maritimes.org/phase.html.

4. 张德彝《随使法国记》①(《三述奇》)记载的 1870、1871 年来回之旅

就在志刚抵国后不久,张德彝作为崇厚使团随员第三次登上了赴欧的远洋轮船。1870 年 11 月 14 日,"至敦裕码头,改驾三板,行约半里,登法国公司轮船名'高达威烈'者,长二十六丈,宽约四丈,其整洁与他船同。船主达时拉年约五旬,语气温和","此船新造,内外坚固,虽狂风巨浪,亦无患也"②。据查,该船系 Le Godavery 号,建成于 1863 年,1898 年拆毁。船长 93 米,宽 9.72 米,排水量 2 255 吨,功率 1 200 马力,航速 12 节,载客 91 人(一等舱 28 人,二等舱 41 人,三等舱 22 人)③。

Le Godavery 号于 11 月 19 日抵达香港。崇厚一行在逗留了 20 天后又于 12 月 9 日登上了"拉布当内"号,即此前服务于沪港线的 Le La Bourdonnais 号。"本船船主傅瓦石,因此船初次改路由华回法,以便修理。"④该船于 1871 年 1 月 8 日通过苏伊士运河。至亚历山大港又换乘"法国公司轮船名'赛得'者,式与前在地中海者同。颇宽敞,长三十二丈,宽三丈。"⑤"赛得"亦即前文所述之 Le Said 号,于 1 月 19 日抵达墨西拿。1 月 22 日,又改乘"斯戛莽达"号前往马赛,并于 1 月 25 日抵达。该船"长二十七丈,宽三丈五尺,式与'赛德'同,系自土耳其埠头走黑海来此者。船主郭地阳,言语吻合,款待恭敬。"⑥据查,"斯戛莽达"系 Le Scamandre 号。

差不多在欧美活动了一年之后,即 1871 年 12 月 10 日,张德彝又从马赛踏上了归程。"登法国公司'美公'暗轮船。长三十六

①　张德彝:《随使法国记》,走向世界丛书修订本(2)。
②　走向世界丛书修订本(2),第 324、325 页。
③　http://www.messageries-maritimes.org/godaveryA.html.
④　走向世界丛书修订本(2),第 359 页。
⑤　同上书,第 368 页。
⑥　同上书,第 372 页。

丈,宽六丈,形式与他船同。惟工料朴实,无华饰处。系于七月前造成,初次东驶者。"①"是船船主一,副船主一,小船使三,管机官正一副三,学徒二,医官一,水手四十名,烧火人四十名,男女仆役匠人等共四十八名,庖丁四名。"②"美公"即 Le Meikong 号,意即"湄公河"。该船建成于 1870 年,船长 117 米,宽 12 米,排水量 4 882 吨,航速 13.8 节,功率 2 400 马力,载客约 300 人。③

Le Meikong 号于 12 月 16 日抵塞得港,过苏伊士运河后,于 12 月 22 日抵亚丁,1872 年 1 月 1 日到锡兰,1 月 9 日至新加坡,1 月 13 日至西贡,1 月 18 日到香港,1 月 26 日泊于终点上海虹口码头。从马赛到上海,单轮连航共 47 天。

张德彝是个有心人,此行他还将 1871 年 9 月 5 日"法邮"公司公布的从马赛到远东沿途各埠不同舱位的价目(单位:法郎)④列表如下:

由	至	头等	二等	三等	四等	末等
马赛	波　赛	510	325	195	130	110
马赛	义思麦力亚	560	364	218	145	125
马赛	苏耳士	610	400	240	160	135
马赛	亚　丁	1 000	750	450	300	260
马赛	锡　兰	1 500	1 125	675	450	370
马赛	班晒立	1 500	1 125	675	450	370
马赛	马达啦	1 500	1 125	675	450	370
马赛	戛戛大	1 625	1 220	730	490	395

---

① 走向世界丛书修订本(2),第 540 页。
② 同上书,第 556 页。
③ http://www.messageries-maritimes.org/meikong.html.
④ 走向世界丛书修订本(2),第 557 页。

（续表）

由	至	头等	二等	三等	四等	末等
马赛	新嘉坡	1 875	1 405	845	565	475
马赛	巴塔瓦	2 125	1 595	955	640	540
马赛	西 贡	2 000	1 500	900	600	495
马赛	香 港	2 125	1 595	955	640	540
马赛	上 海	2 375	1 780	1 070	715	575

5. 李圭《环游地球新录》①对 1876 年归途的记载

为参加 1876 年在美国费城举办的世界博览会,李圭于 1876 年 5 月 14 日坐美国轮船离开上海,经日本至美国,又到英、法。同年 12 月 3 日自马赛乘前述之 L'Ava 号归国。

> 船名"阿娃",长一百三十尺,宽四十二尺,吃水深二十二尺,容三千五百吨,暗轮,法国文报船也。舱分四等:头等三十五间,住七十人,每人船资,由马赛至上海,英银九十五镑(每镑金钱一枚,合洋钱约五元);二等十间,住三十九人,每人七十一镑;三等、四等在船头,为统舱,三等四十三镑,四等二十八镑。船主以下至水手,共一百七十二人。黑人五十名,华人二十三名,余皆为法人。房舱之宽大,铺设之华丽,烹饪之精美,他国船皆不迨焉……②

此轮于 1877 年 1 月 17 日抵达上海,"为时四十六日,共三万三千九百八十九里"③。

6. 曾纪泽《出使英法俄国日记》④记载的 1878 年、1886 年来回之程

1878 至 1886 年,曾纪泽奉使英、法(后又兼使俄国),一去一

---

① 李圭:《环游地球新录》,走向世界丛书修订本(6)。
② 走向世界丛书修订本(6),第 344 页。
③ 同上书,第 353 页。
④ 曾纪泽:《出使英法俄国日记》,走向世界丛书修订本(5)。

回乘坐的也都是"法邮"轮船。1878 年 11 月 22 日,曾纪泽一行乘坐"阿马松"号离沪西行。"阿马松"即 L'Amazone 号,该船建成于 1869 年,1898 年解体。船长 117 米,宽 12.6 米,排水量 4 420 吨,航速 14 节,功率 2 300 马力,载客约 300 人。①当该船于 12 月 24 日通过苏伊士运河时,曾氏亦感慨"法国人雷赛布斯,凿通欧罗巴、阿非利加两洲相连处为河,以通舟楫者也。自亚细亚至欧罗巴,省却水程二万余里,厥功伟矣。河窄不许畅行,又不能并置两舟。舟相遇,须于宽处相让。是日仅行一百九十里。夜晚不敢行,仍停泊焉。"②L'Amazone 号于 12 月 31 日抵达马赛,全程 40 天。

8 年后的 10 月 10 日,曾纪泽又在马赛乘轮归国。该轮名"阿筏",亦即前述的 L'Ava 号。轮船方面似乎对曾氏格外照顾,"船主维芒特至船照料余事,殷勤可感,闻系公司之命令也"③。该轮于 11 月 18 日抵达,全程 39 天。

7. 郭嵩焘《伦敦与巴黎日记》④对 1879 年归途的记载

郭嵩焘是晚清派驻英国,亦是派驻欧洲的第一个公使。他于 1876 年 12 月 2 日离开上海,1879 年 3 月 27 日返抵出发地。他赴欧时坐的是英国公司轮船,归国时则是于 1879 年 2 月 11 日在意大利那不勒斯登上了从马赛开来的法船"阿纳谛尔"号,"船主名伯鲁兰,又有总办者名拉斯都尔"⑤。"阿纳谛尔"系 L'Anadyr 号,建成于 1873 年,长 125 米,宽 12.20 米,排水量 5 388 吨,航速 14 节,功率 2 900 马力,一等舱 112 人,二等舱 46 人,三等舱 36 人,统舱 1 200 人⑥。

---

① http://www.messageries-maritimes.org/amazone.htm.
② 走向世界丛书修订本(5),第 145 页。
③ 同上书,第 957 页。
④ 郭嵩焘:《伦敦与巴黎日记》,走向世界丛书修订本(4)。
⑤ 走向世界丛书修订本(4),第 903 页。
⑥ http://www.messageries-maritimes.org/anadyrA.htm.

航行之中,郭嵩焘的随员张听帆曾向船上总办拉斯都尔打听"法邮"公司的航路和营运状况,郭氏将后者所告记录如下:

> 来往中国船九只(向止九只,近又增修一只矣),每岁往返以三次为度。由马赛开行,有分赴阿尔及尔者,为法国属地,但横渡地中海而已;至类布勒斯分载,赴君士但丁以出黑海;至亚丁又分载,赴阿非利加东之梏尔邦岛,亦法国属地也;至锡兰又分载,赴平格尔之喀尔格得……至新加坡又分载,赴酚尔洼之霸得维亚……至香港又分载,赴日本之横滨……地中海、黑海各处公司船三十二只;印度、日本以达南洋公司船八只;西至美国纽约公司船八只……凡分运者,并于各口转运货物。国家岁给经费一千三百万法兰,是以公司行集股开设,而一统制于国家①。

在谈到法国国家对该公司的财务扶持时,拉斯都尔继续介绍说:

> 一切受成于国家,必令有余,以免瞻顾。如赴中国,以五十日为期,每日支销用款五千法兰,计需廿五万法兰。此次人客船价约计十万,货物船价约计十二万,尚短三万法兰。"阿纳谛尔"船为来往中国四大船之一,造价十六万镑(合中国银五十万有奇),非得国家助给经费,其势必不能支。英国公司船一皆商民集股为之,国家惟给与信资而已。凡充公司,以递送书信为第一要义,故皆国家任其名。英国由国家准令承充而量给信资,亦以昭实也。来往印度及中国船五十四号,而印度为其属地,一以锡兰为总汇。凡公司船赴印度,而由锡兰分载赴中国,亦分赴澳大利亚洲及南洋各岛。是以来往中国船率不过十五六号。其美国公司公司船则由太平洋以达日本,而以上海为总汇②。

---

①　走向世界丛书修订本(4),第923、924页。

②　同上书,第924页。

听闻之下,郭嵩焘深深赞叹:"泰西魄力之大,无能及三国者。法国各口贸易不及英、美两国,国家支销费用尤巨,徒以开设公司行负富强争胜,而民人之受其益者固亦多焉。泰西经国者所见之远,良亦不可及也"①。

8. 徐建寅《欧游杂录》②记载的 1879 年赴欧之行

徐建寅是中国近代著名科学家,1879 年奉清廷之命出使西方,名为担任驻德使馆参赞,实则为了订购铁甲舰,并游历各国工厂。10 月 25 日,他在上海搭乘"法邮"公司"扬子"号轮船西行。"扬子"系 Le Yang-Tse 号,航行时限为 1877 至 1911 年。该船长 125 米,宽 12.07 米,排水量 5 400 吨,航速 14 节,功率为 400 马力,可容 1 363 名客人(一等舱 81 人,二等舱 46 人,三等舱 36 人,统舱 1 200 人)③。Le Yang-Tse 号于 12 月 5 日抵达马赛,历时 41 天。

9. 张德彝《随使英俄记》④(四述奇)对 1880 年归途的记载

张德彝第 4 次出国是 1876 年作为驻英公使郭嵩焘的随员,乘坐的是英国邮船,但返国则要比郭晚一年半。1880 年 7 月 11 日,他在马赛登上了 L'Anadyr 号,亦即郭氏归国时所乘之船,"登法国公司'安那的'轮船,系暗轮,长一百二十四码(一码不足四尺),宽十二码零七寸,深十码,重五千四百吨,载三千五百一十六吨,马力六百。一律洁净整齐。"⑤"海路之遥,风浪之大,咸赖铁船之坚固,驾驶之精能,始获稳渡。"⑥该轮于 8 月 20 日抵达上海怡昌码头,全程 40 天。

---

① 走向世界丛书修订本(4),第 924、925 页。
② 徐建寅:《欧游杂录》,走向世界丛书修订本(6)。
③ http://www.messageries-maritimes.org/yang-tse.htm.
④ 张德彝:《随使英俄记》,走向世界丛书修订本(7)。
⑤ 走向世界丛书修订本(7),第 836 页。
⑥ 同上书,第 839 页。

10. 张荫桓《三洲日记》①对 1889 年归途的记载

从 1886 年起张荫桓受命担任驻美国、西班牙、秘鲁三国公使。1889 年期满归国,11 月 3 日从马赛登轮返国,坐的是"法邮"轮船。"船主来谒,乃谓法国海部新例不为公使悬旗,即法使在船亦不悬,盖虑沿海炮台放炮,设一船而有两公使,则先后次序必致招怪,皆饰词耳。当告以搭法公司船不止一次,从无不悬国旗之理,前年自鸟约赴哈画,距时不远,尔之公司何以别有章程? 与辩数刻,船主乃遵办,殊狡猾。"②这份材料表明,"法邮"曾有公使在船时,添挂该公使国旗的规章。

当 11 月 9 日,法船通过苏伊士运河时,原先夜间停船的规则已经改变,"计长七百二十六里,旧例商论不得夜行,近则船嘴设大电灯,光及十六里,无碰撞搁浅之虑,此法仅行之两年。"③由此提高了效率,也节约了时间。

张荫桓一行于 12 月 5 日抵达香港,"自马赛开船至香港,共三十二日。计程三万六百零七里半"④。

11. 薛福成《出使英法义比四国日记》⑤记载的 1890 年去程和 1894 年归程

1890 年 2 月 1 日,薛福成离沪出洋,出任驻英法义比大臣。他和属员乘坐的是"法邮"公司的 L'Iraouaddy 号:

"伊拉瓦第"船能载三千五百三十二吨,在公司船中号为中等。其大者能载四千三百吨。闻法国公司船在中国海面者共有十余号,约计成本五六百万金,揽载客货所入尚不敷所

① 张荫桓《三洲日记》,张荫桓日记本(任青、马忠文整理),世纪出版集团、上海书店出版社 2004 年 2 月版。
② 张荫桓日记本,第 429、430 页。
③ 同上书,第 432、433 页。
④ 同上书,第 439 页。
⑤ 薛福成:《出使英法义比四国日记》,走向世界丛书修订本(8)。

出,由国家每年津贴一千三百万佛郎,盖其意在练习水手,俾
熟谙海道沙线,为用武之备也……法公司船,大抵以地球诸大
江为名,如"扬子"等船是也。船长一百二十七法尺(每一法尺
即一迈当,合工部营造尺三尺有一寸),广十三法尺有半,马力
二千四百尺,气力(气力即压力)得马力四分之一,吃水七十二
法尺,每点钟行十四海里(每三海里抵中国十里)。船主布礼
戴,乃法国水师中之有官级者,派充公司船主。其管事及水手
等,并系水师中员牟兵士,俾在海面练习风涛、沙线、驾驶、测
量等事,其用意亦深矣。法公司船,行澳大利亚及马达加斯加
者,八;行中国日本者,十三;行安南者,五;行大西洋者,六;行
地中海者,二十五;共五十七艘①。

又查,L'Iraouaddy 号的行船时间是 1872 至 1908 年,船长
125 米,宽 12.20 米,排水量 5 410 吨,航速 14 节,功率 2 900 马力,
载客 1 394 人(一等舱 112 人,二等舱 46 人,三等舱 36 人,统
舱 1 200 人)②。

当 2 月 27 日该船通过苏伊士运河时,薛福成也提到了夜航情
形,"从前禁止夜行。近有电灯,夜间并不停泊,电灯在船首,照耀
可二三里"③。L'Iraouaddy 号于 3 月 6 日抵达马赛,全程历时
34 天。

薛福成从马赛回国是在 1894 年的 5 月 27 日,"登'塔尔图宁'
轮船,船主曰弗冷腾爱弥而","可胜重载四千二百三十二吨,马力
三千四百匹"。④据查,"塔尔图宁"系 La Dordogne 号,航行年限是
1888 至 1911 年,船长 117.2 米,宽 13.1 米,排水量 6 915 吨,航速

---

①　走向世界丛书修订本(8),第 68、69 页。

②　http://www.messageries-maritimes.org/iraouad1.htm.

③　走向世界丛书修订本(8),第 91 页。

④　同上书,第 958 页。

13.5 节,功率 2 200 马力,载客 462 人。[1]该船于 7 月 1 日抵达上海,历时 36 天。其间在途经香港时,曾被拒绝入港,理由是"香港有疫气,不进内港,亦不许人登船"。[2]

12. 载泽《考察政治日记》[3]对 1906 年远洋之行的记载

1905 年,清廷决定派出"五大洋"出洋考察政治。次年,载泽率领的一路经日本到美国再到西欧,然后返国,历时半年之久。

1906 年 1 月 14 日,载泽一行从上海出发,16 日抵达神户。其间,坐的是法邮公司"喀利刀连"号。据查,"喀利刀连"系 Le Caledonien 号,该船建成于 1882 年,1917 年被德国潜艇击沉。船长 130.75 米、宽 12.57 米,排水量 6 900 吨,功率 4 000 马力,航速16.8 节,载客 1 409 人(一等舱 90 人,二等舱 44 人,三等舱 75 人,统舱 1 200 人)。[4]此后,从日本到美国再到欧洲坐的是美国轮船。

在考察完毕后,载泽于闰 6 月 10 日在马赛登法轮"阿赛布乙克"号[5],于 7 月 12 日抵上海,历 33 天。

二、海上生活种种

上海与马赛之间,大海大洋数万里,三四十日的船上生活时时与风浪、摇荡为伴,旅途劳顿之余,既有乘坐高级邮轮的体验,又目睹了沿途各港口的自然风貌和人文景观,晚清外交官们就此留下了丰富的笔录。

---

[1] http://www.messageries-maritimes.org/dordogne.htm.
[2] 走向世界丛书修订本(8),第 961 页。
[3] 载泽:《考察政治日记》,走向世界丛书修订本(9)。
[4] http://www.messageries-maritimes.org/caledon.htm.
[5] 该船详情尚未查知。

1. 舟次之苦

多次乘坐远轮来回欧亚的张德彝曾发出过"舟次之苦,甚于轮蹄"①的感叹。海上旅行之艰难,首在狂风大浪导致的船摇,以及由此引起的头晕呕吐。这个"世纪难题"迄今未获解决,在一百多年前同样给西行东归者造成了很大的痛苦和困惑。曾纪泽乘的船刚离上海,就遇到了一场凶险的台风,"浪时时从船顶越过,舟子皆恐惧,尽阖楼门以防水入"②。"风大作""波涛极险""摇甚""甚觉颠簸""人苦晕眩""呕吐不能支",等等,这些字眼常见之于外交官员们的笔端,由此可见他们当时所受的惊吓、不适和狼狈。每当此时,通常是不能治事或进食,只能或坐或卧,硬撑过去而已。

其次是炎热。当船行南中国海、印度洋、阿拉伯海及红海时,因逢热带海域,常常酷暑难当。有的船只虽备有靠人力抽拽的风扇,但仍然无济于事,起不到消暑的作用。"热甚,作苦热行",甚至有西人女客因不耐高温而终日啼哭者。入夜,舱内过热,许多客人不得不夜卧船面以纳凉,即使贵为"朝廷命官",竟也有人顾不得体面了。薛福成通过热带时,写下过如下一段感言:"余因思南洋诸岛国,自古未闻有杰出之人才,无不受制于人,今乃为欧洲诸国所蚕食。盖地在赤道以下,有暑无寒,精气发泄,终岁无收敛之时,所以人之筋力不能勤,神智不能生,颓散昏懦,无由自振。"③其言虽有偏颇之处,但也间接反映了他对酷热导致的体感不适印象极深。

"法邮"轮船上通常备有医师,对晕船或生病者可以予以诊治。曾纪泽去途中,其子广銮生病,归途中,其子广锡亦有恙,靠的均是法国船医的施治。当然,中国外交官们一般也都会有中医随行,或随身携带中成药,以便应急之用。按照张德彝的记载,有一次他与

---

① 走向世界丛书修订本(1),第805页。
② 走向世界丛书修订本(5),第137页。
③ 走向世界丛书修订本(8),第86页。

名医俞惕庵同舱,某西人船员闻讯后前来索要医治皮肤病的中药,俞遂给予"一扫光"一盒,并告以敷法①。

2. 海上之殇

有生病亦有死亡,由于当时邮船对尸体没有妥善的保存办法,所以通行的做法是海葬。当 1866 年斌椿和张德彝坐 Le Cambodge 号赴欧途中航行至印度洋时就曾目睹了一起。前者记录如下:

> 舟中有印度回教人,欲往土耳其国,拜教中祖师墓以修福者。登舟,病不能起,今晨圆寂。舟例,客死则坠石投海中。舟主查其行箧,有书以遗金十二万两予其子住某处者②。

1886 年在苏伊士运河一带,归途中的曾纪泽在 L'Ava 号上亦见一例,"有阿拉伯人在火舱得病暴卒,舟人以棺盛之,棺中置铁;行至灯塔之侧,教士为死者诵经,沉棺于海"③。

"按船规,人死历一日,即抛入海",但亦有例外。1871 年张德彝第三次从欧洲归国时,英医罗阿坦之妻不幸病故于 Le Meikong 号上,由于该船已临近锡兰,船主终于同意"船面木匠即造大木匣,内糊胶布,外敷黑漆",将尸体放置其中,"入夜,将尸棺由前货舱门系上,置于小船之中,以布罩而覆之"④。次日该船抵达锡兰,尸棺被埋入当地义塚。1879 年徐建寅坐 Le Yang-Tse 号赴欧途中,在接近亚丁海面时,有一荷兰客人的 1 岁婴儿因病而死,"船主令作小棺椁殓之。棺椁之夹层中,灌满灰浆,可以带回本国"⑤。

3. 舟中膳宿

为了减缓旅客的远途之苦,"法邮"公司注重提供优质、舒适、

---

① 走向世界丛书修订本(2),第 325 页。
② 走向世界丛书修订本(1),第 102 页。
③ 走向世界丛书修订本(5),第 958 页。
④ 走向世界丛书修订本(2),第 548 页。
⑤ 走向世界丛书修订本(6),第 656 页。

周到的服务,尤其是能做到船上"处处无不净洁"①,集中体现了近代欧美消费社会的基本理念。针对不同层次的客人,每艘船只均有不同的舱位可供选择。在张德彝的笔下,Le Cambodge 号的头等舱呈现出如下的精巧布置:

> 上客舱,屋内四壁白粉油饰,描金镶边。外则每二舱之间,挂玻璃一方,长有五尺,广三尺许。舱门皆有自来划子。内挂绿绸长帘,铁架软床二铺,上置白洋布厚褥、毡被、长枕、方枕各一,每届五日一易。正面铁窗一扇,自上拽起,则在两壁中;自有玻璃与木窗各一,随意抽用。前有石面方桌一张,中含大屉四个。上立铁架,花瓷面盆、白瓷水壶各二。壁钉木架,内置玻璃杯、胰盒、水瓶、手巾等物,一日一易。帽架、皮兜,左右各二。门后大面镜二架,地铺花毡。又有铜净水壶、铁泔水篓各一,床下各有白瓷溺器置诸篓内②。

头等舱客人还能在附近享受洁净的澡间和厕所,"澡舱三间,每间一大木盆,内敷以锡。傍有龙嘴,转则水出。顶上悬一漏壶,下一龙口,转则凉水自然浇头而下。盖泰西人三日一浴,五日一洗,多用凉水也;夏则日日洗之。傍有净房三间,内又小屋三间,每间灯一盏、纸掀一,中一坐箱,内有瓷盆,亦系自来水洗涤。屋内左壁一长铜槽,上作密孔,以便溺于其中,自然流归于大海矣"③。

二等舱的条件则要差许多,"每舱内皆四床作二层",三等舱则"数床杂于一室之中"。④至于统舱则更是简而又简了。

具有公使、参赞身份的中国外交官及其家属和高级随员,事关国家体面,通常乘坐的是上等舱,中、初级随员和各类仆人自然就

---

① 走向世界丛书修订本(1),第 459 页。
② 同上书,第 454 页。
③ 同上书,第 454、455 页。
④ 同上书,第 455、457 页。

不能享受这样的待遇了。

法式酒菜一向闻名欧西,乘坐法船自然也能大饱口福,头等舱、二等舱的客人尤其如此。多次坐过洋船的张荫桓认为"法船饭菜逐日变换,已较英船远胜"[①]。李圭则记述所乘的 L'Ava"每日三餐,早晚两次茶点。二等舱中惟无中餐,余与头等同。(他国船酒须另沽,惟法国文报船,三餐俱备红酒)"[②]。

善于观察又笔头勤快的张德彝,更是详尽记载了1866年乘坐 Le Cambodge 号时的一日之餐,从早茶到早点,从晚餐到晚茶,从餐具、酒类到菜肴,再到点心及用餐程序,可谓事无巨细,一一录之:

> 辰刻客人皆起,在厅内饮茶,桌上设糕点三四盘,面包片二大盘,黄奶油三小盘,细盐四小罐,茶四壶,加非二壶,炒扣来一大壶,白沙糖块二银碗,牛奶二壶,奶油饼二盘,红酒四瓶,凉水三瓶。客皆陆续饮食,有以凉水、红酒、白糖调而饮者,亦有以牛奶、茶、糖和而饮者,种种不一,各听其便。加非系洋豆烧焦磨面,以水熬成者。抄扣来系桃杏仁炒焦磨面,加糖熬成者,其色紫黄,其味酸苦。红酒系洋葡萄所造,味酸而涩,饮必和以白水,方能下咽。面包系发面无碱,团块烧熟者,其味多酸。
>
> 至巳初早饭,桌上先铺大白布,上列许多盘牒。有一银篮,内置玻璃瓶五枚,实以油、醋、清酱、椒面、卤虾,名为"五味架"。每人小刀一把,面包一块,大小匙一,插一、盘一,白布一、红酒、凉水、苦酒各一瓶。菜皆盛以大银盘,挨坐传送。刀、插与盘,每饭屡易。席撤,另设果品数篮,如核桃、桃仁、干鲜葡萄、苹果、蕉子、梨、橘、桃、李、西瓜、柿子、波罗蜜等。食

---

① 张荫桓日记本,第433页。
② 走向世界丛书修订本(6),第344页。

毕,以小蓝玻璃缸盥手。菜有烧鸡、烤鸭、白煮鸡鱼、烧烙牛羊、鸽子、火鸡、野猫、铁雀、鹌鹑、鸡卵、姜黄煮牛肉、芥末酸拌马齿苋、粗龙须菜、大山药豆等。未刻有茶、酒、糕点、干果。酉初晚饭,惟先吃牛油汤一盘,或羊髓菜丝汤,亦有牛舌、火腿等物,末食果品、加非。子刻有晚茶点心。其盘、匙、刀、插、镶、镞,皆系铜质包银。小盘、茶碗,瓷厚三四分。玻璃杯瓶,有厚五六分者。

> 晚间厅内两行玻璃灯,照如白昼,前后活灯更多,客可在此鼓瑟歌唱①。

在舒适、卫生的餐厅,品尝美味佳肴和亲和的服务,对饱受"舟次之苦"的旅客们不失为一种温馨的慰藉。

4. 闲娱之时

海上之行水天一色,起初会给人新奇之感,但时间长了,却又倍增枯燥和乏味。此时,旅客们通常以读书来消磨时光。斌椿西行时,拿着徐继畬赠送的、介绍域外地理的名著《瀛环志略》,一路比照实地实景。曾纪泽则一边读着《中西闻见录》《星轺指掌》《公法便览》等,另一边又坚持学习法语。沿路各埠还能提供较新的报纸。穷极无聊时,旅客们又会开展下棋、猜拳、打牌、博彩等活动。

闲谈也是消解除烦闷的良方,郭嵩焘在归途中,曾与同船之英国客人布类里(海洋学家)、法国客人删布洛(工程师)海阔天空,大谈特谈。当船抵香港时,众西客下船,郭氏不免有些失落,因为少了可谈之人。

船抵一埠时,常会因上货下客或修整船务停留一两日,不少客人会乘暇上岸观光,或到邮局寄信。由于香港、西贡、新加坡等地,华人势力较强,华商华侨对祖国来客又颇为热情,所以当地的"中国城"常常是中国外交官暂时休憩的地点。锡兰科伦坡附近的卧

---

① 走向世界丛书修订本(6),第456、457页。

佛寺亦吸引了不少船客上岸一探。在亚丁海岸边,以布盖脸、仅露双目的穆斯林妇女则令观者印象至深。斌椿、张德彝一行更是在通过苏伊士一带时,顺便莅临过埃及首都开罗附近的金字塔,面对狮身人面像时,"或云此古时蚩尤之头,在此已为石矣"①。他们恐怕是近代第一批到过金字塔的中国人。

5. 各色船客

连系着欧亚非三大洲人员流动的"法邮"轮船,好比是一座移动的国际小城,斌椿描述其所乘的 Le Cambodge 号西行至锡兰时,"船客增至一百七十有奇,无余地矣。计二十七国人,言语不同者十七国。而形状服饰之诡异,亦人人殊。有顽而长者;有硕大无朋,称重二百斤者;有须鬓交而发蓬蓬者。衣裙多用各色花布,似菊部之扮演武剧,又如黄教之打鬼"②。李圭则述东行的 L'Ava 号,"客以英、法、荷兰三国人居多。英人赴印度,法人赴西贡(即越南海口,今属法国),荷人赴爪哇(即南洋噶罗巴岛,属荷兰)。诚以此三处即其国之属地,官商往来不断也。余为德、美、日本、印度诸国人"③。由此,中国外交官们常常能在船上遇到形形色色的各国客人。

张德彝的英语很好,所以与外人交际颇多,记录亦详。一次,他突然看到二十多个黑人从煤仓窜出,原来是穷苦无着,想到异地谋生,但买不起船票,只能混上船只,以求偷渡。好在离岸已久,船主已无可奈何,只能让这些人干活抵票④。当然,也不是所有的船主都懂得通融,另一次,当船抵达亚丁时,有一个年约六旬的穆斯林老人本应在此下船,突然又决定改往新加坡,但却没有续行的船费,只能在船面哭泣。众客得悉后,纷纷捐款,共得 180 法郎,但这

---

① 走向世界丛书修订本(1),第 474 页。
② 同上书,第 100 页。
③ 走向世界丛书修订本(6),第 344 页。
④ 走向世界丛书修订本(1),第 470、471 页。

离末等船票仍有数十法郎的差距,船主却坚决不肯让步。张德彝为此唏嘘:"如此严拒,亦可谓无人心矣。他人由马赛携带一狗,价只三十方,尚有食有榻,是人不狗若也。"①

船客之中,常有不少"奇人""奇事"。有一个名叫辛存丹、能讲英语的印度人前来答话,他拿出用英文所著的《东西风土记》请张德彝指正,该书叙各国人情风景,井井有条,"洵称善本"②。某49岁之法国客人在经停亚丁时,竟"收一亚丁黑女为妾,年十二岁,高约三尺,面黑似铁,冗发短卷"③。又有法国船客向张德彝乞称,自己在中国未赚到钱,回家路费不够,故一路之上甘愿做中国官员的仆从。张氏遂给他数枚洋钱,打发他去④。

6. 紧急处置

在这么多外交官员的旅行记录中,并未见到过他们本人所乘的船只遇到过海难或海损的事例,由此可见在当时乘坐"法邮"船只远洋航行还是相当安全。除了狂风大浪和海底礁石以外,火灾是船方最要防范的意外之一。1870 年张德彝第三次赴欧时,在Le Godavery 上曾见到"法邮"公司张贴的一张告示,张氏将其全文抄录如下,留下了一份难得的文件:

  启者:本公司轮船,今已改设新章,专用中国人买办在船上提点上落往返货物,及照应往来搭客,凡饭食茶水周全。倘诸尊赐顾,定必优意相待。或船上人等有不妥善者,请对买办说明,向船主告诉,定然理妥,断不赔误也。谨此布闻:

  一议,贵客光顾在船,如吸食洋烟者,晚上限定至九点半钟为止,俱要熄灭灯火,以免不虞。

  一议,贵客往来不得携带火药硝磺等件,此乃引火之物,

---

① 走向世界丛书修订本(2),第 547 页。
② 走向世界丛书修订本(1),第 809 页。
③ 同上书,第 471 页。
④ 走向世界丛书修订本(2),第 329 页。

以杜疏虞,况有干例禁之件,俾得彼此相安也。

一议,凡我船上人等,须要勤守职事,毋许非礼及勒索等弊,必要照应客人妥当,以尽宾主之谊。

同治九年九月初一日　大法轮船公司主人谨启①。

此告示除了表示将对客人服务周到外,显然又重在防火,尤其是针对许多有吸大烟习惯的华人"瘾君子",因为火种是他们常备的……尽管多有防范,但船上火灾的隐患却难以绝灭。张德彝本人就曾目睹过两次,其一是 1866 年在 Le Cambodge 号上,"隔壁舱中不戒于火,衣履皆烘,当时船中大乱,幸人多迅速扑灭。此舱起火之人,罚钱若干,以警疏忽"。②其二是 1872 年初在 Le Meikong 号上,"因烟筒积灰着火,飞出落于布棚之上,烧成小孔。众水手急以水龙喷之,旋灭。当时妇女皆震恐"③。

救护落水者也是轮船的一项紧急措置,尤其是在大海大浪上颇有难度。张德彝倒是记录了一次成功的例子。1872 年 1 月 12 日,当张德彝所乘的 Le Meikong 号航行在距西贡只有一日行程的海面时,某水手登桅杆顶部操作横杆,不慎失手堕落海中,"众人急掷救命圈于海。幸伊善泅,遂执此圈,逆流而上。船即停止,下一舢板。副船主罗郎与三水手,随波上下,飞行七八里,始救出其人。面色稍改,水未入口,可谓死而复苏矣"④。短短数十字,可谓扣人心弦,如临其境! 此次救护的成功,固然有该水手不同于常人的求生技能,船上人员的迅速反应和训练有素也是重要因素。事实上,"法邮"轮船上还常备有充分的救生器具,"每舱中亦有保险圈与保险板。此板长约六寸,宽三寸,共七块,以白油布夹之。上有四绳,船遭风时,将此板围于腰上,可以浮于水面,以免沉溺"⑤。

---

①　走向世界丛书修订本(2),第 326 页。
②　走向世界丛书修订本(1),第 468 页。
③④　走向世界丛书修订本(2),第 555 页。
⑤　走向世界丛书修订本(1),第 457 页。

三、结　　语

对晚清外交官们来说,如果上海等地的"租界""洋场"已使他们大开眼界,那么外国邮轮就等于是第二个"泰西",因为登上了法兰西的远洋船只,差不多久等于踏上了法国领土,除了可以亲身体验西洋奇巧、船坚炮利和周到服务外,也有了一次预习未来欧美生活的机会。这是一个与他们原来的生活环境迥然不同的新世界。进入民国时代以后,乘坐"法邮"轮船前往欧美的中国人越来越多,正是有机会见识彼岸的世界,才能更好地了解自身的国度。

在马可波罗时代,东西方间的旅行常常需要历时数年,而且阻隔重重。明清之际,虽然冒险家、传教士东来络绎不绝,但也是海路漫漫,扬帆年余不足为奇。而自从有了蒸汽大轮船,海航时间便大大缩短,尤其是 1869 年苏伊士运河开通后,更是三四十日便可一轮直达,安全性亦显著提高,这对于促进中西文化、人员和物质交流大有助益。这样的"加速度"实际上一直延续至今,中国和法国之间,现在已只需 10 小时的飞行。因为交通工具的发展,世界变小了。

（马　军　上海社会科学院历史研究所研究员）

钮永建与上海三次武装起义

马铭德

1926～1927 年,钮永建在上海的三次武装起义中占有不可忽视的中心地位。长期以来,有关于上海三次工人武装起义的研究,成果累累,文章众多①。但这些论著几乎都是从中共的视角来审视这段历史,鲜有从钮永建的角度来阐述这一段非常特殊的国共合作经历。近年来,随着档案资料的逐渐开放,有从吴稚晖档案来解读这段历史②,使读者看到上海三次武装起义的另一个侧面。本文尝试结合新出版的档案材料,来论述作为上海三次武装起义主要人物钮永建的特殊经历,或许能对这一段由国共合作到分裂的历史有新的启示。

一、钮永建任江苏特务委员会的时代背景

1926 年 7 月,国民革命军由广东出师北伐。北伐军在两湖击

---

① 较为出色的有冯筱才的《"左""右"之间:北伐前后虞洽卿与中共的合作与分裂》、杨奎松的《一九二七年南京国民党"清党"运动研究》、卞杏英、徐刚的《共产国际与上海三次工人武装起义》、卞杏英、许玉芳的《试论上海特别市市民的酝酿与建立》、苏智良的《四一二反革命政变前上海帮会的动向》、刘俊平的《"儿戏"与盲动——上海工人二次武装起义失败经过》、马俊杰的《中国海军参加上海工人三次武装起义纪实》等。

② 如杨天石的《四一二政变前夕的吴稚晖——近世名人未刊函电过眼录》、陈清茹的《从上海三次工人武装起义看国共合作的矛盾及冲突》、陈清茹的《吴稚晖"首议清党"辨析》、杨天石的《陈独秀建议紧急发展十五万国民党员——近世名人未刊函电过眼录》等。

溃盘踞中原的吴佩孚势力后,挥兵江西,向东南军阀孙传芳发起了军事进攻。上海是各方政治势力瞩目的经济重镇,不但孙传芳,直系、奉系以及国共两党都关注上海;同样上海的商人资本家也在努力寻求政治依靠。

1926年9月4日,国民党中央政治会议决定成立江苏特务委员会,以钮永建、吴敬恒、张人杰、何成濬、叶楚伧、侯绍裘、朱季恂7人为委员①,运动江浙与上海,来响应北伐。9月,钮永建到上海,主持实际工作②,全权代表国民政府与各方势力接洽。

钮永建曾在广州政府中担任总参议,关于钮出任特务委员会到上海负责军事,李宗仁曾有过一段回忆:北伐军兴,蒋介石拟组织国民革命军总司令部,曾与第七军军长李宗仁商议参谋长的人选。"钮永建先生应该最适当了……当我军师次长江时,他的声望有极大的号召力。所以我说北伐军参谋长一职,实以惕老最为相宜。蒋先生听了,沉默片刻,然后说:'钮先生我另有借重。'"③蒋介石当时考虑要借重的也许正是如李宗仁所说,钮是长江流域的人,其声望有极大的号召力,应该驻上海以发挥作用。回顾钮永建的经历,1907～1909年间,他在广西兵备处和督练公所帮办(总办为庄蕴宽)任上引进了大批革命军事人才,如蔡锷、李书成、王孝缜、蒋尊簋、孔庚等;且在陆军小学总办任上培养了不少青年军事人才,如李宗仁、白崇禧、黄绍竑等。如当时浙江省长夏超,就曾随蒋尊簋到广西,在督练所钮永建下任科长;以后辛亥革命、癸丑讨袁、护国战争等,钮永建都在上海有所作为,并与上海各方势力密切联系。

---

① 中国第二历史档案馆编:《中国国民党第一、二次全国代表大会会议史料》上册,江苏古籍出版社1986年版,第658页。

② 吴稚晖:《初以真凭实据与汪精卫商榷书》,《吴稚晖全集》卷七,九州出版社2013年版,第328页。

③ 唐德刚:《李宗仁回忆录》,广西人民出版社1988年版,第232页。

钮永建到上海,将机关设在法租界环龙路志丰里,积极部署地下工作,以响应北伐军。对外钮以中西女塾教师的身份以为掩护,不了解底细的都以为他是一位初到上海的乡下教书匠,而不知此一青衫客,即肩负苏沪革命重任的国民党特派员①。

早在辛亥革命与二次革命时,革命党人都以法租界为工作基地,免不了与黄金荣、杜月笙等帮会人物打交道②,所以七委员中钮永建、张人杰、何成濬、叶楚伧四人都与上海帮会关系密切。北伐军临近上海,黄金荣就曾表示:"革命军是孙总理的子弟兵……今天不管革命军用不用得着我们,我们都要尽量出力。"③

上海总商会前会长虞洽卿在辛亥革命时就结识钮永建,当时虞曾出资十五万通过钮永建转徐绍桢,用来运动军队攻克南京④。民国以来虞洽卿一直致力于上海地区的和平自治。1926年,在孙传芳的压制下,虞洽卿不但失去了淞沪商埠会办和总商会会长之职,而且他所掌握的保卫团、闸北自治公所也面临被解散、没收的局面。北伐军出师之际,虞洽卿的女婿盛冠中和上海商人王晓籁曾赴粤访问,受到北伐军总司令蒋介石的接待⑤。同时虞在上海也主动与上海总工会负责人、中共上海区委的汪寿华联系,积极推动地方自治。

早在五卅运动期间,中共就通过上海总工会与帮会及包括虞洽卿在内的其他势力有过一定的合作,并一度结成结构松散而脆弱的联盟,但联盟内部存在着各种矛盾。另外,1926年春共产国

---

① 惜秋:《民初风云人物》上册。台湾三民书局出版社 1976 年版,第 355 页。

② 章君谷:《杜月笙传》上册,中国大百科全书 2011 年版,第 138～139 页。

③ 苏智良:《四一二反革命政变前上海帮会的动向》,《百年潮》2010 年第 12 期第 64 页。

④ 惜秋:《民初风云人物》上册,台湾三民书局出版社 1976 年版,第 340 页。

⑤ 中国第二历史档案馆编:《蒋介石年谱初稿》,档案出版社 1992 年版,第 623 页。

际设远东局于上海，指导上海的工作。9月中旬，远东局的负责人维经斯基就提出：考虑到资产阶级在这一地区的组织性和领导作用，即使在国共合作时期，上海的革命不能像广州那样在国民党的领导下，而是要中共配合虞洽卿为首的资产阶级，以地方自治为口号，逐步脱离国民党的领导[1]。此后中共与虞洽卿联系时，曾一度希望从那里得到军事援助，将武装起义归在虞洽卿的领导下。上海第一次武装起义前夕，维经斯基还要求中共"在组织上海发动时必须组织无产阶级的独立行动"[2]。但钮永建到上海后，成为虞洽卿等人与南方势力蒋介石沟通的主要渠道。钮永建统揽了军事问题，虞洽卿只愿与中共谈政治问题。[3]

　　显然来自共产国际的维经斯基的思路与国民党特派员的任务，在上海起义的主导权上有较大的差异。

二、"时间不好"的上海第一次起义

　　自国民革命军誓师北伐后，浙江省长夏超受自治活动的鼓动，决定脱离北洋政府秘密起义，以响应北伐军。1926年9月下旬，马叙伦代表夏超赴广东，与国民政府约定：北伐军夺取九江后，浙江响应，以截断孙传芳军退路。国民政府主席谭延闿和国民党中央主席张人杰委任夏超为第十八军军长兼理民政事宜。此时在上海活动的革命政府特务委员钮永建经费匮乏，张人杰要求马叙伦回浙后，请夏超设法拨十万元给在上海的钮永建，用于筹划军事。由于夏超与钮永建在广西曾有从属关系，故而二话没说，即"开了

---

　　[1]　《联共(布)、共产国际与中国国民革命运动1926～1927》第三册，北京图书馆出版社1998年版，第432页。

　　[2]　同上书，第580～581页。

　　[3]　同上书，第590～591页。

一张支票,由我(马叙伦)找励乃骥先生立刻由早车带走。"①

钮永健到上海后,就积极联络帮会组织地下军队,准备响应北伐军;"法界华捕'麻皮金荣'(即青帮大亨黄金荣)与其他主要帮会头目之间的谈判已经完成,他们都很愿意合作"②。黄金荣遂和杜月笙一起召集徒众,编制训练,听候调用。而中共也通过这一层关系与帮会有了联系,如当时的中共郑超麟回忆:"杜月笙保护钮永建安全,我们同钮永建合作时,也就和杜月笙发生了关系。"③

1926 年 10 月 10 日,夏超派代表来上海与钮永建等洽商联合起义,反孙传芳响应北伐军。是时"苏浙军响应国民革命军,拟全数在星子渡湖回浙;并电请夏超独立"④。10 月 15 日,夏超宣布浙江省独立,18 日就任国民革命军第十八军军长职,率保安队向松江进发⑤。而此时上海的内部形势依然不确定,敌我之间的实力并不相侔:钮永建正面的敌人有 5 000 名正规军和 2 000 名警察,国民党正在做这些警察的工作,但警察厅长严春阳尚举棋不定;钮通过帮会能动员的内部武装人员有 1 000 人,夏超军队有 3 000 人⑥。另外还有虞洽卿掌握的保卫团 500 人。关键在于夏超的军队能及时与上海的各种起义力量汇集。

自北伐军兴,策反海军的工作就开始进行。当时北洋政府海军总司令杨树庄兼任上海舰队司令,杨成为各方争取的重要对象。考虑到长江及闽海舰队与北伐事业关系密切,蒋介石派钮永建、王

---

① 马叙伦:《我在六十岁以前》,生活·读书·新知三联书店 1963 年版,第 89 页。

② 裴宜理:《上海罢工——中国工人政治研究》,江苏人民出版社 2012 年版,第 106 页。

③ 《郑超麟回忆录》上册,东方出版社 2004 年版,第 233 页。

④ 中国第二历史档案馆编:《蒋介石年谱初稿》,档案出版社 1992 年版,第 728 页。

⑤ 同上书,第 738 页。

⑥ 《联共(布)、共产国际与中国国民革命运动 1926～1927》第三册,北京图书出版社 1998 年版,第 592～593 页。

允恭等向杨树庄疏导。王允恭是钮永建的旧识,1908 年曾为钮引荐到广西,共同筹办新军①。北洋时期王曾一度任驻苏联使馆武官,后在杨树庄的海军司令部任职;有人回忆,王是跨党的中共党员②。蒋介石 10 月 27 日电请张(静江)谭(延闿)二主席转知长江及闽海舰队愿担其饷项。与此同时在上海的中共也开始做海军基层的工作,并逐步建立了党的外围组织——新海军社,正如起义前中共上海区委书记罗亦农所说:"海军问题,现格外好。上海有七条船,每船大夫(副)、二夫(副)有数十人可以加入,主要有郭有恒可以加入。"③郭有恒为海军"建威"号大副,加入中共后为海军委员会委员。

钮永建到上海后,策反海军的重点是海军总司令杨树庄等高级将领,而杨树庄等海军上层人士考虑到舰队人员薪饷、位置等保留事项,在形势尚未明朗前一直持观望态度。

此时共产国际远东局维经斯基对上海的形势非常乐观,他在给共产国际的电报中说:"反孙(传芳)的斗争正在上海广泛开展……不排除在最近几天内成立有商人和国民党人组成的、主张正式或非正式承认国民政府的政权委员会。"④维经斯基认为上海配合夏超独立,是工人发动起义的有利时机,这一主张应该说与国民党代表钮永建的想法相一致。

但是钮永建希望主动权掌握在国民党手里。钮向中共汪寿华表示"根本势力在工人学生,惟须受党(国民党)部指挥",吴稚晖也

---

① 耿毅:"辛亥革命时期的广西",《近代史资料》第 21 期,科学出版社 1958 年版,第 89 页。

② 《郑超麟回忆录》下册,东方出版社 2004 年版,第 58 页。

③ 上海市档案馆编:《上海工人三次武装起义》,上海人民出版社 1983 年版,第 68 页。

④ 《联共(布)、共产国际与中国国民革命运动 1926～1927》第三册,北京图书出版社 1998 年版,第 588 页。

对中共提出的"地方自治口号不赞成,他主张钮握总政权"①。鉴于中共的力量有限,中共上海区委罗亦农指出:"在即将举行的政变中起政治领导作用的应该是这里聚集在日本人(指虞洽卿)周围的民族资产阶级。……我们没有让无产阶级起首要作用,我们明白我们参加这次发动的任务是,积极促使资产阶级起斗争的领导作用。"②言下之意即中共配合虞洽卿来领导起义。对于这点吴稚晖是早有警觉的,他回忆说:"十月以后,渐觉汪(汪寿华)君等时图于国民党外,要在上海另植一种革命势力,以为共产党之地。……故常劝彼等曰:'勿急躁。如国民革命完成,贯彻中山先生之遗嘱。将来进一步,中山先生亦非不能共产者。'"同时还劝告俄国人不要在背后伸缩操纵,他对俄领事馆人员说:"中国人是有侠义的,你们如诚心助其革命,彼绝不相负;苟伸缩操纵以待之,中国人亦甚机警者,土耳其之结果,必且再演矣。"③

经过长时间的谈判,钮永建同意中共所建议的"政治部分",即"用上海和平维持会握政权"④;同时钮永建与虞洽卿直接联系。然而从虞洽卿的角度来看,虞之所以会有行动,端赖孙传芳势力是否会崩塌为前提;诡谲的是就在这几天,因消息泄漏,上海警察厅通知虞洽卿,叫他离开上海。虞遂找借口去了宁波三天再回上海,并见局势转变而发生动摇,不参与举事的酝酿⑤。这样起义发动

---

① 上海市档案馆编:《上海工人三次武装起义》,上海人民出版社1983年版,第11~12页。

② 《联共(布)、共产国际与中国国民革命运动1926~1927》第三册,北京图书馆出版社1998年版,第590页。

③ 吴稚晖:《初以真凭实据与汪精卫商榷书》,《吴稚晖全集》卷七,九州出版社2013年版,第328~329页。

④ 上海市档案馆编:《上海工人三次武装起义》,上海人民出版社1983年版,第12页。

⑤ 卞杏英、徐刚:《共产国际与上海工人三次武装起义》,《上海师范大学学报(社会科学版)》2001年第四期,第84~85页。

的主导权仍在钮永建手中。

10月16日,夏超率兵向上海进军,但此时上海的起义准备尚未就绪。中共建议钮永建利用海军下层配合起义:先在高昌庙附近举火发信号,然后由中共联系海军"建威""建康"两舰的士兵发炮攻击高昌庙兵工厂。[①]最后钮永建决定23日早上6点发动起义。不料22日夏超起义失败,上海已经有了防备。中共得到消息后,陈独秀在23日一早写信给钮永建,说"夏超在前线遭到了失败,那就不要发动起义了",但钮一方面不清楚前线的情况,另一方面在策动警察厅严春阳倒戈未果后,还想借用工人武装力量取胜,认为"部队一定会转到我们这边来的"[②]。就这样,钮永建想发动的这些队伍因夏超的失败最后没有行动;海军起义人员也因为陆上焰火失效不见信号,而未敢妄动[③]。最后出动的只是部分武装人员,在南市闸北约二三百人[④],随即遭到镇压。

上海的第一次武装起义失败了,钮永建向汪寿华谈及失败原因:"一、时间不好,群众不能起来响应;二、联军不响应,是暴动不能持久所致。"[⑤]事实上,除了钮所总结的两点外,还有钮当时所掌握的力量也不成熟,如夏超的猝然失败,对于警察倒戈的过度自信,对于虞洽卿变化的估计不足等。

上述原因使得中共对钮永建不免产生一定的疑虑和不信任,如罗亦农说:"国民政府的代表(钮永建)根本不是政治家,而是典

---

① 马俊杰:《中国海军参加上海工人三次武装起义纪实》,《世纪》杂志2004年第六期,第33页。

② 《联共(布)、共产国际与中国国民革命运动1926～1927》第三册,北京图书馆出版社1998年版,第594页。

③ 马俊杰:《中国海军参加上海工人三次武装起义纪实》,《世纪》杂志2004年第六期,第33～34页。

④ 上海市档案馆编:《上海工人三次武装起义》,上海人民出版社1983年版,第34页。

⑤ 同上书,第38页。

型的旧军人";"钮永建没有真实力量,就想以党握政权……完全买
空卖空式"。汪寿华说;"钮永建过去确靠不住,可是最近对我们尚
有相当的诚意,但他的大缺点,在不懂组织,又其军事委员会中分
子太复杂,靠不住,不能守秘密。"赵世炎说:"钮与我们将来继续关
系上必要减少,以后我们与他接洽,要以秘密的主体去对付他,不
要像这次专受他的最后决定。"①上述话语中,不再接受钮永建的
领导,是中共一致的想法。

事后,中共和共产国际远东局的内部会议上,总结此次失败的
教训,陈独秀说:我们希望的是举行人民起义,钮永建"把事情转到
了靠武装力量搞纯军事政变的方面",中共中央委员彭述之认为:
此次"党的政策过错不仅表现在斗争中的军事因素和政治因素的
相互关系上,而且表现在无产阶级的独立发动问题上",远东局的
维经斯基提出:"我们就应当引导无产阶级去进行独立斗争,以便
使它为发挥领导者的作用做好准备"②。

然而中共"发挥领导者作用","进行独立斗争"的意愿,在钮永
建为首的国民党看来就是"另植一种革命势力,以为共产党之地"。
共产国际远东局的指示,吴稚晖以为就是"伸缩操纵以待之"。这
都为以后的国共分裂理下了伏笔。

三、"徇其哀请"的上海第二次起义

1926 年 11 月 4 日,北伐军攻下九江,孙传芳在九江的总司令
部也被迫移到武穴。消息传来,上海原有的孙系势力淞沪商埠督
办公署总办丁文江、上海警察厅长严春阳都先后与钮永建接洽;丁

---

① 上海市档案馆编:《上海工人三次武装起义》,上海人民出版社 1983 年版,第
36～38 页。
② 《联共(布)、共产国际与中国国民革命运动 1926～1927》第三册,北京图书馆
出版社 1998 年版,第 593、599、601 页。

文江表示要离沪并号召和平,严春阳则表示以前有许多误会,以后可以投降①。

　　另外在北伐军胜利进军的形势下,闽系海军将领看到国民党必然要取代北洋军阀统治全国,也打算随机应变;海军总长杜锡珪到上海同总司令杨树庄秘密协商后,决定由杜锡珪在北京政府中应付,杨树庄同国民党联系。于是钮永建同杨树庄在上海会晤并达成了协议:海军归顺国民革命军,国民党在经济等方面支持海军②。

　　11 月 25 日,蒋介石电张静江、谭延闿及总参谋长李济深:"海军紧要,无论如何需现款 35 万元汇沪,已备发饷,而坚其来归之心,因奉天运动甚烈也。"同时电告陈果夫汇款 35 万元专款存放上海银行,作为杨树庄率部队来归时的薪饷保证:"前电谭(延闿)、张(静江)主席汇沪五万元,归钮先生用。此款仍汇兄处,陆续支付可也。……"③12 月 30 日,蒋又电东路军总指挥何应钦,并转王允恭与钮永建:"请与海军说明,如能真与我方合作,其舰队能入长江,必到九江、武汉,于我军方有利。……至发饷事,必须海军明白宣言,方能照办,否则不能负担,请明告。"④

　　但杨树庄对整体局势仍颇踌躇,派员抵江西向蒋介石表白,称上海并无陆军响应,故未明宣表态以免陷危险。1927 年 2 月 18 日,蒋介石与张静江、谭延闿联名致电杨树庄曰:"欲竟北伐全功,斯时已至最要关键。海军同仁,夙称爱国,斯正展布伟略,戡平内

　　①　上海市档案馆编:《上海工人三次武装起义》,上海人民出版社 1983 年版,第67 页。

　　②　中国海军兴衰史:http://www.360doc.com/content/12/1129/16/112480_250991180.shtml

　　③　吕芳上等:《蒋中正先生年谱长编》第一册,台北"国史馆"2014 年版,第584 页。

　　④　同上,第 613 页。

乱之时。深盼海军全体即张义帜，宣布讨贼，共奠大厦，以固邦基。"①此后双方始终在洽谈协商中。

此时率领北伐军的蒋介石面临的这样问题：由于左派势力的发展，致使蒋有限的军队难以巩固后方自己势力；另一方面当时蒋还不具备夺权的合法性，一时也无法从法理上取得北伐军所经各地的党权与政权；这样地方党政权力的相互争夺越演越烈。对于跨党人员造成党内的权争，蒋介石在其2月16日的日记中写到："一般党员之跨党者，煽惑播弄，使本党不安，牺牲一切。重负责任，反不见谅，欲放弃而革命失败，不放弃则必使个人失败，事至于此，虽欲不放弃而不得矣。"②

上海在国共两党的推动下，工商学界发起了声势浩大的市民自治运动。1927年2月18日，北伐军占领杭州，先头部队到达嘉兴。同日共产国际驻上海的代表曼达良、阿尔布列赫特、福京等建议中共尽快"建立一个能抵制广州军队指挥人员的右倾和深入开展革命运动的政权"，并认为，上海"完全有可能和有必要按照苏维埃制度建立起称之为'人民代表会议'的政权。这个会议基本上采取苏维埃制度，应包括所有反帝阶层"③。

而2月17日，中共上海区委的内部通讯上针对国民党南昌与武汉的分裂，指出"蒋介石已成为右派反动势力的中心，我们在各地应即刻开始作反蒋的宣传"，要利用国民党内部的纷争来对右倾势力作斗争，"不可使这个争斗简单成为C.P.与K.M.T.的争斗，无论在任何斗争中都要拉出左派，与左派联合斗争"④。此时的钮

①　吕芳上等：《蒋中正先生年谱长编》第二册，台北"国史馆"2014年版，第24页。
②　同上书，第23页。
③　《联共(布)、共产国际与中国国民革命运动1926～1927》第四册，北京图书馆出版社1998年版，第138～139页。
④　上海市档案馆编：《上海工人三次武装起义》，上海人民出版社1983年版，第120～121页。

永建,在中共的眼中:"对我们尚有相当的诚意","我们仍要维持他,使他不消极"①。

19 日,上海总工会发布总同盟罢工令,至 22 日,罢工人数达 36 万多人。

此时共产国际驻上海的代表认为总罢工只是工会积极分子所作出的,中共没有完全掌握主导权,罢工"没有提出明确的政治口号,罢工的目的似乎是为了支援国民革命军"②。为此,19 日共产国际代表向周恩来、瞿秋白等"说明了关于建立政权和采用什么政权形式的计划",并于 20 日催促彭述之"准备建立政权问题,而且还提出了变总罢工为武装起义"③。也就是说,要求中共利用罢工举行武装起义,以达到建立无产阶级的政权。为此,中共内部对罢工的现状也统一了看法,就如瞿秋白所总结的:"宣布罢工并不是党的正式决定。罢工爆发后,它并没有被认为暴动之第一步。……我们干的工作就是花全副力量和钮永建、杨杏佛、虞洽卿、王晓籁谈判——而这种谈判只是想利用各种各色(资产阶级)集团间的冲突。"工人罢工起来,不能"等着资产阶级的俯允"④,要积极准备起义。

就在此时,因孙传芳的军队连续败北,奉系张宗昌乘势派鲁军毕庶澄率渤海舰队南下援孙,而孙传芳已经准备弃沪远走,让鲁军进入上海。有鉴于此,上海防守司令李宝章暗中与钮永建、吴稚晖接洽⑤。国民党右翼人士张继也在此时向杨杏佛等建议"单独组

---

① 上海市档案馆编:《上海工人三次武装起义》,上海人民出版社 1983 年版,第 37、87 页。

② 《联共(布)、共产国际与中国国民革命运动 1926～1927》第四册,北京图书馆出版社 1998 年版,第 136 页。

③ 同上,第 139 页。

④ 伊罗生:《中国革命的悲剧》,香港新苗出版社 2001 年翻印版,第 203 页。

⑤ 《邵元冲日记》1927 年 2 月 20 日条:"午前访稚晖、惕生谈,闻孙传芳已将来沪,李宝章已将附南"。

织没有共产党人参加的政权"①,但被钮、吴拒绝了。整个形势使钮永建认为上海近日就可以不战而底定,就像他事后仍对罗亦农说:"对于上海,主要联合一起做,不要无谓牺牲。"②20日在嘉兴的北伐军突然接到蒋介石的命令,停止了向上海的进军。有材料说,"国民革命军停顿不前不是偶然的,蒋介石接到钮永建一封电报,劝他'暂时停进'"③。

21日晚,鉴于时局的发展,钮永建、吴稚晖等国民党人讨论,为工作便利,将原国民党特务委员会、江苏省党部、上海特别市党部,三者合为一联席会议。当晚的会议上中共提议建立市政府,吴稚晖"迁就彼(中共)等之意,即议工会学生会应出委员,或且过半。彼等似亦欢洽"④。然而吴稚晖所未曾料到的是,就在当天,中共中央及中共上海区委已经作出决定,组织市民暴动,成立"临时市民代表大会(国民革命的苏维埃)",⑤其具体计划是,22日晚6时,由海军先开炮,浦东工人上船拿取枪械,然后攻打高昌庙兵工厂⑥。显然中共突然决定组织起义,与前面所说共产国际代表20日对彭述之"准备武装起义,建立政权"的指示有关。

22日,国民党中央政治会议在南昌通过决议,成立上海临时

---

① 《联共(布)、共产国际与中国国民革命运动1926~1927》第四册第140页,北京图书馆出版社1998年版。

② 上海市档案馆编:《上海工人三次武装起义》第209页,上海人民出版社1983年版。

③ 伊罗生:《中国革命的悲剧》第204页,香港新苗出版社2001年翻印版。

④ 吴稚晖:《初以真凭实据与汪精卫商榷书》,《吴稚晖全集》卷七,九州出版社2013年版,第329页。

⑤ 上海市档案馆编:《上海工人三次武装起义》,上海人民出版社1983年版,第154~155页。

⑥ 杨天石:《四一二政变前夕的吴稚晖——近世名人未刊函电过眼录》,《历史研究》2003年第6期,第173页;上海市档案馆编:《上海工人三次武装起义》,上海人民出版社1983年版,第154~155页。

政治委员会,任命蔡元培、吴稚晖、钮永建、何应钦、杨树庄、陈果夫、郭泰祺、杨杏佛为委员①,以钮永建为主席。就在这天的一早,汪寿华、张曙时两人,突然在会议上(会议参加者包括昨晚讨论成立联席会议的原班人员并加上王晓籁、刘荣简等)提议发起并马上成立包括国共两党和上海各阶层代表组成的上海市民临时革命委员会。委员有国民党代表钮永建、杨杏佛,上海总工会代表汪寿华,中共代表罗亦农,其他各界代表虞洽卿、王晓籁等,并宣告此委员会即为未来上海市政府。②这就是实现前一天晚上中共所决定的"临时市民代表大会(国民革命的苏维埃)"。张曙时是国民党员,据刘荣简晚年回忆,罗亦农通过侯绍裘做张的工作,推张曙时出面讲话③。吴稚晖当场就感到提议太突兀,且与昨晚成立联席会议的讨论结果和南昌决议成立上海临时政治委员会大相径庭,便说:"罢工已四日,毫无结果。如欲开重要会议,昨晚已成联席会,即商界学界,亦议加入;何以今日合了换汤不换药之诸人,又欲别立一名目(指上海市民临时革命委员会)。难道国民党还不够革命吗? 倘共产党必欲自立名目者,乃无意与国民党合作。吾立国民党地位,敢提出抗议。"汪寿华缓颊说:"你是长辈,有话好说,不必生气。"张曙时说:"此为非常之时,故必另立非常之会,以处非常。"罗亦农在一边提醒道:"欲立此非常之会议者,正欲讨论军事等耳。"此时,北伐军在石湖荡,离松江只有 6 公里。吴稚晖转问钮永建:"军队接洽的怎样?"钮回答:"今天不会有着落,明晚或许会有一二处来回音,说不定要拖迟到后天。"罗亦农说海军今天也来不及。在这种情况下,大家议决:"早则明晚,至迟则后日下午,应

---

① 高平叔:《蔡元培年谱长编》下(1),人民教育出版社 1998 年版,第 16 页。

② 上海市档案馆编:《上海工人三次武装起义》,上海人民出版社 1983 年版,第134 页。

③ 《刘披云回忆上海工人三次武装起义时的罗亦农》,《百年潮》2002 年第 6 期,第 27 页。

有举动。届时再集议。"①这样,非但"上海市民临时革命委员会"的建议未取得一致,中共前一天(21 日)自己拟定的起义计划,并未在会上与国民党交接。

当天吴稚晖的日记云:"午前十时至廿六号(环龙路 26 号,即志丰里钮永建办公处),初无人,继徐徐来,有罗亦农、王晓籁、汪寿华、杨杏佛、某工会少年二人,学生总会一人。又张曙时欲立什么革命委员会,后又定名临时上海市民革命委员会。余忠告勿为此包厢性质之预备,并言有人蔑视国民政府者,吾反对之,三十年内,有议共产者,吾反对之,有卖国于俄罗斯,吾力除之也。言固无病而呻,所以致王晓籁商人不知所措者,乃莫名其妙,然对朋友忠告,宁过言之。"②吴稚晖担心"革命委员会"将是为中共掌握政权准备"包厢",虽然当时并无此迹象,但还想"无病而呻",借机提出"忠告"。这只是一方面,从另一方面以钮永建、吴稚晖的角度来看,南昌中央政治会议已决议成立上海临时政治委员会,绝不可能再去讨论组织上海市民临时革命委员会!而且 22 日早上国共双方虽有争论,但最后还是达成一致,为便于各方准备,起义时间应该定为 23 日或 24 日下午,起义的内容,应该包括策动杨树庄、李宝章等海陆军反正。他们完全不了解中共已独自在 21 日定下起义计划!

当日(22 日)傍晚六时半,市中心就听到海军发炮数十响。隆隆的炮声中,杨杏佛赶到吴稚晖处说:"共产党极可怪,早间明明决议军事动作,应明后日再议。乃今日午后五时半,忽走告钮君曰:海军今晚必欲动,请发令。钮君甚怒,诘其何以午前不早言?然卒

① 吴稚晖:《初以真凭实据与汪精卫商榷书》,《吴稚晖全集》卷七,九州出版社 2013 年版,第 329 页。

② 杨天石:《四一二政变前夕的吴稚晖——近世名人未刊函电过眼录》,《历史研究》2003 年第 6 期,第 173 页。

徇其哀请,下一命令,嘱王允恭携去。然此时炮已放,命令似未达到也。"吴稚晖听了杨杏佛的述说后,当即同杨一起赶到钮永建寓所①。见"钮正对侯绍裘、汪寿华发气曰:'如此相欺,何能合作!'侯、汪皆面有喜色,漫谢过。"吴稚晖在一边劝说道:"事已如此矣,亦可勿复有言。革命党之急躁,常如此也。于是八时有人来告曰:'高昌庙响应矣。'九时又言曰:'西门龙华各有动作。'至十时半,杳无影响,彼等皆气沮。我(吴稚晖)曰:'后当慎之又慎,如此无谓牺牲,应当切戒。'"②从吴稚晖的这段回忆看,中共在下午五点半走告钮永建海军要有动作,不到一个小时后炮声即响起,显然这些都是预先策划好,两边同时进行的。至于钮永建应"哀请"交王允恭携去的命令,应该是"签署了给部队(海军)和警察的'忠告'让他们转到政府(国民政府)一边",③钮永建这一"命令"下在差不多炮声响起的前夕,显然有被挟持之嫌!当炮声响过后,浦东工人纠察队未能及时上军舰取枪,致使南市工人纠察队孤军进攻兵工厂,伤亡严重。其他各区起义队伍,也未能按计划攻占各要点。到了10点半后,薰歇烬灭,光沉响绝,杳无影响。

四、"抢功"欤?"愈无可泄"欤?

海军开炮之事,后来进一步了解到,这天杨树庄与海军建威、建康两炮舰的舰长都不在军舰上,两舰的士兵向陆上发炮二十余发,其中向兵工厂发了十余发,还向龙华敌军司令部和火车站发了

---

① 当时这些国民党人都住在环龙路附近。吴稚晖住志丰里10号,钮永建住志丰里5号,而杨杏佛住在距离数百米的铭德里7号。杨杏佛子杨小佛见告。

② 吴稚晖:《初以真凭实据与汪精卫商榷书》,《吴稚晖全集》卷七,九州出版社2013年版,第330页。

③ 《联共(布)、共产国际与中国国民革命运动1926~1927》第四册,北京图书出版社1998年版,第142页。

炮,有一些炮弹落在了法租界和公共租界①,当即引起黄浦江上法国军舰的干预,故而不久就停止了炮击。上海军队也闻炮声立即戒备。海军开炮造成后果是严重的:海军司令杨树庄很恼火,下令惩办参加暴动的官兵,并禁止共产党人在海军中进行活动。两天后,奉系渤海舰队从海上开赴上海。杨树庄立刻带领全部驻沪海军共 13 艘舰艇出吴淞口驻防鸭窝沙三夹水海面,阻截渤海舰队南下,舰上的共产党员和新海军社员也因随舰离岸而与党组织失去了联系。等舰队回到上海时,第三次武装暴动已经胜利结束。与此同时,上海海军发炮事件还导致北京英、法、美、日、荷、意、德、葡、比、瑞士、巴西、智利等十三国使馆,事后发表联合宣言;法国公使向顾维钧提出抗议,并保留要求赔偿损失的权利②。

23 日,罗亦农向吴稚晖解释说,海军昨晚开炮事件"此皆人民忿无可泄,故轻举妄动";陈独秀也在同一天写信给吴稚晖,希望同时转达钮永建,说勿轻信谣言"在中国革命中,国民党与西披(即C.P.,共产党),万万不可分离。西披决无与国民党分离之意。谁愿分离,便是谁不忠于革命。我为此言,誓以人格为担保。……西披分子多出力,这是革命者应尽之义务;不得以此遂谓其有成立工人专政之意。军阀肆意屠杀,群众忍耐不住,自由行动,甚至于影响海军。革命行动中自不免无穷错误,而不能事事皆归怨于西披之野心。"③但吴稚晖并不接受陈、罗的辩白,他在两天后回信给陈独秀说:海军猝动一事,如果罗亦农在 22 日上午"当时更以当夜海军即动说明,尤为圆满,不致使有人以为一部分人上午已先知者,竟对中心会议之人至傍晚始令知之,且令尸其名。……进一步疑

---

① 《申报》1927 年 2 月 27 日。
② 《民国大事日志》,台湾传记文学出版社,第 352 页。
③ 吴稚晖:《初以真凭实据与汪精卫商榷书》,《吴稚晖全集》卷七,九州出版社 2013 年版,第 330 页。

人待己为头等阿木林,可怜好朋友,止被人当做猫脚爪,凡疑此中有圈套者,皆易生浮言,易为浮言所动也"①。

此时身为国民党特务委员会在上海主持工作的钮永建心情是复杂的,本来杨树庄、李宝章的接洽都很顺利,上海的局势可以传檄而定,为此还电嘱国民革命军暂停进军,静待上海反正。22日晚间突然的暴动,国民党人不知情且仓促中无从应对,钮永建还因中共侯绍裘、汪寿华等的哀请而反被局势牵着走入岔道,从某种意义上来说是被"绑上战车",平地风波且留下后遗症。事发后,钮永建很愤怒"说 C.P.抢功"②,"海军的开炮,是 C.P.发了命令"③。同时海军开炮事件也引起了海军司令杨树庄不理解并对钮永建产生怀疑,周恩来在中共的会议上说:这次海军开炮,"杨树庄以为是钮惕生的把戏! 因钮曾与杨说过,恐你部下要动"④。事实上王允恭也确实携了钮永建在听到炮声后"徇哀请而下的命令"! 中共的盲动实使钮永建陷入极为尴尬的境地!

中共内部的会议和通讯上也明白承认了"发动开始时未经'政府'批准,而'政府'是听到炮击后才知道发动开始了"⑤。罗亦农在上海区委召开的活动分子会上也说:"这次我们总算又在中国革命的历史上,做了一个很重大的运动……海军之开炮,为数年来之不易得的行动。国民党钮惕生他们花了许多钱运动不到,这次竟有七个(事实上仅 2 个)军舰一起开炮。钮惕生说海军开炮,是

————

　　① 杨天石:《四一二政变前夕的吴稚晖——近世名人未刊函电过眼录》,《历史研究》2003 年第 6 期,第 171～172 页。

　　② 上海市档案馆编:《上海工人三次武装起义》,上海人民出版社 1983 年版,第 138 页。

　　③ 同上,第 267 页。

　　④ 同上,第 148 页。

　　⑤ 《联共(布)、共产国际与中国国民革命运动 1926～1927》第四册,北京图书出版社 1998 年版,第 142 页。

C.P 命令,这是不错的。"可以表现我们的力量①。

　　所有这些内容泄出后,难免引起吴稚晖对中共的严重不信任!尽管罗亦农、陈独秀都作了解释。待数月后吴稚晖了解真相,认为中共说"群众忍耐不住",与罗亦农在区委召开活动分子会上讲话的秘密证据互相对照,"便可见忍耐不住者,到底是否群众所影响?所谓无穷错误,西披是否认作错误?还是认作:'这次我们总算又在中国革命的历史上,做了一个很重大的运动呢?'(罗亦农语)西皮的野心,还是人家归怨于他们呢?还是他们在革命史上自己做成功的呢?"②至于罗亦农说,此次海军开炮,是"国民党钮惕生他们花了许多钱运动不到",吴稚晖对此也深感不平:"钮惕生运动海军,就是给罗君经手的,约有九千元。二月二十二日夜间的开炮,便是罗君在九千元里花了四千元。那么钮惕生运动不到,罗亦农运动得到!这是怎么讲的呢?"③

　　虽然当时钮永建、吴稚晖心中不以为然,但仍然以"如得其情,则哀矜而勿喜"的态度,与中共保持合作,认为共产党犯了幼稚病,就像"是李守常(李大钊)先生常常太息的。其实就是苏俄,也是犯了幼稚病。"④三月初罗亦农在一次会上说,吴稚晖"对我态度很好,我就给仲甫(陈独秀)信他看,吴说我们主张也如此。钮看信后也说无不同意见。杨杏佛来了看信也说很对。吴说从前确有误会,我们以 C.P. 的民众仍有强奸气,现在我们主张并无不同。对于暴动,他们觉可不必徒然牺牲。我说要协商一切,他们很注重此二字。钮说人家谣言开炮是对我,因炮向法租界开,蒋介石本革

---

　　① 上海市档案馆编:《上海工人三次武装起义》,上海人民出版社 1983 年版,第267 页。

　　② 吴稚晖:《初以真凭实据与汪精卫商榷书》,《吴稚晖全集》卷七,九州出版社2013 年版,第 330 页。

　　③ 同上书,第 334 页。

　　④ 同上书,第 331 页。

命的,但旁边有人挑拨,他说 C.P. 也有人挑拨"。①言谈中,钮永建仍然对事件耿耿。

第二次起义的失败是国共两党对起义持有不同的态度:前者不支持,认为可传檄而定,不必徒然牺牲;后者在共产国际代表的指导下过于急躁,且自矜功伐,奋其私智。事后,共产国际的代表仍认为:上海市民临时革命委员会是"虞和德和钮惕生派的人在委员会中占了多数……无产阶级的'领导权'从组织上通过这个政府为虞和德和钮惕生所控制"②。二次起义失败的过程,进一步加深了国共双方猜疑的裂痕。

五、第三次起义前"党主导"与"民选"的两歧

第二次起义失败后,中共就决定完全独立地领导发动第三次武装起义,并为此专门成立了一个"特别委员会"作为领导起义的最高决策机构。特别委员会由中共中央总书记陈独秀、中央局委员彭述之、中央军委书记周恩来及罗亦农、赵世炎、汪寿华等组成。而此时共产国际代表给中共的指示是:"我们在政权问题上的立场仍然和总罢工以前一样,即我们建议党采取措施在国民军抵达以前组织'人民代表会议'形式的政权。……这个政权将对中国革命今后的前途产生很大影响。"③

对此,2 月 24 日中共领导人瞿秋白拟就了《上海"二·二二"暴动后之政策及工作计划意见书》,指出当前新的政策就是在策略上要对钮永建等保持必须的联络,使他们加入市民代表紧急会议,

---

① 上海市档案馆编:《上海工人三次武装起义》,上海人民出版社 1983 年版,第 279 页。

② 《联共(布)、共产国际与中国国民革命运动 1926～1927》第四册,北京图书馆出版社 1998 年版,第 143 页。

③ 同上,第 145 页。

而同时不使他们指挥市民会议;迫使他们服从民意并可以利用他们军事上的联络。……在具体计划上,认定总同盟罢工后就过渡到群众武力暴动。罢工一开始工人、小商人便要放下工作去选代表,去组织"市民代表紧急会议",目的是建立"市民会议式的政权"①。25日,陈独秀和中共上海区委在《告同志书》中指出:"我们应乘孙传芳的势力根本动摇之际,举行一个总同盟罢工,集中工人阶级的势力……取得政治的领导地位,并夺取相当的武装。"②周恩来在稍后的军事会议上说:"现在我们已经形成了两个明确的打算或想法:第一,召开代表会议;第二,进行武装起义及夺取政权的斗争。党已基本上明确地认识到:这两种打算必须通过起义、通过武装自己来同时实现。"③归纳上述说法,就是策略上要利用钮永建军事上的关系网,但具体操作中要迫使国民党服从民意,并通过武装起义取得政权。

2月26日,国民党南昌中央方面会议决定:致电共产国际请撤回代表鲍罗廷,南昌中央政治会议和武汉中央临时联席会议的对立进一步公开化。蒋介石稍前在南昌演讲时宣称:"武汉之联席会议为非法,总司令大权乃中央所授,绝非个人独裁。联席会议之徐谦乃为独裁。"又说:"如共产党跋扈强横,定于制裁!"④中共从整个形势来看,对北伐军到上海后可能出现不利于己的前景也有一定的估计,如陈独秀26日晚在特委会会议上说,"老钮想拉到李宝章,自扩充地盘",周恩来说,"现在困难的问题是李宝章如果投

---

① 上海市档案馆编:《上海工人三次武装起义》,上海人民出版社1983年版,第156~158页。

② 同上,第170页。

③ 周恩来:《关于上海工人武装起义》,《党的文献》1994年第1期,中共中央文献研究室;中央档案馆出版,第75页。

④ 吕芳上等:《蒋中正先生年谱长编》第二册,台北"国史馆"2014年版,第23页。

降钮惕生,则我们很难夺取兵工厂"①,"钮永建想把李宝章的部队拉过来,变成自己的队伍。很明显,我们不是替钮永建做工作"②。"不是替钮永建工作",中共领导人的话外之音就是不能让钮永建等这些与蒋介石一路的"新右派",再居于领导地位了。根据共产国际代表的指示,中共竭力想尽早建立一个由共产党领导的市民政权,以控制局势。陈独秀在 2 月 28 日的特委会上说:"北伐军来后,最重要的问题即为市政府问题。我们要群众的,而他们必是领袖的。我们要选举的,而他们要委任的。此为重要争点,我们应赶快做代表选举的工作。……造成很浓厚的民选空气,预先选好,然后与他们讨论名单,结果就成为民选政府。如果北伐军来后不承认这个民选代表,就第二步可以民众提出,重选正式政府。"③言下之意就是要占得先机。

　　3 月 3 日,蒋介石有电报致何应钦云:"我军如攻上海,至龙华、南翔、吴淞之线为止,军队不越此线为要。闻某党有组织上海革命政府之议,凡类此类机关,应即勒令取消之。"④此时在上海国民党人的会议上,国民党不同意市民会议的组织法,不主张市民代表会有经常的执行委员,而主张"以市省党部为市省议会,不必再有代表大会"⑤,也就是说必须由国民党来主导。吴稚晖明确表示:"C.P.对于市民会议是表现造反,说民选市政府为脱离国民政府"。但在与罗亦农的沟通中,对于中共提出"市民政府",国民党

　　①　上海市档案馆编:《上海工人三次武装起义》,上海人民出版社 1983 年版,第191、209 页。

　　②　周恩来:《关于上海工人武装起义》,《党的文献》1994 年第 1 期,中共中央文献研究室;中央档案馆出版,第 78 页。

　　③　上海市档案馆编:《上海工人三次武装起义》,上海人民出版社 1983 年版,第227 页。

　　④　吕芳上等:《蒋中正先生年谱长编》第二册,台北"国史馆"2014 年版,第 31 页。

　　⑤　上海市档案馆编:《上海工人三次武装起义》,上海人民出版社 1983 年版,第304 页。

人也作了一定的让步以缓和两党关系,表示"可以赞成,惟人选要规定"。钮永建说:"C.P.应参加",代表要由"国民党与 C.P.定名单",钮更认为:现为军政时期人民未训练,不能举行市民代表会议,"民选市政府近乎滑稽,但借此训练民众也好"。对于中共提出的暴动问题,吴稚晖说,要起到"什么目的?"钮说:"李宝章已退南通,毕庶澄退苏州,松江已下,这样暴动就无对象。"①所以汪寿华认为钮永建"对我们的态度,更不诚实","钮因我们不与他谈市民代表会议问题,所以对我们很冷淡"②。

3 月 6 日晚,吴稚晖、杨杏佛与中共领导人陈独秀、罗亦农在志丰里钮永建的办公地点会面,谈话甚多。吴稚晖说:"我是不讳言无政府是要三千年才成的。列宁共产,越飞说的二百年恐还不够。他(陈独秀)说:你疯了,无政府与共产可以很快的。我说:这无非是假的罢了。"吴又问道:"那末据你判断,列宁的共产,行在中国要若干年呢? 他说二十年足矣。我说:那末岂不是国民党的寿限,止有十九年,便要借尸还魂了呢?"吴转身对杨杏佛说:"仲甫先生有一句中心结论在此,二十年中国就可行共产了。"③此次两党高层人物会面,或许国共双方都希望借此沟通,减少误会,不想吴、陈的对话更加深了双方,也包括钮永建与中共之间的裂痕。

3 月 12 日,由中共主导的上海市民代表会议成立,选出钮永建、虞洽卿、罗亦农等 31 人为执行委员。为建立市民政府做了准备。对于市民代表会议,中共主张"1.按职业选举,不是按区域选举;2.立法与行政合一;3.代表与市民有直接关系",这些主张为排除国民党人要在市民政府中占据主导地位而做了预案。在中共上

---

① 上海市档案馆编:《上海工人三次武装起义》,上海人民出版社 1983 年版,第 278~280 页。
② 同上书,第 261、273 页。
③ 吴稚晖:《对共产党问题谈话》,《吴稚晖全集》卷七,九州出版社 2013 年版,第 256~257 页。

海区委第十三号通讯中,对国民党的"以党治国"进行了批判:"以党治国只是这一个政党在会议中,由他的党团起作用,贯彻他的政治主张,而不是直接命令式的关系。……因为市党部不能强奸民意,而对于市政府可以监督,以适合于以党治国的主张。"通讯中还指出:"在市民会议的运动中,我们必须要取得领导地位,因为这就是与资产阶级争的革命领导权。"①

随着北伐军节节胜利,鲁军毕庶澄也与杨树庄达成妥协,共同维持上海的治安,渤海舰队不再南下。3 月 14 日,杨树庄公开宣布投向北伐军,就任国民革命军海军总司令。

随着北伐军在上海敌对势力的瓦解,国共两党争夺领导权的斗争也进一步加剧。中共上海区委决定大量发展国民党左派党员,以抵制"新右派"。3 月 9 日的中共上海区委通讯上提出:我们要秘密地多拿住区分部、区党部,以压倒右派,"上海国民党的组织要扩大到二十万党员"②,15 日罗亦农在会上说:"要赶快发展国民党员,上海有两百万以上的人口,至少有一百五十万人同情于革命,十万到二十万人可以加入国民党。……我们要在一月内发展到一万个党员。"③同日,陈独秀写信给吴稚晖、钮永建,建议紧急发展十五万党员,云:"此时省市党部宜发出紧急命令于各下级党部,大大的征集党员。上海以五万为标准,江苏省以十万为标准。"④

为协商临时市政府的具体名单,国共两党也曾召开两次联席会议,据参加联席会议的中共党员刘荣简回忆:参加这两次会议的

---

① 上海市档案馆编:《上海工人三次武装起义》,上海人民出版社 1983 年版,第 240～241 页。

② 同上书,第 238 页。

③ 同上书,第 330～331 页。

④ 杨天石:《陈独秀建议紧急发展十五万国民党员》,《百年潮》2003 年第 11 期。中国中共党史学会出版,第 78 页。

有中共罗亦农、恽代英、和刘；国民党有钮永建、吴稚晖等。会上双方争执得很厉害：国民党要把临时政府变成国民党的政府；罗亦农坚决反对，坚持国民政府要以工农为主，同时包括其他阶层。会上各方的气氛很激烈，吴稚晖反对工农参加政府。罗亦农通过侯绍裘做张曙时的工作，张曙时就在会上公开批评吴稚晖说：你的说法违背了总理的联俄容共、扶助工农的政策，你不要共产党和工农参加政府，算什么三民主义？两个人在会上吵得很厉害。张曙时还当面骂了吴稚晖是"老而不死！"①为此，鉴于南昌中央政治会议有成立上海临时政治委员会在先，钮永建等当然声明不参加这个逸出国民党轨道的"市民政府"②。

在协商临时市政府的具体名单，国共激烈争吵后，钮永建即萌生辞去主持上海工作的想法。3 月 16 日，吴稚晖致蒋介石函："沪事复杂，半年以来，赖钮永建之明允笃诚，得以坐镇宁息，殊为不易。将来繁剧之局，为驾轻就熟，洵非钮永建莫能胜任，且愿竭弩骀而协赞。"③显然，吴稚晖信中的语气是要挽留钮永建的辞职；17 日，蒋介石致黄郛的信中说："……以后海军事不经惕先生为妥，请兄与杨幼京（杨树庄）总司令与知渊兄（林知渊闽籍海军指挥官）直接交涉，每月饷项卅五万元。"④上述两则材料说明钮永建至迟在 16 日已经提出此想法，并与蒋介石沟通。19 日汪寿华在区委主席团会议上说：昨天政治分会，钮永建说了"许多不满意于汉口的行动，并说蒋既要吴任主席，他愿结束一切。后说罢工问题，他就代

---

① 《刘披云回忆上海工人三次武装起义时的罗亦农》，《百年潮》2002 年第 6 期，第 27 页。

② 李云汉：《从容共到清党》，台湾及人书局 1966 年版，第 591 页。

③ 陈凌海：《吴稚晖先生年谱简编》，《吴稚晖全集》卷十四，九州出版社 2013 年版，第 603 页。

④ 沈云龙编著：《黄膺白先生年谱长编》上册，台湾联经出版社 1976 年版，第 270 页。

表蒋总司令不赞成罢工。"①

此后,虽然3月21日上海临时市民代表会议执行委员会召开紧急会议,22日第三次武装起义取得基本胜利后产生的上海特别市市民政府委员,都将钮永建冠名在前,但钮皆未出席。3月22日,蒋介石致电上海总工会云:"上海罢工,以我军未到沪附近之先,请暂缓为宜。"②28日,钮永建更在《申报》头版刊出启事云:"鄙人业已请假休养,无论何事概不闻问。公私团体如列贱名亦不负责。凡军事政治各问题,请直向蒋总司令、白总指挥接洽为荷。"然而即使钮永建已退出政治纠纷,率领北伐军进入上海的白崇禧还是回忆道:"革命军所以能轻易占领上海,未遭受很大之困难,与钮永建活动上海税警来降有很大之关系。"③

六、余　　论

当年的莫斯科与共产国际对中共的要求是:一方面要实行国共合作;另一方面又强调要保持共产党的独立性和争取领导权。在这样一个自相冲突的政策下,具体操作时往往会因争夺领导权而伤害到两党合作! 从1926年9月~1927年2月,钮永建在上海担任国民党江苏特务委员会委员主持上海工作的6个月中,他经历了波诡云谲的几次武装起义,内部两党间的纷扰层出不穷;其感受真如吴稚晖所言:"钮委员焦头烂额,痛苦逾常,穷于应付,迫而谢病。"④随着各种档案的逐渐解密,当年钮永建在国共两党对

---

①　上海市档案馆编:《上海工人三次武装起义》,上海人民出版社1983年版,第335页。

②　吕芳上等:《蒋中正先生年谱长编》第二册,台北"国史馆"2014年版,第40页。

③　《白崇禧回忆录》,解放军出版社1987年版,第41页。

④　吴稚晖:《致中央监察委员会请查办共产党文》,《吴稚晖全集》卷七,九州出版社2013年版,第261页。

于武装起义的领导权之争中,穷于应付的脉络还是清晰可寻。

当第一次武装起义因时机不对而失败后,中共负责人罗亦农等在共产国际的影响下,或也难免语出激进,但毕竟是属于两代人之间激进与稳健的不协调①! 当时即使双方有领导权的争执,夏超的军事力量是钮永建在进行联系;中共也只是提出要配合资产阶级,将武装起义置于资产阶级的领导下。更何况被中共称作"无盔甲的袁世凯"②的吴稚晖,此时也是主张国共合作,勿使片面分裂;一如西山会议时,他主张"对共产党之同志,宜邀守常(李大钊)为切实之协商而勿使为片面分裂之行动"③。

第二次武装起义前夕,中共突然发动了海军开炮,一度使钮永建陷入尴尬的境地。即便如此,作为长一辈的吴、钮还是以为中共犯了幼稚病、不成熟、太急躁,以后当慎之又慎,不要做无谓的牺牲。钮永建、吴稚晖不但拒绝了稍前张继要排除共产党人参加政权的建议;即使面对中共提议的市民政府,钮、吴也还是婉转地表示在人选规定之下,C.P.应参加,国民党与C.P.定名单,尽量在国民党设定的框架中,容纳中共的意见。此时国共之间虽然严重不信任,但合作还是存在的;钮永建也曾希望尽友道之直谅;就中共也承认国民党人注重协商二字④。

此后在共产国际代表再次催促要在国民军抵达以前,按照苏维埃制度组织"人民代表会议"形式的政权,以便真正保护无产阶

---

① 要知道用现代的俗语来说,如果吴稚晖(1865 年生)、钮永建(1870 年生)算是六〇后、七〇后,那么中共诸领导人瞿秋白(1899 年生)、彭述之(1895 年生)、罗亦农(1902 年生)、汪寿华(1901 年生)、赵世炎(1901 年生)等皆为九〇后或〇〇后,整整相隔一代。

② 蒋梦麟:《一个富有意义的人生》,《传记文学》第四卷第三期,台湾传记文学出版社出版,第 32 页。

③ 陈天锡:《戴季陶先生编年传记》,台湾文海出版社,第 74 页。

④ 上海市档案馆编:《上海工人三次武装起义》,上海人民出版社 1983 年版,第279 页。

级的领导权。上海国共两党就陷入了无穷的争持中。其争端的核心内容就是国共两党由谁来领导？当然所谓民选的市民政府，实质上如中共事后所说的，"就是苏维埃巴黎公社——这个市民政府是没有法律的，执委决议就是法律"①。不仅仅是市民政府的争执，陈独秀关于二十年行共产主义和紧急发展十五万党员的信，都给吴稚晖、钮永建带来了更大的刺激。事后，吴稚晖将这段对话的经过转述给另两位国民党监察委员李石曾和蔡元培，说中共领导人陈独秀无意泄露了真实想法，"然二十年还是假话，看目前在汉口、上海的情形，直是二年也等不及了。石曾先生亦云然。石曾先生自己也说：免不了达他们的目的。孑民先生也断定如此"②；并提出"屡为陈独秀所绐，非分裂不可"③。国共之间合作的破裂已如乘溃水以胶船，驭奔驹以朽索，势在必行了。

综上所述，国共两党的合作，在酝酿上海的三次武装起义过程中最终破裂，其主要原因是对领导权的争夺。由于共产国际幕后政策合作与争权的两歧；也由于南昌与武汉的对立，致使诸多问题两党不能竭诚协商；猜嫌不泯，一切皆无从措手，其怨则黩，其盟则寒。

钮永建是一位性格朴茂长厚的人，他一生"儒家素养，兵家锻炼，宗教家信仰兼而有之，融三家之精神而治之"④，成为他独具的人格。故而其行为光明磊落，有儒家的"夫子问其政，由温、良、恭、俭、让以得之"的风格；心达而险，言伪而辩，顺非而泽，皆夫子所不为。在关键的时候，海军也已归顺，知道上海的局势已经传檄可

---

①　李云汉：《从容共到清党》，台湾及人书局1966年版，第591页。

②　吴稚晖：《对共产党问题谈话》，《吴稚晖全集》卷七，九州出版社2013年版，第257页。

③　《邵元冲日记》，1927年3月25日条，上海人民出版社1990年版，第313页。

④　陈天锡：《追念党国元勋钮惕生先生》，《迟庄回忆录》第六编·附录·文钞，台湾文海出版社，第51页。

定,他代表国民党主持上海工作的职责也基本完成。南昌决议组织上海临时政治委员会的设想,面临中共执意组织"上海市市民政府",导致两党合作势难继续,党际之间的纠葛夹缠于宁汉分裂中,犹如治丝益棼。在关键的时刻,他选择了急流勇退,有所不为有所为。此后事态的发展,演变到"四·一二"政变,进而屠杀共产党人,这或许是一贯"主张不必徒然牺牲"的钮永建所难以逆料,也更非他所愿闻。

（马铭德　上海中山学社理事）

三、经济社会

唐寿民与交通银行

章义和　管夕茂

唐寿民,江苏镇江人,生于 1892 年,是我国近代颇有传奇色彩的一位银行家。他曾任上海商业储蓄银行副总经理兼汉口分行经理,上海造币厂厂长,中央造币厂厂长,中央银行理事、常务理事兼业务局总经理,国华银行副董事长兼总经理等职位。1928 年进入交通银行,次年任交行沪行总经理,1933 年起任交行总经理。抗日战争爆发后,唐寿民在香港被日军俘获,押解回上海主持交行复业,其后担任汪伪政权全国商业统制会理事长。抗战胜利后以"汉奸罪"被判有期徒刑,1974 年病逝于上海。

与民国时期风云一时的其他银行大家、金融巨鳄相比,唐寿民的出身可谓寒门。他仅读过几年私塾,从未进过新式学堂,亦未出洋留学,以钱庄学徒起家,据说年轻时只带一把阳伞闯荡上海滩,不到而立之年竟成为银行界意气风发、不可一世之人物。[①]纵观其一生业绩,最辉煌的当属他在交行担任总经理时期:大权独揽而颐指气使,在十里洋场、万商林立的上海滩如鱼得水,游刃有余;但其悲剧,也恰恰是因为他受胁迫主持敌伪区交行复业,最终落下"汉奸"的骂名,名声毁于一旦。所谓成也交行,败也交行。唐寿民此生的荣辱,不可避免地与交行的命运紧紧绑在了一起。

---

① 孙曜东口述,宋露霞整理:《唐寿民——一把阳伞撑出来的银行家》,《中国企业家》2003 年第 7 期。

一、初进交行:官股董事

1927 年南京国民政府成立之后,由于内战频仍及派系斗争,军政支出过于庞大,因而急欲统制全国金融,巩固统治基础。而当时最有实力两大银行——中国银行和交通银行,则首当其冲,成了南京国民政府改组的目标,这促成了唐寿民与交通银行一段纷杂曲折的历史。

1928 年 11 月,国民政府颁布新交通银行条例规定。定交行董事为十五人,其中三人由财政部指派,其余十二人由股东总会选任。国民政府实际上是想借机"掺沙子",将亲信安插进入交行。唐寿民由于与当时的财政部长宋子文过从甚密,因此被财政部"放心地"安排进了交行董事会。

唐寿民缘何与宋子文相识? 1926 年,国民革命军抵达武汉后,军政开支浩繁,蒋介石求救于江浙资产阶级,但是精明的银行家们都作壁上观,迟迟不肯伸出援手。时任广州政府财政部长的宋子文在武汉召开几次银行家会议筹集款项,也被各种理由婉拒。正当宋无计可施,一筹莫展之际,上海商业储蓄银行汉口分行经理唐寿民主动面见宋子文,以自家银行名义认购 15 万公债,其他银行家见状也只得一一照认。但唐却暗中与宋子文相商,只认购了 10 万元,其他各行却被蒙在鼓里,按原定数额分摊认购。[①] 唐寿民一里一外,替宋子文募集了约 100 万元巨款,解了燃眉之急,由此也建立了密切的私人关系。所以在 1928 年国民政府改组交行时,宋子文首先想到的就是唐寿民,并自作主张将其安排成交行官股董事,而唐事先竟毫不知晓。

1928 年 12 月某日,唐寿民突然收到交行行伍总会的与会通

---

① 邢建榕:《民国银行家唐寿民的一生》(上),《档案与史学》2003 年第 2 期。

知。因为他与交行素无来往，事先又没有任何消息，所以不明就里，一头雾水。次日清晨，唐寿民前往财政部拜访宋子文打探内情。宋开口就问："何以不去交行出席会议？"唐寿民只得如实回答："昨夜始接通知，不知底细。"宋子文笑道："你是交行官股董事，现在开会时间已到，请先去开会，会后再谈。"就这样，唐寿民"糊里糊涂"成为交行官股董事①。

会后，宋子文才向唐寿民补述此事来龙去脉。原来交行本次改组，财政部在宋子文授意下，早就内定顾立仁、徐寄顾和唐寿民三人为官股董事，但当时有人反映说唐寿民有"颜色"（指由汉口而来，有亲共嫌疑）。宋子文闻言大怒：唐某对政府中人都不认识，只认识我宋某，如果说唐"颜色"不对，何不说我颜色不对？②虽有宋子文力保，但唐出任交行官股董事一事还是被耽搁下来，而官股董事缺人，行务总会便无法召开。交行为此屡催财政部补派，此时宋子文却迟迟不肯发话，实际上是想后发制人，跟交行耗耐心。直到开会前夕，交行高层无法再拖，董事长卢学溥与总经理胡祖同一起出面相商，最终同意派唐为官股董事，但事前未及通知唐本人。

其实宋子文原本想"一步到位"，把唐寿民安排为总经理。但欲速则不达，唐寿民非但没有成为总经理，甚至连常务董事会都没有进去。因为在 1928 年，交行完全处在势力强大的江浙财团控制之下，③绝大部分股东都是来自江浙籍的金融人士，彼此串联一

---

① 《唐寿民回忆录》，1962 年 2 月 25 日，交通银行馆藏档案，档号：Y48。

② 《唐寿民回忆录》，1962 年 2 月 25 日。

③ 实际上，江浙势力早在 1922 年张謇、钱新之主持交行时期，就已开始进入交行的领导层，中国人民银行上海市分行金融研究室：《交通银行简史》，交通银行档案馆藏，第 15 页；根据在中国的一家日本经济研究机构的看法，江浙财团的核心由六人组成，即虞洽卿、李铭、张嘉璈、钱新之、秦润卿和张静江，围绕这个核心，是 26 位"很重要的人"组成的"内圈"，唐寿民与陈光甫、周作民等名列其中，后面还有包括 44 位"重要"人物组成的"外圈"，参见邢建榕：《民国银行家唐寿民的一生》（下），《档案与史学》2003 年第 2 期。

气、互为声援,形成一个紧密的团体。如卢学溥、钱新之、胡祖同等都是其中翘楚。唐民虽祖籍江苏,但毕竟是以政府指派人的身份进入交行,资历尚浅,自然会受到抵制。最终在一番明争暗斗之后,卢学溥被财政部指派为交行董事长,胡祖同当选为总经理。而作为平衡各方斗争的结果,唐寿民被改任为交行上海分行经理。当然,此番过程也是一波三折。

二、崭露头角:沪行经理

20 世纪 20 年代,沪行在整个交行分支行系统当中,具有举足轻重的地位。当时社会上有交行"外重内轻"的说法,大意为沪行根基雄厚,总经理若不兼沪行经理,等于"空心大老官",没有实际权力。所以,沪行经理一职成了交行权力争夺的关键。

而国民政府在 1928 年对交行改组时,表面上由董事会决议胡祖同为常务董事兼任总经理,实际上已经开始酝酿摘去胡的实权,遏制江浙金融集团的势力。在这种情况之下,沪行经理的位子无疑更具有导向性意义,围绕于此的明争暗斗可谓是波澜诡谲。

钱新之、王子崧等交行元老极力怂恿胡祖同力争此位,李馥荪、陈光甫及张嘉璈等金融界精英也纷纷表态支持。胡祖同受到鼓动,认为于己有利,意气之下坚持要兼任沪行经理,并且在行务总会召开第二天,便以拒绝就任总经理之职要挟国民政府,交行上下一时陷入僵局。

当时除了胡祖同之外,李承翼和陈赢生也在积极谋取沪行经理一职。其中陈赢生尤为活跃,到处奔走打招呼,当时传闻他已经得到卢学溥默许,且有了财政部的支持,因而颇有志在必得的自信,甚至已经印好经理名片准备发放,但总行却死死卡住,不予审核通过。表面上是胡祖同反对,暗中则是钱新之等江浙财团势力的阻挠。这样,双方的矛盾斗争逐渐公开化,由胡、陈内斗升级到了江浙集团和财政部的对峙。

董事长卢学溥看到僵局相持不下，深知斗争必将给交行造成巨大损失，因而四处奔走劝解各方，甚至痛哭流涕劝说胡祖同放弃成见，接受财政部的意向，让陈赢生就任沪行经理。但此时各方已是骑虎难下，而且执念太深，难以和解，导致局面进一步恶化。最后财政部发出通牒，非派沪行经理不可，否则全体董事辞职。

在万般无奈之际，卢学溥突然想到了一个折衷办法——令唐寿民担任沪行经理。因为唐寿民之前与交行并无渊源，现在又是官股代表，使其任职可以有效平衡交行内部以及与国民政府之间的矛盾，也易于为各方所接受。所以卢学溥立即向各方游说，取得了陈光甫、李馥荪、张嘉璈、徐寄庼等人的支持，最后连国华董事长邹敏初也被成功说服，同意唐寿民兼任交行沪行经理。这时胡祖同才不得不表示屈服，同意卢的建议。

不久之后，卢、胡二人便联袂拜访唐寿民，开门见山道：本行改组后沪行经理现尚虚席，特来奉请以官股董事兼任此席。唐寿民以国华银行初创，实难轻离为由推辞不肯。二人离去后，徐寄庼、张嘉璈、陈光甫、李馥荪等一大批"说客"相率来劝就，也均被唐寿民辞谢。其实唐寿民内心已经有所活动，但是不经宋子文发话，不敢贸然造次。所以劝退众人后，他直奔财政部请示意见。宋子文先打官腔，表示财政部不过问交行内部斗争，但又直截了当地告诉他："今既请你兼任，也是解决问题之一，请你能担任也好。"[1]

取得了宋子文的首肯后，唐寿民立即四处奔走拉关系，为赴任沪行经理做准备。他首先拜会中国银行的大当家张嘉璈，取得了中交两行合作的承诺。之后再恳请宋子文的中央银行扶助。在一切妥当之后，他才向胡祖同表示接受沪行经理一职，但同时提出了两项要求：一是因负有发展国华银行的重任，兼职交行沪行经理后

---

[1] 《唐寿民回忆录》，1962 年 2 月 25 日。

不能经常在行办事,每天只能到行两小时,因此请胡祖同就沪行副理中指定一人,代为执行经理职务;二是希望在六个月以后,交行另外选人接替。万般无奈的胡祖同也只得接受,沪行经理之争始告一段落。①

交行沪行在唐的领导下,业务以稳健为宗旨,收效甚宏。历年积欠逐渐得到清理,存款数目日益渐增。总行对其大为赞扬:"营业前途正未可限量也。"②唐寿民在沪行的不俗的业绩,为他后来入主交行奠定了坚实的基础。而国民政府方面在经历了此次风波之后,也深感交行内部江浙财团势力的强大,非经彻底改组不能掌控,于是在 1933 年对交行再次动刀,指派胡笔江任董事长,唐寿民任总经理兼业务部经理,胡祖同、卢学溥被迫辞职。交行的独立地位自此大为削弱,③"可以说国民党政府完全霸占了交通(银行)全部人事、业务组织。原有人事上、组织上已根本摧毁",④交行的发展进入了一个新阶段,这也是唐寿民银行生涯最辉煌的一个阶段。

三、大权独揽:交行总经理

1933 年,唐寿民入主交行,以及胡祖同、卢学溥被逼辞职,完全是国民政府一手策划的结果。是年 3 月,财政部长宋子文兼中央银行总裁时,曾转给胡笔江的一封密电,称"一切仍照原定计划进行,请转告寿民、孟嘉(胡祖同字孟嘉)"。⑤4 月,交行即行改组,

---

① 根据《潘仲麟先生访问记录》(1961 年 3 月 24 日)、《陈子培访问记录》(1962 年 4 月 11 日、5 月 25 日),以及《唐寿民回忆录》(1962 年 2 月 25 日)整理而成,交通银行馆藏档案,档号:Y48。

② 《交通银行民国十八年份营业状况》,《银行周报》14 卷 18 号,1930 年 5 月 20 日。

③ 徐锋华:《交通银行的官方改组和角色定位》,《东方早报》2015 年 8 月 18 日。

④ 《潘仲麟访问记录》,1961 年 3 月 24 日。

⑤ 洪葭管主编:《中央银行史料(1928.11~1949.5)》上卷,北京:中国金融出版社,2005 年,第 43 页。

可见国民政府变更交行股本，攫取控制权的密谋，在当时就已经酝酿成熟了。

1933 年 4 月 6 日，交行召集第二十二届常务股东总会，改选钱新之、唐寿民、胡祖同、胡笔江等十二人为商股董事，由财政部指派三人为官股董事。新董事会成立后，互选钱新之、胡祖同、唐寿民、胡笔江、陈行五人为常务董事，定唐寿民为总经理，胡笔江为董事长，卢学溥、胡祖同卸职，唐寿民正式入主交行。

唐寿民任职总经理后，采取了一系列措施，加强了个人集权。他通过董事会作出决定：(1)改交行总处为总行，撤销发行总库和上海分行，建立总行发行部和业务部，唐寿民自兼业务部经理；(2)将各分行头寸集中总行统一调度运用，优给利息。全行公债证券，统一由总行业务部经营。①这样，除稽核各行业务外，总行可直接统制各行，交通银行的管理大权和业务大权，就集中到总经理唐寿民手中了。②

唐寿民以交行总经理身份兼任业务部经理，不容许旁人插手，很快拉拢起一批亲信。如业务部副经理张佩绅，原为中央银行业务局副局长，是唐手下得力助手，其后随唐同进交行，继续"效忠"。张先在稽核处任副处长，不久继任业务部副经理。唐寿民虽喜欢揽权，但为拉拢张，也忍痛割爱将业务部经理之位让与张佩绅。③再如当时交行秘书陈子培，平时独居一间房间，很少与人会面，但是陈无论听到什么人讲话都报告给唐寿民，被目为唐寿民的特务、

① 杭斯：《解放前国民党政府对交通银行的两次改组》，《新金融》1995 年第 10 期。
② 《张叔毅访问记录》，1961 年 4 月 25 日，《交通银行馆藏档案》，档号：Y48。
③ 后来唐寿民失足"落水"，也不忘将张带在身边，据曾在交行任职，且为张佩绅下属的袁愈佺回忆："唐决定担任商统会理事长后立即派他的亲信、前交通银行总行业务部经理张佩绅来和笔者商议组织商统会的具体方案。"详见袁愈佺：《日本加强掠夺华中战略物资炮制"商统会"的经过》，黄美真编：《伪廷幽影录——对汪伪政权的回忆》，东方出版社 2010 年版，第 183 页。

暗探,人人避而远之。①

唐寿民办事果断,但却往往独断专行、刚愎自用,"是个好大喜功的野心家"②。陈光甫曾描述唐"受人家拍马屁"、"不安于位"、"无法无经"等③。这段时期的唐寿民"踌躇满志、气势逼人,也确是实情",据知情者回忆,当时"周作民、谈荔孙等一些原先看不起他的人,现在都反过来拍他的马屁了。有一段时间,他是少数几个可以直接见蒋的红人之一,连张嘉璈也略逊一筹"④。所谓物极必反,唐寿民虽极尽一时之风光,但其好出风头、骄气十足的个性为他最终的失势埋下了伏笔。

四、大刀阔斧:打破内部人事结构

1935 年,国民政府对中、交两行强行增资改组。两行同样增加官股、增派官股董事,同样改总理制为董事长制(交行于次年改为董事长制),交行"总裁唐寿民、董事长胡筠都是孔所满意的人物,继续任职",而中国银行的董事长、总经理均被逼下台。原中国银行董事长张嘉璈在董事会上不无感慨地说:"交行人事未予更动。显见其中尚有人事关系。"⑤

张嘉璈所言并不确切,他只看到交行没有变更董事长和总经理的表面现象,没有注意到自 1933 年起,唐寿民对交行"大换血"

---

① 《潘仲麟访问记录》,1961 年 3 月 24 日。

② 袁愈佺:《日汪勾结掠夺中国资源概述》,《伪廷幽影录——对汪伪政权的回忆》,第 146~147 页。

③ 上海市档案馆编,邢建榕、李培德编注:《陈光甫日记》,上海书店出版社 2002年版,第 38 页。

④ 邢建榕:《民国银行家唐寿民的一生》(上)。

⑤ 中国银行总行、中国第二历史档案馆合编:《中国银行行史资料汇编》上编(1912~1949),第一册,档案出版社,1991 年,第 383 页。

的事实。只是这种大规模的人事变更集中于中下层,比如大量提升和拔擢办事员或会计员等低职务人员,处分中级职务人员等,这些变动虽不如高层动态那般引人注目,却能更加真实地反映交行转轨的历程。其中两点颇引人注意:一是大量新进力量得到提升,1935年第二次改组到1936年之间,人事上出现大规模的调职和改派(且改派绝大部分为试用员);二是1935年改组之际,交行整顿行员力度突然加大,其停职、辞退、解职、开除职员人数均达到顶峰。①不难看出,其实唐寿民早就从底层着手,"清洗"交行旧有势力了。

在"清洗"的同时,唐寿民也能够根据员工能力,适时培植起一批新生力量。在这一时期内,大量"不起眼"的小员工得到提升,进入交行各个部门,在短时间内实现了对交行的完全掌控。从1933年到1936年短短3年时间,就有五十多名办事员或营业员等下层职员得到提升,其中得以大幅度拔擢者亦不在少数,如不少办事员或营业员直接提升为分支行副理、襄理。这固然体现出国民政府对交行"彻底"改组,清除原有势力之决心,但另一方面也表明唐寿民、胡笔江时期的交行,大致能做到"用人严加甄别,善为培养"的原则。②

除了拔擢起用新生力量之外,唐寿民在政府的强力支持下,对交行的中下级别领导亦进行了一番声势不小的整顿。1935年是人事最为动荡的一年,人事处分最多,表明改组确实对交行的中下级人事构成产生了较大影响。值得注意的是,唐寿民此番整顿极其注重策略,采取的是刚柔并济的手法,而并非一概打压。一方面,对于犯有重大过失的中下级领导,唐寿民的处理手段极为强

---

① 《交通银行行务会议纪录汇编·人事》,1933~1936年,交通银行馆藏档案,档号:Y35。

② 唐寿民1933年4月21日行务会议上通告:"用人宜严加甄别,善为培养",见《交通银行史料》第一卷(1907~1949),上册,第281页。

硬,大有"杀鸡儆猴"之意,而其目的则在于整顿旧有势力,树立新行风。譬如,对于经济舞弊、公款挪用等行为的处理毫不手软,多开除永不录用,甚或送交司法机关追究,比如 1933～1935 年交行对站、烟、宁、兰四大侵占行款案的处理,惩处力度极大,丝毫不假人颜色①;另一方面,对一些并无明显工作过失,但能力稍有不足的中下层领导,则以"精力稍衰""办事无方"等笼统的理由调回总行(甚至有的人没有任何原因即被调归总行另候任用),给予闲职加以安抚。事实证明,唐寿民这种从中下层入手的整顿手段极为明智,不仅达到了培植新生力量的目标,而且很快树立起个权威,在很大程度上扭转了交行行风。下层机构的整顿和改组,也为交行三十年代业务的腾飞奠定了坚实的基础。

五、与时俱进:"整旧营新"体系的形成

唐寿民上任以后,针对交行现状,并结合时代形势,确立并不断完善了"整旧营新"的发展理念,成为三十年代指导交行发展的新思维。所谓整旧,广义上是指改革旧有业务,增进办事效率。狭义上是指整理旧欠旧账,清理账面。"营新"则主要是指革新内部行务制度,业务上推陈出新。唐寿民特意强调,整旧营新必须注重兼筹并顾,分途并进而不可偏废其一。

"整旧营新"的提出是在 1933 年,最初并不是一个独立的体系。彼时唐寿民刚到行视事不久,他根据交行现状提出了几点意见,内容涉及储蓄、发行、用人及经费开支等多个方面,主旨在于突破旧日瓶颈,进入新的发展阶段,而"整旧营新"则是其中首要一条。当时所谓的"整旧"即为整理旧账,"营新"则是指业务方面注

---

①　详细经过见:《行务会议纪录汇编(1933～1936 年)》,《人事》,交通银行馆藏档案,档号:Y35。

重投资安全,切实起到扶助实业的作用。①

经过一年多的实践,交行在发行、人事、开支等方面都取得了较大的进步。1934年,唐寿民总结一年以来的工作成绩:"对于本行内部事务如并合总处与沪行库部改组总行、变更发行管理组织、改订分支行管辖范围及系统增设重要各地分支机关、取销沪属统账、改订行员存款等。凡人事上所可致力之处无不悉力迈进,以求本行之前途光大。"②

1934年,为切实了解各地实情,唐寿民亲往鲁、燕、豫、鄂各省分支行及西北晋、陕各地从事考察,历经四十余日,对各行有了更加切实的了解,也促使他加快了革新步伐,进一步丰富和完善了"整旧营新"理念。他在1934年7月将上年的几点意见归结升华为四个方面:

1. 业务方面

提倡与时俱进,不能因循旧章,而要时时保持危机意识和革新理念,改革规章制度和营业方式。处理业务则必须深入研究,做好规划,不可事事盲从,步人后尘。"以对外发展为要图、对内盘剥为切戒,使各分支行和衷共济相互为用,扫除内部纠纷,共谋外来之利益。"③此外,唐寿民还对交行以往业务上的不良行风提出了严厉批评,比如"喜与官府往还,为无关业务之酬酢,不在商业实业上谋接近、求出路","依赖一部分库债券投资以为便,尽营业能事于工商业押款,汇款完全忽略"等,凡此种种均应加以省察,迅谋转变。

---

① 《唐总经理对于本行业务及各项行政之计划》,《交行通信》第二卷第八号,1933年4月30日,第2~4页。

② 《唐总经理告全体同人书》,《交行通信》第五卷第一号,1934年7月31日,第1页。

③ 《通告各行库部力图对外发展切戒对内盘剥》,《行务纪录汇编(1933~1936年)》,《人事》,交通银行馆藏档案,档号:Y35。

2. 发行方面

唐寿民极为重视交行的发行地位,强调发行是交行生命线之一,决不可轻易放弃,必须依赖营业发展方可著效。为切实推进发行,唐寿民又对交行行库分立的局面进行了改革,裁撤掉鲁烟等库专任经理,设置集中库,取消联行长期领用,并拟定了沪券发行利益支配办法,弥补了发行弊端。

3. 人事方面

向来是唐寿民重点关注的地方,他尤其注重行员个人素质的培养和良好行风的树立。唐寿民对于行员素质的关切,几乎到了事无巨细,都要过问的地步。他在行员个人生活作风,以及行员服务态度方面都提出了自己的建议,并强调务必同心协力,团结一致,开诚相向,安危与共。一旦发现有破坏行员团结之行为,如匿名攻讦或设计倾轧等,则必当严惩,决不缓纵。①

4. 开支方面

唐寿民要求各机关对于支出款项必须恪守定章,不可有丝毫浮滥。如有可节约之处,必须多方设计以求实现。业务上交际用费虽然难以避免,但公私界限应严格区别,不可随意支用,并且要加强核实程序,防止舞弊。为扶助国内实业,唐寿民提倡使用本国产品。督促总行稽核部加强考核,如有不遵章则、不守预算及浪费开支者,不论分支行库部,均应力予驳斥,不得随意核销②。

在经过 1934 年的完善之后,唐寿民的"整旧营新"计划给交行带来了新的生气,交行各项业务均取得了较大突破,行风也一扫先前颓废之气,全行上下呈现奋发进取的精神。1935 年以后,中国经济逐渐从白银风潮的阴影中走出,各业呈现出复苏气象。唐寿民详细研究分析了当前金融形势,在交行《1935 年营业报告》中和

---

① 《唐总经理告全体同人书》,《交行通信》,第 5~6 页。
② 同上书,第 1~7 页。

1936年行务会议上,根据交行"特种银行"的性质,指出今后交行除遵政府意旨管理准备、推行法币外,更应顺应潮流,参合国情,直接间接辅助生产,更进一步完善了其"整旧营新"的经营理念。他将交行业务重新规划,分成应当停止、加以改善和逐渐进行三个不同层次,分别开展:(1)减少信用放款,力求避免对于生产事业无关的建设借款,不可投资对于前途已无希望之事,禁止一切恶性营业竞争;(2)改善收受存款的方式,逐渐进行仓库的整理推广、运销事项,对生产事业的放款应予以优待;(3)办理重抵押业务,以调剂商业金融机关的资金,代办公司债、经募股票,以助工商事业资金之通融,代办担保制度,优待农产品出口贸易,以扭转贸易入超现象①。

至此,唐寿民的"整旧营新"计划完成了"提出—完善—再完善"三步走的程序。交行以此为指导,全行上下奋发进取,各项业务均取得了突飞猛进的进展,多项数据创下历年最高纪录,交行由此步入了1928～1937年"黄金十年期"中的最高峰。

六、精英理念:人才制度的建立和完善

唐寿民对于交行的一大贡献,就是建立了比较完善的人才招揽和行员培育体系。他认为,凡事业兴盛,全重人才;没有人才就没有事业,即使事业能够勉强维持,也不能取得长足进展。他心目中的理想人才,是一种能读书、有经验且做事有方针的"健全人才","此种健全人才,非特为本行人才,若干年后为银行界产生多少经理人才,并希望造就多少总理人才"。② 在他的主持下,总行

---

① 《二十五年行务会议唐总经理对于今后业务方针之训话》,《行务纪录汇编(1933～1936年)》,《人事》,交通银行馆藏档案,档号:Y35。

② 《唐总经理对特种试用员训话》,《交行通信》第六卷第一号,1935年1月31日,第3页。

相继制定了一系列规章制度,并且在全国高等院校广招优秀毕业生,定期举行试用员考试,加大培训力度,注重提升行员素质,务求才无所遗、人尽其才。

唐寿民对交行靠亲戚朋友介绍入行的引荐制度尤为反感,他认为此种不良制度,实为中国各种事业不能进步的重大原因之一:"我不敢说从前采用引荐制度而进来的同人多不好,但至少可以说这种引荐制度绝对的不适宜于今日之进化社会"①。所以,他在任期间对此处处加以限制,对于各方面保荐人员,他规定仍必须经过面试、试用及甄别三个程序,如考核均能合格,则予以录用,否则仍予遣退,毫不留情面。所有录用的员生,必须经过严格的训练,才能进入各部门任事。为真正实现人才的合理利用,唐寿民甚至在1936年针对当时银行界弊端丛生、阻碍优秀人才上进的"保人制度",率先提出了改革方案,即"特种现金保证办法",引起社会热烈反响②。

这一时期,交行主要通过考试及大学保送毕业生的方法来甄选行员,务必要符合唐寿民的三点标准:基本技术、专业技术和文化素养。基本技术是指银行行员必须要掌握的基本功,包括打算盘的技术、记账的经验,等等,为此交行曾特设会计训练班,加强新进行员的会计员训练。专业技术则是根据新时代发展的需求,在基本技术的基础之上,进行更深一步的训练。这是唐寿民格外重视的一点,他希望可以培养出新型的技术化专业人才。此外,行员的文化素质和修养,也是唐寿民较为关注的问题。在他看来,作为现代银行行员,更要注重平时修养、充实学识。所以在他任职期间,交行大力充实图书资源,不断更新图书室设备。图书储藏量不

---

① 《唐总经理对特种试用员训话》,《交行通信》,第2页。

② 1936年11月初,《银行周报》全文刊载这一新方案。该方案由唐寿民及其秘书兼人事科长王维因设计,包括三个方面:缴纳现金作为舞弊准备金、奖励告发者以及连带责任等,详见刘平:《耐人寻味的保人制度改良》,《上海金融报》2010年1月15日。

断增加,并依照新式图书分类法分类储藏,①制定图书室借阅规则,以方便行员借阅,提高行员素养。

在行员实习及训练等方面,唐寿民也事事关心,在会计制度及专业实习等方面提出了诸多改进建议。② 除此之外,唐还常常审阅试用员在各部处见习报告,给出指导意见。1935 年,他甚至忙里抽闲,召集全体特种试用员谈话,从行员的基本素质谈到个人的发展方向,表达了他对试用员们所寄予的殷切期望。③他常以自己为例,激励新进员工:"我的环境是毅力、奋斗、忍耐等等","诸君方出校门,不必过求急进","但是诸君的前程如何,还要看诸君的努力如何"④。

在新进行员的待遇、奖励等问题上,唐寿民主张尽量给予通融。例如,在加薪方面,他保证:"诸君能将能力充分表现,随时可以增加薪水。"他在 1934 年将行员加薪问题重加核定,"此后主管人员说他办事得力,他便可随时加薪,'天天有加,刻刻有加',这完全看你们能力如何,卖力如何"。奖励金方面:"今后当实行奖励,服务优异者,可以多得。如考核不好者,或有过失,或请假过多,可完全都没有,也说不定。"⑤

七、脚踏实地:注重实地调查

唐寿民出身于社会底层,在钱庄学徒时就养成了脚踏实地、刻苦勤奋的工作精神,在他就任交行总经理以后,这种精神仍不曾有丝毫衰减。例如,唐寿民上任伊始,即有亲赴各地考察的计划,因行

---

① 《改进人事管理》,《行务记录汇编(1933～1936 年)》,《兴革》,交通银行馆藏档案,档号:Y34。

②⑤ 《唐总经理对特种试用员训话》,《交行通信》,第 7 页。

③ 同上书,第 6～7 页。

④ 同上书,第 4 页。

务繁重一直未能成行。1934年3月,在交行股东会召开之前,唐寿民决意匀出一个月时间,先就距离上海较远的北部各行从事考察,并顺带考察西北,作为其报告的事实依据。正是这次考察,使他确定了开发西北的宏大计划,为交行的业务拓展指明了新方向。

此次实地考察,唐寿民从上海由海道出发,经过青岛、济南、天津、北平、石家庄、郑州等处,又绕道至太原、西安,最后折由汉口回沪。在途四十余日,于各地各行考察颇为细致,回沪后写成详细考察报告,认真分析了各地优势与不足,而且力求与当地政治气候相结合。①统观北方全局,唐寿民其实唯一看中的就是西北地区的棉业发展。他对陕西省棉花产业作了详细的调查,估计到将来陕豫两地种棉区域必将扩大,棉产量也将与之俱增,他甚至从棉花品种到种植方式,都给出了建议。

基于棉业发展的紧迫性,加之交行发展全国实业的使命,唐寿民回沪后立即制定了开发西北计划,将西安定位为西北开发的中心城市,要求交行在资金和技术上对其进行援助和指导。在具体开发上,以郑州为起点,依次向灵宝、潼关、渭南、西安等处推进,并限期成立分支机关。经营放款方面,暂时先注重于棉麦两项,以专营为目标,务求取得实效。而且要加强同业联合,组织有力的投资团体,共同开发。他尤其强调同业联合一致,作大规模投资计划,并于所有棉麦集合地点广设分支机关,联为一体。此外还要多办棉麦堆栈,承做押款汇款,对当地进行经济上的援助。唐寿民指示,总行亟应物色专家,扩充必要设备,集合资金力量,领导各行一致努力开发棉业。关于筹设公栈和联合投资计划,则非一行所能独办,应当斟酌各地情形次第商筹,以促其最终成功②。以上各分

---

① 《唐总经理视察北部各行行务纪略》,《交行通信》第五卷第一号,1934年7月31日。

② 同上书,第12页。

支机构自开办以来,有关棉花业务,如棉花押款、棉票买汇以及打包厂收条押款等,逐年有所增进,西北金融形势因此得以松动,交行业务也大为拓展,经济效益显著提高。

八、江湖戾气:唐胡相争

1935 年,国民政府对交行强行增资改组,实现了真正的控制。交行由此获得了国家银行的种种特权,在三十年代实现了业务上的腾飞。但是另一方面,由于唐寿民与胡笔江过多地卷入政府事务,加上两人在个人性格、利益等方面的冲突,导致双方在交行内部拉帮结派、相互内斗,对交行的发展产生了极大的影响。

唐寿民自幼闯荡社会,身上有一股"江湖气":"为人骠气十足,大权独揽",且讲究派头,[1]爱出风头,办事果敢,也能慷慨救人于急难之中。[2]用他身边人的话讲,唐寿民性子有点"野",天大的事也敢先斩后奏,个性很强,似乎什么人都看不起。胡笔江当上交行总经理了,他仍唤之"胡二"。对国民党财政部的一班人,除了宋子文他奈何不得,其他什么陈行、徐堪之类,他统统看不起。[3]这与胡笔江圆滑处事、八面玲珑的作风格格不入。据交行员工回忆,胡在初任董事长之时,不大问事,与唐相处尚好。但是,唐寿民揽权太甚,最终与胡笔江闹翻。

据张叔毅回忆:"唐寿民当总经理后,就想揽权,关照同事遇事

---

[1] 《潘仲麟访问记录》,1961 年 3 月 24 日。

[2] 例如,唐在上海银行时,乾丰润钱庄因经营不善倒闭,欠上海银行五万元,老板含恨自杀,唐寿民当即免去该钱庄两万元欠款,此举引发陈光甫极度不快;再如 1934年,荣宗敬的申新七厂陷入资金绝境,在各大银行纷纷观望、举棋不定的情况下,唐寿民毅然与之签约,给以资金援助,申新七厂得以保全。后来唐落魄时,荣宗敬同事吴昆生尚不忘旧情,数度接济他。详见:邢建榕:《民国银行家唐寿民的一生》(上)、孙曜东口述,宋露霞整理:《唐寿民——一把阳伞撑出来的银行家》。

[3] 孙曜东口述,宋露霞整理:《唐寿民——一把阳伞撑出来的银行家》。

要同他接洽,因为他肯负责处理。公文先送唐批办,后送胡笔江阅洽,有时关于临时发生的事件,外边已经流传,胡因尚未据报,没有知道。"①两人的关系逐渐产生了裂痕。另一方面,交行依托政府之力取得飞速发展,发行及存款数字上升甚快,局面逐渐打开。唐寿民本人信心大增,又渐渐不满于宋子文等人的干预,更不甘心处处居于中国银行之下,有意"自力更生"。据陈子培回忆,当时"唐认为交行已可独立,业务上不再像以前以小弟弟自居,处处跟着中国(银行)走,这自然要引起宋对唐的不满,而唐也逐渐失去了宋的信任"②。

胡、唐二人起先均为宋子文亲信,而且唐寿民"完全是宋子文一人提拔起来",此时却与宋子文产生矛盾,等于失去了政治靠山。相形之下,胡笔江与宋子文却走得越来越近。

胡笔江自清末就进入交行,其后又兼任中南银行总经理,根基深厚,人脉丰沛,与宋子文关系也远在唐寿民之上③。胡初任董事长时,表面上尊重唐寿民,实际上内心颇有不甘。如今见到有机可趁,遂极力巴结宋子文,"送汽车、送房子,有一次宋有病,胡陪同中医去诊视,并把药煎好,亲自送去。这样的巴结,当然得到了宋的欢心"④。

宋子文的支持,使得唐、胡之间的天平毫无悬念地倾向了后者,斗争最终在1936年以胡笔江的大获全胜而告终,而唐寿民竟因一字之易被取消了实权。

1935年,国民政府对中交两行增资改组后,交行于翌年4月召开股东大会,将原章程规定的总经理"商承董事会,综理全行行务",改为"秉承董事会,综理全行行务",⑤由总经理制变成董事长

---

① 《张叔毅访问记录》,1961年4月25日。

②④ 《陈子培访问记录》,1962年4月11日、5月25日。

③⑤ 邢建榕:《民国银行家唐寿民的一生》(上)。

制,一字之易就把唐寿民的实权取消掉了,行务从此由胡笔江主持,"一切公文及重要事项先与接洽,直接批办"①。胡掌权后,立即在董事长的办公室内设一长桌,专为常务董事开会之用,经常三五天开一次会。

唐寿民失去了宋子文的信任,想另辟途径拉拢新任财政部长孔祥熙,对孔格外亲近。但是胡笔江更胜一筹,提前一步把孔祥熙争取了过来。他明目张胆地"拉关系、走后门",在新选商股董事中将孔祥熙长子孔令侃和宋霭龄干儿子盛昇颐两人添加进来,导致钱新之愤而退出常务董事会。胡笔江则一不做二不休,干脆利用钱卸任后的空缺,将孔、盛直接推上常务董事的席位。同时,胡笔江也下大力气清除唐寿民势力,在各部门安插自己的亲信。胡先将自己的旧部吴锡嘉调任董事长室秘书,交行三类公事均由吴锡嘉先看,再送董事长胡笔江批阅。不久后,胡笔江授意吴锡嘉代他向唐寿民索取总经理公章,理由是现在对外由董事长行文,总经理公章应封存。据亲历者陈子培回忆,唐寿民当时"气得不得了",称胡笔江此番做法"未免太令人难堪了",但又无可奈何,只得忍气吞声,表示"就是铁弹子我也要吞下去"②。

"取帅印"之后,胡笔江又以放款收取暗息、勾结西北棉商舞弊等因由,将唐寿民最得力亲信——业务部经理张佩绅换掉,由庄叔豪替代,从此将唐的业务指挥权也剥夺了。至此,唐在交行的大权几乎被剥落无遗,用潘仲麟的话说,唐寿民"仅仅阔了一二年"③,其在行内及社会上的个人影响力也逐渐黯淡了下去。1938年唐寿民在香港时,"虽然挂着总经理的职务,但其权力在交行的确已经有限,以致连国外往来户的签字权都没有"④。

---

① 《张叔毅访问记录》,1961年4月25日。
② 《陈子培访问记录》,1962年4月11日、5月25日。
③ 《潘仲麟访问记录》,1961年3月24日。
④ 邢建榕:《民国银行家唐寿民的一生》(上)。

九、失足成恨:被俘与落水

1937 年抗日战争全面爆发后,交行总管理处奉国民政府之命内迁,一部分机构与人员经汉口迁往重庆,但重要部门和管理人员多迁往香港,由此形成特殊的二元格局,总管理处名义上在重庆,而经营管理的实际重心却在香港。董事长胡笔江离沪后直接赴港,继任的钱新之多半时间也在香港,总经理唐寿民则数年间始终常驻香港,从未去过重庆。①

太平洋战争爆发前夕,唐寿民对战事的发展有所预感,多次向重庆请示应变措施。然而总管理处一直未有明确指示,直至 1941 年 12 月 7 日,钱新之发给交行驻港机构的密电仍叮嘱保持镇定,不必多虑。②翌日,日军偷袭珍珠港,太平洋战争爆发,形势急转直下。钱新之于 8、9、10、12 日连续急电香港,要求将票版、钞券等紧急转运,必要时予以销毁,重要人员和文件尽快内迁。此后,渝、港之间的电讯中断,无法再通消息。仓促之间港行根本无法切实执行指令,除销毁票版和部分钞券外,人员和文件的内迁转移已无从谈起。③

12 月 8 日,日军进逼九龙,截断与香港本岛的轮渡。唐寿民被困在九龙家中,只能通过电话向港岛的交行总部发出指令,将"所属库存之巨量兑换券及公债连夜截角打洞,不令落于敌手"。④13 日,九龙半岛被日军完全占领。九龙陷落之前,重庆的国民政

---

①　《交通银行史料》第一卷,上册,第 100~101 页。

②　同上书,下册,第 971 页。

③　《港变应急纪实》1941·12~1942 年,交通银行馆藏档案,档号:Y47;《交通银行史料》第一卷,下册,第 1675 页。

④　袁良关于"唐寿民被俘来沪迫任伪交行及伪商统会事之经过"的叙述》,石磊选编:《审判唐寿民档案》,《档案与史学》1997 年第 5 期。

府曾连续派遣多班飞机接运滞留香港的重要人士,据说最初的接运名单中有唐寿民,钱新之 9 日给唐寿民的急电中也有"嘱即安排港总处事务,即晚去渝"之语。①但不知因何缘故,接运人员未能与其取得联系,唐始终未被接走。②

21 日,唐寿民被日本宪兵俘获,被押往香港酒店监禁,"自是与外界完全隔绝,虽餐食无缺,而行止限于斗室,不能稍越雷池"③。日军曾取来纸笔逼他发表对"和平"的感想,他义正词严地回绝:"不平则鸣,强迫是不平,侵略也是不平,如此不平,实无和平可言。"在极端的郁闷和绝望中,他曾万念俱灰,想一死了之。与他一同被囚的李思浩后来回忆说,唐"时痛愤交集,恒思跃出楼窗,了此生命",但他破窗跳楼时,却恰被看守发现,及时制止,否则他可能已成为舍生取义的烈士,不再有日后的故事。唐寿民后来对人说起此事,仍叹息不已:"是命也夫!"④

1942 年 4 月,在香港被囚禁了百余日的唐寿民等人被日军押送回沪,在华懋公寓软禁一段时间后,才分别释放回家,但"晤客交谈,仍受限制",⑤日军不准他与外界联络,不准随意外出,必须随传随到。其实日军将唐寿民押回上海,有着更为险恶的利用目的。

---

① 《交通银行史料》第一卷,下册,第 1675 页。
② 唐寿民是否接到离港通知,或接到后为何未能离港,目前尚属一谜案。有关记载也不尽相同,例如交行总行杭斯认为"钱新之接连数次发电催促唐寿民离港赴渝,唐按兵不动",《抗日战争初期交行的机构和人事变迁》,《新金融》1995 年第 12 期;邢建榕认为是重庆派来的飞机,"毫不理会他,却将滞港的重庆系人物一批批陆续接走",《民国银行家唐寿民的一生》(下);据唐寿民自叙:"乃事发之日,董事长钱公因事赴渝,余则不及避脱,留当其冲",《唐寿民自叙"办理交通复业与参加商统会之经过"》,《审判唐寿民档案》,《档案与史学》1997 年第 5 期;上海社院经济研究所李一翔认为,唐寿民未被接走"这件事可能是促使其回沪后积极筹组交通银行复业的一个直接动因",李一翔:《论抗战时期的上海银行家》,《上海党史研究》1995 年第 1 期。
③⑤ 《唐寿民自叙"办理交通复业与参加商统会之经过"》,《审判唐寿民档案》。
④ 参见邢建榕:《民国银行家唐寿民的一生》(下)。

为实现"以战养战"的目的,支持长期侵略战争,日本在控制了上海地区的金融业之后,马上进行了清理、接收工作,随后又选定了中国银行交通银行两行予以复业。一方面企图操纵并利用两行辅助1941年成立的汪伪中央储备银行搜括战略物资,弥补占领区金融力量的不足;另一方面借助两行的良好声誉,拉拢社会各界知名人士,制造日伪统治区政治稳定、经济繁荣的假象。而身为交行总经理的唐寿民自然成了出面主持交通银行"复业"的最佳人选。

因"唐寿民对日本人和汪精卫都没有敌意",在香港时,曾对汪的"和平运动"予以资助,而且日本方面也与唐寿民多有关系,①因此,唐寿民回到上海家中后,日伪的头面人物频频造访,竭力劝说他出任伪交行董事长。包括与唐颇有交情,时任汪伪政府财政部长的周佛海也对他百般诱说。②唐寿民执意推却了好一阵,但在各方的威逼利诱、软硬兼施之下,经过数月的犹豫彷徨后,最终点头应许。

唐寿民失足落水,被人视为汉奸,固属咎由自取,但最终促使他迈出这一步确实还有一些复杂的原因。在他由港返沪后,得知各行处皆被勒令停业清理,员工生活全无着落,人心惶惶。唐"惟

---

① 王克文著,徐有威、浦建兴译:《通敌者与资本家:战时上海"物资统制"的一个侧面》,《档案与史学》1996年第2期;另据袁愈佺称,唐寿民在香港被软禁时,组织及领导者之一为日方驻香港总领事为田尻,筹备伪交行复业时,田尻已经升任为驻华使馆公使,"从而加深了田尻与唐寿民的关系",后来果然也是田尻"极力主张由唐寿民出任商统会理事长",而且早在北洋军阀段祺瑞当政时期,唐寿民因处理"西原借款"一案,与日方驻华代表上田省一往来密切,上田曾任日方驻交通银行债权人代表,是唐寿民的"老朋友",所以后来商统会成立后聘请上田担任顾问,也正是此中缘故。详见:袁愈佺:《日本加强掠夺华中战略物资炮制"商统会"的经过》,《伪廷幽影录——对汪伪政权的回忆》,第160～161页。

② 唐寿民与周佛海私交甚厚,"唐来南京总是住在周家",袁愈佺:《日本加强掠夺华中战略物资炮制"商统会"的经过》,《伪廷幽影录——对汪伪政权的回忆》,第183页。

自慨叹,瞻念前途,危惧莫名,嗣念长此旁观,殊非得计。乃约行中重员来谈,冀获维护之策"。当年 7 月,他又前往行中巡视了一番,与众员工"相对凄然"。唐寿民知道附逆"复业"的结果,但"目击数百同人悲惨之状,数千存户无以维持之苦,则又何忍独善其身",因而陷入一种矛盾的境地:"苟若牺牲一己,而仍无补无实际,则又觉宁以不置闻问之为愈。绕室旁皇,莫知所之。"①

在此期间,他曾与中国银行南京分行经理吴震修商讨,是否中、交两行一同复业,理由是"敌方意在必行,与其事后听人摆布,不如自我恢复,盖如是吾行数十年基础,或犹得保存,数百同人,亦或得免于冻饿,数千存户亦得赖以周转也"。吴震修同意两行一致行动。于是,唐寿民横下心来,"余处兹环境,虽仍觉一无把握,然终迫于责任之心驱使,乃不顾毁誉荣辱,挺身而出,为吾行及存户尽最后之微力焉"②。唐的辩解自然多有文过饰非之语③,但说曾考虑到行产的维护、员工的生计、客户的利益等因素,当有几分实情,因为他后来确实在这些方面尽了不少努力。

十、大错铸成:伪交行的成立

1942 年 7 月 8 日,日伪成立"处理交通银行、中国银行中日联合委员会",具体负责有关两行复业的一切事项。委员会的成员有日本陆海军当局,日本公使及驻上海总领事堀内干城,汪伪政府财政部长周佛海,伪中央储备银行副总裁钱大槐,原中国银行南京分行经理吴震修,原交通银行总经理唐寿民等④。

---

① ② 《唐寿民自叙"办理交通复业与参加商统会之经过"》,《审判唐寿民档案》。

③ 参见郑会欣:《唐寿民:失足落水的银行大亨》,《南方都市报》2009 年 12 月 10 日。

④ 中国银行行史编辑委员会:《中国银行行史(1912~1949 年)》,北京:中国金融出版社 1995 年版,第 588 页。

　　日伪复业委员会规定了两行的股本总额,中国银行为"新法币"(即伪中央储备银行发行的中储券)2 000万元,交通银行为"新法币"1 000万元。同时登报通告,所有两行原商股股东持有旧股票者,凡无"敌性"关系,或已与"敌方"断绝关系者,可按照二对一的比例,以旧股票换取新股票(当时伪中央储备银行规定法币与中储券的比例为2∶1)。

　　8月29日,日伪复业委员会登报发布中、交两行于9月1日起同时复业的消息,并公布汪伪政权修订的中、交两行条例。汪伪政府财政部长周佛海也发表书面声明称:"中、交两行在新机构之下,重新开业,俾能适应金融政策,以为中央储备银行之左右手,故其发达可以预卜。今两行虽无发行纸币特权,但仍为金融事业之重镇,其重要职员,又多为国内具有声望之银行家,于发展国家实业,助长生产,振兴贸易,必能有新贡献。"

　　根据日方安排,交行核定董事11人,监事5人,分别组成董事会和监事会。唐寿民为常务董事,并任董事长兼总经理,全面主持行务。经过改组的伪交通银行如期于1942年9月1日正式"复业"。其总行设在上海,下设业务部,直接从事对外业务,不再另设上海分行,原在上海的四个支行及一个仓库同时复业,直接隶属总行。

　　唐寿民虽出面主持伪交行复业,但内心始终惴惴不安,充满矛盾。他曾私下对人解释说:"交行复业,好比一家人家被盗,主人逃避,账房先生出来为主人看家,保存未被强盗拿去的财产。等主人一朝回来再行交还。"①他在董事长任上,时时将"青白乃心"四字挂在嘴边,并特别将其刻在伪交行的徽章上。②为了获得国民政府和交行管理层的谅解,他在筹备复业的过程中多次向重庆报告相

---

① 《交通银行简史》,第38～39页。
② 邢建榕:《民国银行家唐寿民的一生》(下)。

关情况,征求意见,但重庆方面始终没有回音,不置可否。

但是在伪交行正式复业后,重庆方面却很快作出反应。1942年9月9日,财政部会同四联总处通过重庆中央广播电台的广播,向沦陷区民众揭露敌伪假借交通银行和中国银行的名义为其侵华战争服务的图谋。重庆的中、交两行总管理处也发出联合公告,严正申明:"(一)自太平洋战事发生,中国、交通两行总管理处即经遵令通饬沦陷区分支行处一律停业,所称在沪及其他沦陷区开业之行处纯系假借名义,希图混淆。至谓两行总管理处由渝迁沪,更属荒谬,纯非事实;(二)中国、交通银行两行股东,应各保持立场,勿受敌伪欺骗,如有串通敌伪换取伪股情事,除将其股权取消外,并以附逆论;(三)假借名义在沪及沦陷区开业之中国、交通两伪行,一切行为及其债权、债务在法律上一律无效。"①

尽管重庆方面与复业后的伪上海交行割断了所有公开的正式的关系,但沪、渝之间仍通过秘密电台保持一定的联系,沟通某些信息。例如,一项经常联络的事宜是为重庆交行员工留沪家属拨付每月的生活费用,涉及的家庭约200余户,金额达数千元。该项拨款一直持续至抗战胜利,所留余款后全部移交重庆交行来沪的接收人员。

十一、孰是孰非:主持伪交行

唐寿民在伪交行复业后,就当时特殊环境下的经营方针提出三项基本原则:其一,保全行产;其二,维持存户利益及工厂生产;其三,维持同仁生计。关于日常业务的开展,则提出三项具体办法:第一,存款业务应注意吸收新客户,对存款进出不多、数额不大的旧客户,仍应维持联系;第二,放款业务必须重视事先的调查研

---

① 《中国银行行史(1912～1949年)》,第451页。

究,且应以押汇和贴现为主,严格控制信用放款与透支;第三,应尽可能清理并收回旧欠,注重投资新兴事业①。

　　唐寿民经营方针的主导思想,与他为复业所作的辩解——"吾行数十年基础,或犹得保存,数百同人,亦或得免于冻饿,数千存户亦得赖以周转",②显然是相吻合的。上海交行复业后,被日伪查封接收的行产均解冻返归,被侵占劫夺的黄金、证券等资产陆续收回,与客户及同业的存欠也逐渐理顺。复业一年后,唐寿民曾颇为欣慰地总结一年来的成绩:"本行复业一年以来,业务方面整旧营新诸端,悉依复业初之本旨,取稳健渐进主义。整旧则将各地资产顺序整理,债权设法收回,行产竭力保护,不但未损丝毫,且有增加,各支行亦多次第复业,恢复行誉不少。"③应该说,维护交行基业和保障存户权益这两项大体是做到的。

　　抗战胜利后,奉重庆国民政府之命从事地下情报搜集工作的袁良曾出具证明,为唐申辩:"(主持伪交行)三年之间,全部财产得以保全,即已为敌伪所占夺者亦经次第收回,所有同业及客户之存欠任其陆续理直,免受伪币贬值之损害……完全为保全各该行数十年之基业着想,似无罪行之可言。"④袁良为人以清廉公正著称,且不论其证言中对唐寿民的功过评价,但所列举的具体事实是可以相信的。

　　抗战时期的沦陷区在日伪的残暴统治下,伪交行的员工生活困苦,备尝艰辛。唐寿民在这段时间中,对员工的生活给予尽可能的关照。他不仅多次调高员工的薪金,并通过各类福利、补贴措

---

　　① 《交通银行简史》,第 39 页。

　　② 《唐寿民自叙"办理交通复业与参加商统会之经过"》,《审判唐寿民档案》。

　　③ 《唐寿民致本行同人书》(一),1943 年 9 月 30 日,交通银行档案,档号:Q55-2-248,上海市档案馆藏。

　　④ 《袁良关于"唐寿民被俘来沪迫任伪交行及伪商统会事之经过"的叙述》,《审判唐寿民档案》。

施,如子女教育贷金、子女教育补助金、特种人事贷金、团体人寿保险、福利基金储蓄金、购米借款、同人消费合作社等,给员工及其家属以实际帮助,甚至还创设行内的医疗机构,为员工治病提供方便,降低医药费用。当时行内自办的"同人消费合作社",跳过市场批发、销售环节,直接从生产厂商进货,以远低于市场零售的价格向本行员工供应粮、油、布匹等生活必需品,进货所需款项皆向行方透支,然后以销售收入在该社透支户账下抵冲欠款。唐寿民主持的总行联席会议对该社的透支要求皆给予通融,并且议决,以后该社每批进货皆可按照实需价款随时向行方申请,核准后即可垫借。

当然,唐寿民的上述措施也仅是杯水车薪,无法解决根本问题,他也开诚布公地向全体员工说明行方的难处,求得同人谅解。他在 1943 年 9 月《致本行同仁书》中说:"年来一般物价逐步高翔,同人生活备尝艰苦,虽经一再调整待遇,终难使个人收支平衡。鄙人忝主行务,无时无刻不以此萦怀,并引为深忧,故凡在可能范围以内,但能为同人设想者,则无不尽力图之。惟有迫于环境事实者,则又不得不兼顾事实与环境。"①

此一时期,为防止员工自暴自弃、消极怠工,唐寿民加强了对行风行纪的整顿力度。对上班迟到等行为严查纠正,并且严禁员工吸食鸦片:"本行同人绝对不应再有染此嗜好……希望各级主管者严行访察,如有可疑者,即予调验,果有其事,绝对不予宽容,立即开除。"唐在行内反复叮咛:"即望体念爱行即是爱己,关于爱惜行物,为行谋如何发展,如何遵守行纪,同人与同人间如何求互助合作,一切之一切在诸同人自动行之"②。

此外,唐还与国民政府在上海的地下情报人员建立联系,并在

---

① 《唐寿民致本行同人书》(一),1943 年 9 月 30 日。
② 《唐寿民致本行同人书》(二),1944 年 9 月 30 日。

行内特别设置"调查统计室",调查沦陷区的经济情报密报重庆。据说伪交行内部还有中国共产党的地下活动,唐也佯作不知,未加干涉,甚至还掩护身份暴露的地下党员,使之安全进入抗日根据地[①]。唐寿民的上述举动是为了自保而留后路,还是仍保留几分民族良心,后人已很难定论。战后受审时,袁良曾提供如下证明:"(唐寿民)特设调查统计室,专办调查沦陷区金融、经济、物资等重要事项,密报中央供参考……在沪调查敌伪经济、金融状况,材料亦多由其供给","此项工作以唐出力最多"[②]。

　　唐寿民另一大污点是出任伪全国商业统制总会理事长。虽然最初也是坚决拒绝,甚至扬言"如必勉强,非逃则死",但最终亦是经不住各方劝诱,从而更深一步陷入泥潭。[③]唐曾自辩此举是为了"争得一分是一分,做一点算一点"[④]。他在任上也确实提出了一些向日方争取权益的计划,但均无法实施,故一年又三个月后辞职[⑤]。他任伪商统会理事长期间,对伪交行业务难以兼顾,具体的

---

　　①　邢建榕:《民国银行家唐寿民的一生》(下)。

　　②　《袁良关于"唐寿民被俘来沪迫任伪交行及伪商统会事之经过"的叙述》,《审判唐寿民档案》。

　　③　《唐寿民自叙"办理交通复业与参加商统会之经过"》,见《审判唐寿民档案》。另据之前在交行任职,且与唐寿民熟识的袁愈佺回忆,唐"欣然同意出来主持'商统会'的组织工作","唐寿民对商统会理事长深感兴趣"。周佛海在1943年3月6日日记中提到:"约公博、作民、思平、寿民、震修,会商组织商业统制总会接收物资事务,约三小时。留思平、寿民便饭,并进一步商谈。作民、震修只知批评,不肯负责,令人失望;寿民颇有勇气,拟请其为会长也。"似能印证袁之说法。详见袁愈佺:《日汪勾结掠夺中国资源概述》《日本加强掠夺华中战略物资炮制"商统会"的经过》,《伪廷幽影录——对汪伪政权的回忆》,第146~147、160页;《周佛海日记》,上海人民出版社1984年版,第821页。

　　④　《唐寿民自叙"办理交通复业与参加商统会之经过"》《审判唐寿民档案》。

　　⑤　王克文认为"唐寿民的辞职不太可能仅仅是因为他和汪精卫政权发生了冲突,部分原因也是他对日本方面的表现感到失望",王克文:《通敌者与资本家:战时上海"物资统制"的一个侧面》。

经营活动多由业务部经理陈子培主持。

1945年8月15日,日本宣布无条件投降。16日,伪交行董监事会自动宣告结束。19日,重庆国民政府代表蒋伯诚通知上海交行暂时维持现状。30日,重庆交行总管理处派遣李道南等人赴沪正式接收上海交行,由日伪改组复业的伪交行至此结束①。

抗战胜利后,唐寿民因汉奸罪被起诉,1946年,上海高等法院以汉奸罪判决唐寿民无期徒刑,唐不服判决,多方申诉,经两次改判,最终被判决徒刑八年。1948年底,国民政府大赦政治犯,唐于1949年初出狱。新中国成立后,唐寿民又于1953年被法院重新起诉,在上海被管制二年,1974年病逝,结束了坎坷而传奇的一生。

(章义和　华东师范大学历史学系教授;

管夕茂　上海师范大学附属外国语中学历史教员)

---

① 《交通银行简史》,第40页。

抗战时期国民政府对民营电力的资本介入

——以重庆电力公司融资为例的考察[*]

朱海嘉

抗战时期国民政府如何加强金融监管、主导企业融资的问题，近年来学界取得了相关研究成果[①]。笔者以为，已有研究成果的关注点，一是从经济政策、经济思想演变的视角探讨国民政府逐步构建金融统制体系、强化国家资本发展的内在逻辑。二是以公司制度变迁为对象，探讨不同类型企业资本发展的总体趋势，但缺乏对战时后方国民政府向工矿企业融资活动情形及企业资本发展演变趋势作更为深入的考察。缘于此，本文以抗战前后重庆电力公

* 本文受重庆市社科规划项目(2014QNLS41)资助。感谢魏文享教授对本文修改给予的悉心指教。

① 学界相关研究的代表成果如下：李一翔：《近代银行与企业的关系(1895～1945)》，台北东大图书公司，1997年。朱英、石柏林：《近代中国经济政策演变史稿》，湖北人民出版社1998年版。张忠民：《艰难的变迁——近代中国公司制度研究》，上海社会科学院出版社2002年版。徐建生：《民国时期经济政策的沿袭与异变》，福建人民出版社2006年版。张忠民等：《近代中国社会环境与企业发展》，上海社会科学院出版社2008年版。张忠民等：《近代中国的企业、政府与社会》，上海社会科学院出版社2008年版。杜恂诚等：《中国近代国有经济思想、制度与演变》，上海人民出版社2007年版。吴太昌、武力等：《中国国家资本的历史分析》，中国社会科学出版社2012年版。朱荫贵：《试论南京政府时期国家资本股份制企业形成的途径》，《近代史研究》，2005年第5期。拙作：《危机中的责任与市场：抗战大后方"日机"轰炸与重庆电力公司的因应》，《近代史学刊》第12辑，2014年。

司融资问题为个案,探讨国民政府投融资民间资本的发展样态及历史局限。也试图回答三个基本的问题:一是以公用事业的电力企业为案例,考察战时后方国民政府金融统制政策如何在民间资本企业中得以落实。二是探析在战争环境下后方民营电企治理、发展的内在逻辑。三是阐述战时统制经济政策及其社会环境又如何制约着企业的融资活动,产生怎样的负面影响。

一

民国时期,"振兴工商"成为了经济社会发展的主题。放眼西南,在 20 世纪 30 年代,自地方军阀刘湘革除政局陈弊、实现川政统一后,对开埠口岸城市重庆展开市政建设,促进工商发展。时渝市"人口日渐稠密,商业愈趋繁盛,各种近代化的轻工业与重工业渐次发达;对电力需求日渐迫切与增多"①。在 1935 年 1 月,地方当局根据国民政府《公司法》及中央建设委员会公布《经营电气事业人之规定》办理注册立案手续,正式创立"商办重庆电力股份有限公司"②。营业要旨为"实现整顿电气事业,完成渝市繁荣之主要动力,庶形成现代化之市场雏形"③。

股权筹资是公司融资主要方式,集资"计 36 户、2 万股,200 万元"。④1937 年 5 月再"增股 50 万元"⑤。战前公司资本构成如下:

---

① 《重庆电力公司概况》,《建设周讯》,1937 年第 2 卷第 7 期,第 7 页。
② 同上书,第 8 页。
③ 《重庆电力公司一瞥》,《四川经济月刊》1937 年第 7 卷,第 5~6 期合刊,第 15 页。文后对重庆电力公司简称公司或电力公司。
④ 《关于检呈重庆电力公司设立登记文稿上四川省建设厅的呈》,重庆市档案馆藏(以下简称重档),0219-0002-00193,第 12~14 页。
⑤ 《重庆电力厂近况》,《四川月报》,1937 年第 10 卷第 2 期,第 185 页。

"公股 52 万元。系四川省政府、中国银行等投资,占资本总额的
20.8%。公私合营股 113 万元。系川康殖业银行、川盐银行、聚兴
诚银行及华西公司的投资,占资本总额的 45.6%。私股 84 万元。
计有怀疑股(股东登记存疑—笔者注)、不明股(股东登记存疑—笔
者注)、四川美丰银行、重庆银行、南开中学的投资计 67 万元,以及
股东登记股郭文钦等个人投资计 16.97 万元"。①计私股占资本总
额的 33.6%。公司投资主体多元化与当时办电促进工商经济发
展、产生效益、利益的分享性有关;采取资本社会化融资也适应了
近代中国股份公司形态的发展要求。

　　上就公司"官商"利益共生、谋求营利而言,业绩也显为可观。
一是发电量逐年递增。从 1934 年的 822 530 度增至 1937 年的
8 151 410 度,发电容量最高负荷 3 830 余千瓦②。二是取得了盈
利。根据统计,"1936 年盈余 417 104.99 元、净出金 222 475.05
元,1937 年盈余 404 154.22 元、净出金 168 495.60 元"③,1938 年
"盈余 505 784.40 元",开局良好④。

　　值得关注的是,1937 年抗战爆发,沦陷区大量人口、工矿金融
业、文化教育机构随国民政府西迁至渝。"陪都所在社会公用电

---

　　①　《重庆电力公司重估财产总结报告》,重档 0298-0001-00399,第 8 页。时刘航
琛担任川军第 21 军财政处长、四川省财政厅长、川康殖业银行董事、公司总经理等职。
怀疑股中的范邵增系川军 21 军第 4 师师长。不明股中的古耕虞系古青记商号、宁芷村
系重庆平民银行总经理。部分登记股东身份如下:郭文钦系刘相部参谋长,潘文华系
重庆市长,傅友周系重庆市公务局长、川康平民银行总经理,石体元系潘文华秘书,陈
怀先系重庆市政府财政局长,康心之担任四川银行总经理,衷玉麟担任川康殖业银行
董事。按资本构成分析,基于公私合营股份中商办银行投资较多,商股应占较大比重;
公司官商合办、商办为主的经营属性更为确切。笔者注。
　　②　《重庆电力公司 1934、1935、1936 年发电总度数比较图》,重档 0219-0002-
00003,第 3 页;及《重庆电力公司 1937 年度报告书》,重档 0219-0002-0004,第 28 页。
　　③　《重庆电力公司 1937 年度报告书》,重档 0219-0002-0004,第 31 页。
　　④　《重庆电力公司历年盈亏表》,重档 0219-0002-00116,第 124 页。

光、电热弥关重要。"①公司为适应用电需求,解决业务扩展上资金的短缺,遂向"市银钱业联合会准备委员会领用代现券 250 万元"临时济用②,却"奉重庆行营令催照所领券额限期全数缴销"③。1937 年公司召集董事会说明:"如再添新机及线路设备至少可达 900 万元以上,而现有资本仅 250 万元,实不能从容应付。"④从战事趋向看,随着日军逐步围困后方,交通受阻及资源匮乏等因素致使公司的经营成本不断上涨。如公司业务报告所云:"抗战军兴工厂内移与电力用户猛增,然材料缺乏,临时迳向外商采购外汇,但运费陡加,燃煤油料随用电字数进步,市价更空前飞涨,供电设备以及发电成本均较战前突增。"⑤且自 1938 年始日机迭次轰炸渝市,公司电力设施受损严重,用电管理秩序混乱,收益减少,进而也影响经济民生的发展。电力具有准公共产品的特征,衔接着公司经营诉求与当局所关注,两者的共存性也促进着国家资本对公司融资活动的介入。

二

抗战时期国民政府对"电气事业视为立国之命脉。凡百生产事业均利衡之"。⑥应对抗战形势,1938 年,当局颁布的《非常时期

---

① 中国第二历史档案馆:《中华民国史档案资料汇编第五辑第二编财政经济(五)》,江苏古籍出版社 1997 年版,第 245 页。

② 《关于报送重庆电力公司向重庆分处办理借款经过及支付情形、需款扩充新机情形上公司董事会的呈》,重档 0219-0002-00107,第 76 页。

③ 重庆行营即国民政府在抗战前夕控制西南设立的军政机构。笔者注。

④ 《重庆电力公司第 30 次董事会决议录》,重档 0219-0002-00321,第 17~18 页。

⑤ 《关于报送重庆电力公司运作困难情形上经济部、行政院、重庆市政府的呈》,重档 0219-0002-00024,第 151~157 页。

⑥ 胡敬修:《中国电气事业概况》,中国电业史志编辑室:《中国电业史料选编(上)》,1987 年版,第 121 页。

农矿工商管理条例》明确规定："经济部为适应非常时期之需要,经行政院核准,得将凡是战时必需之各矿业、制造军用品之各工业以及电气事业等企业,都可以根据需要,分别收归政府办理或由政府投资合办。"[①]在这一政策下,当局将电业主管机构由建设委员会改为负责全国经济行政事务的经济部管辖,以便统筹发展所需。其中,经济部工业司负责"监督全国电气事业,对于已有电厂,及应在充分适应工业需要及地方公用之原则下,充实指导,尤其重于工务之整饬与电价之调整"[②]。为支持后方民营电企的发展,经济部督令工矿调整处"负实际协助之责,尤其在供应器材、训练技工及技术指导外,对于资金之协助尤所致意,如工矿调整处不能尽量供给,亦必介绍其向四行贷款"[③]。相应,国民政府财政部代表行政院也组建国家银行(中央银行、中国银行、交通银行、中国农民银行)及两局(邮政储金汇业局、中央信托局)的金融中枢机构"四联总处"来落实金融扶植政策。该处于 1937 年 8 月核定《四行内地联合贴放办法》,在重庆等地设置四行联合贴放委员会,主要职责是将经济部的计划与决策运用国家央行的资力予以配合和协助,以谋内地金融农矿工商业资金之流通[④];综理金融之设施、经济之策划。表明当局加大了对后方企业融资的政策支持。再者"公司治理机制实际发挥作用是资本力量,本质上是资本纽带下的多元利益结合体"。[⑤]从该层面上讲,企业发展的核心是资金供给。藉

①　《中华民国史档案资料汇编第五辑第二编财政经济(五)》,江苏古籍出版社 1997 年版,第 11 页。

②　章伯锋、庄建平:《近代中国史料丛刊——抗日战争:国民政府与大后方经济》,四川大学出版社 1997 年版,第 66 页。

③　《经济部工业司关于国营民营轻重工业办理状况报告》(1943 年),《中华民国史档案资料汇编第五辑第二编财政经济(六)》,江苏古籍出版社 1997 年版,第 145~146 页。

④　黄立人:《抗战时期大后方经济史研究》,中国档案出版社 1998 年版,第 76 页。

⑤　杨勇:《近代中国公司治理——思想演变与制度变迁》,上海世纪出版集团 2008 年版,第 8 页。

此,本文亦具体阐述公司融资情形。

一种方式是借贷融资。抗战时期,"国民政府对民营事业之协助,首在资金之协助。主要由保息、补助、贷款、投资、担保借款、存货垫款或预付订金、给予奖金等七项"①。结合本文,国府在整顿川省金融秩序、收缴代现券后,由工矿调整处引导公司向重庆四联分处"请予贷款救济以作偿还之用"②。在政策之引导下,1938 年4 月公司分别"致电工矿调整处与四联总处:请委托以川盐银行、川康银行、重庆银行三行资产担保"③,及"照商业习惯保证人请求工矿调整处保证以完借款手续"④。该年 5 月 14 日,经工矿调整处审议核准:"由四联总处指定代表行中国银行与公司商订 200 万元借款合同草约"⑤,"工矿调整处作承还保证人"介入借贷法律关系⑥;并要求"自订约以后,所提数额子金及派员管理出纳稽核账目不得与四行以外之金融机关往来"⑦,若加借款项"仍可向四行

---

① 中国第二历史档案馆编:《中华民国史档案资料汇编第五辑第二编财政经济(六)》,江苏古籍出版社 1997 年版,第 281 页。

② 《关于报送重庆电力公司向重庆分处办理借款经过及支付情形、需款扩充新机情形上董事会的呈》,0219-0002-00107,第 76 页。另据工矿调整处报告:抗战爆发时重庆电力公司设备尚具规模。惟感资本过低,周转至为困难。而所领代现券又奉财政部令回。经本处协助保证,向四行借款 200 万元,以资整理债务。参阅:《中国战时首都档案文献——战时工业》,重庆出版社 2014 年版,第 6 页。

③ 《关于报送重庆电力公司向重庆分处办理借款经过及支付情形、需扩充新机情形等上董事会的呈》,重档 0219-0002-00107,第 77 页。

④ 《关于检送重庆电力公司办理担保借款手续致中中交农重庆分行贴放委员会的函》,重档 0219-0002-00107,第 20~22 页。

⑤ 《关于报送重庆电力公司向重庆分处办理借款案经过及支付情形、需扩充新机情形等上董事会的呈》,重档 0219-0002-00107,第 76~83 页。

⑥ 《关于检送与四联总处借款合约致重庆电力公司的函》,重档 0219-0002-00107,第 73 页。

⑦ 《重庆电力公司第 27 次董事会决议录》,重档 0219-0002-00321,第 8~9 页。时公司与地方川康、川盐、美丰银行仍有借贷关系,但与四行的借贷成为了融资主渠道。笔者注。

洽商,以免修改借约之烦"①。旨在强化国家金融机构贷放垄断权。公司首笔借款项目确立;然战事推进、物资尤显紧缺,其"发电所需燃煤及供电器材价格日益高涨、开支骤增实已捉襟见肘"②;对于"未到期之各项期票、合同订购之各种材料款项、先移迁川工厂用电添设之外线材料及变压器价款皆无款交付"③;乃续向四行借款解决资金的匮乏。1940 年 3 月 21 日,公司再与重庆中国银

表 1　重庆电力公司历次各项借款情形:

(1942 年 1 月 29 日重庆中国银行制)　　　单位:(万元)

借款事由	借款金额	期限	抵押品	到期年月日	已否转期
厂机押款	200 万元	3 年	厂房机器	1941 年 5 月 14 日	
厂机附加押款	100 万元	2 年	原借款押品厂机连带担保、新购机器	1942 年 3 月底	
库存材料押款	100 万元	6 个月	库存材料	1941 年 3 月 15 日	已转期 6 个月第二次转期业经总处核准手续未办
安利洋行订单押款	100 万元	6 个月	原借款押品厂机连带担保、新购机器	1941 年 8 月底	转期 6 个月
迁建设备借款	200 万元	18 个月	每度电费附加 5 分之全部收入	1943 年 2 月底	
购借材料借款	200 万元	1 年	原借款押品厂机连带担保、新购机器	1942 年 7 月 3 日	

资料来源:《关于检送各借款案清单致重庆电力公司函》,重档 0219-0002-00048,第78 页。

---

①　《关于发还借款本息致重庆电力公司的函》,重档 0219-0002-00107,第 55 页。
②　《关于重庆电力公司移装机器需款向中中交农银行借垫的公函、提案》,重档 0285-0001-00371,第 191 页。
③　《关于请再加借款上经济部工矿调整处的呈》,重档 0219-0002-00107,第157 页。

行订立"质押借款 100 万元契约"。①是年 6 月,"以库存材料抵押
向四行续借 100 万元"。②1941 年 3 月 3 日,"以厂机作质向四行押
借 100 万元",③恢复城内供电所需。是年 7 月,"以购备材料所需
向四行加借 200 万元"④。

按文本规定,"公司到期的借款本息均由重庆分处函承还保证
人经济部工矿调整处请其负责严催"⑤。实际情形却延期偿付。
例如上述"库存材料押款 100 万元转期 6 个月延至 1941 年 9 月 15
日。安利洋行订单押款 100 万元也转期 6 个月延至 1942 年 2 月
底"⑥。据统计从 1938 年 5 月至 1942 年 7 月,公司向四行"借款
共 8 项计 1 000 万元未能付清"⑦。究其原因,一是偿还金额不足。
缘于公司收益延怠致使难以如期偿付。根据 1942 年 2 月的统计,
公司应得收入的"新股 500 万元仅收足 130 万元,中央信托局兵险
余款迄未解决,1941 年轰炸受损补助费 100 万元政府尚未批准,
脱售存英发电机器 1.2 万镑未能即之动用,工厂积欠电费约 150
万元正在催收中,综上各笔款项可得 800 余万元;除去偿还短期负
债 240 万元及归垫移用补助迁建工厂款项约 200 万元外,尚存

---

① 《关于检送向中中交农行借款合同给重庆电力公司的批》,重档 0219-0002-
00048,第 152 页。

② 《重庆电力公司第 51 次董事会商讨向四行借款决议案记录》,重档 0219-0002-
00047,第 8 页。

③ 《关于拨还借款的函》,重档 0219-0002-00048,第 142 页。

④ 《关于整理重庆电力公司各项借款办法及还款情形的函、呈》,重档 0285-0001-
00373,第 277 页。

⑤ 《关于发还借款本息致重庆电力公司的函》,重档 0219-0002-00107,第 55 页。
公司借款付息须按月还本付息。另 1940 年,第一次改组后的四联总处在重庆等地设
置分支机构。笔者注。

⑥ 《关于检送各借款案清单致重庆电力公司的函》,重档 0219-0002-00048,第
78 页。

⑦ 《关于检送历次借款均由大部作保证情形致经济部的代电》,重档 0219-0002-
00048,第 53 页。

400 余万元可偿还,然全数收齐也为期甚远"①。二是借款额"入不敷出"。在 1942 年 4 月清偿既有借款项后仍有如下待付款项:"四行一、二期余款本息 3.5 万元,应付保费 43 万元,应付煤款 200 万元,填还修建需款 80 万元,派购器材含电度表、变流器 55 万元,铜线 300 万元、英缅仰光运费 52 万元、川康银行与川盐银行短借 80 万元。计 845 万元"②。说明筹措资金不足以应付业务发展所需,也难以偿还借款本息。

及至战时中期通胀加快,公司资金更显紧缺,续以扩大借贷规模以保障资金周转、适应业务所需。1942 年 5 月"向四行贷款 500 万元"。③是年 7 月 31 日"以其全部财产及新购材料为担保向四行抵借两年期限 1 000 万元契约",④用于"补充材料、扩展业务,购储燃料储备器材所需"⑤。是年 8 月 31 日"与重庆交行订立 300 万元借款合约用于第三发电厂加装锅炉保护设备及储备冷水塔主要材料所需"。⑥"是年 9 月 21 日向交行承借购料押款 2 500 万元,用于订购铜线需 660 万元、购买铅皮线与胶皮线需数十万元、洽订变压器约需 400 万元"⑦。是年 10 月 14 日"以营业月收入为抵向重庆交行订立 500 万元透支契约"。⑧需要说明的是,"自 1941 年后,

---

① 《关于限期清偿借款致中国银行的函》,重档 0219-0002-00048,第 80～82 页。1941 年底,公司新增股本 500 万元。——笔者注。

② 《关于清理历次借款致中国银行的函》,重档 0219-0002-00048,第 88 页。

③ 《重庆电力公司第 66 次董事会纪录》,重档 0219-0002-00047,第 91～92 页。

④ 《关于拨发重庆电力公司购买材料款给蒲心雅的认证书》,重档 0219-0002-00048,第 26 页。

⑤ 《关于领取借款致重庆电力公司的代电》,重档 0219-0002-00048,第 97 页。

⑥ 《交通银行重庆分行、重庆电力公司借款合约》,重档 0219-0002-00064,第 22 页。

⑦ 《重庆电力公司第 69 次董事会议报告 1942 年 8 月会计月报表、向交通银行订立透支契约等会议录》,重档 0219-0002-00047,第 164 页。

⑧ 《关于请担保向交通银行重庆分行致川康平民商业银行的函》,重档 0219-0002-000064,第 48 页。

工矿调整处对民营厂矿合于银行业务之营运资金,尽量转请四联总处贷放,其中以属于原料成品之抵押、透支性质之借款为最多"。①

就利益相关性来说,债权方四联总处对公司实施了业务监管、生产干预、抵押担保等措施,也促进了经济干预机制的落实。具体而言,一是开展业务稽查工作。在 1938 年,四行重庆分行联合贴放委员会规定:"所有敝行驻电力公司稽核人员自当按照合约所载各款尽量执行一切职权,以符合约精神。"②从稽核情况看,"稽核主管员一人(或总稽核)可超然行使职权所驻机关行政之干涉。重点对业务方针、人事变迁及经营成绩等按期呈报总处及有关分处为考核之根据"。③"代表银行派驻稽核人员阅每年均有密报,呈送四联总处极为详确,包含工务状况、营业情形、经济状况、人事变动等事项",并作出相应的评价。例如在 1941 年年底稽核公司业务状况后,认为"当年收支相抵、余额有限。兹根据下半年来会计上之收益情况估计公司电价增加后收支不过平衡。对于债款本息除前向中央、中国两行挪用迁建工程借款 200 万元已由经济部核准自 6 月起在每度电费附加 5 分以为偿还基金外恐无余力支付。对于第 1、2 次借款每月摊还三数,已一再申请展期。所期望者去年(1940 年)厂房及杆线用户设备被炸之兵险赔款约 140 万元,惟领到后不过偿还一部分而已"④。言之核查经营实况,以掌握还贷动态。二是在 1943 年,四联总处设立原料购办委员会统筹物资管

① 中国第二历史档案馆编:《中华民国史档案资料汇编第五辑第二编财政经济(六)》,凤凰出版社 1997 年版,第 284 页。

② 《关于指派稽核人员长驻公司执行职权的函》,重档 0219-0002-00107,第144 页。

③ 《中国银行重庆分行关于抄送改善稽核工作办法致》,重档 0219-0002-00107,第 159 页。

④ 《关于检送重庆电力公司稽核 1941 年度稽核年报告的函、呈》,重档 0285-0001-00374,第 350 页。第 1、2 次借款系表 1 所示:厂机押款与厂机附加押款。——笔者注。

理,也介入了对公司原料的购办。一为自购方式。该年 10 月,原料购办委员会依照公司自购计划在重庆购办之煤块 1 万吨,由其备款借购、存储并得购办委员会派员监管①。二为代购方式。在 1945 年 3 月 10 日,中央信托局购料处代购公司储煤 1 万吨共计垫款 101 405 119.1 元②。三是采取抵押制度、规避借贷风险。其一,以担保品作抵押。按双方合约规定,公司借款项须抵押担保,即"拟以现存材料作借贷款项目",③计"所有地产、厂房、机器、锅炉、变压器、电表、电杆、电线等担保项,房契、地契等文件一并送交四行以凭办理,均应办理公证手续"④。如 1940 年 1 月 20 日,公司第 47 次董事会"决议将新购机器锅炉作新借款之抵押并请四行董事协助进行"⑤;"于是年 3 月获四行 100 万元押款"。⑥其二,以财政部贴补费作抵押。在 1945 年 1 月 4 日,"双方立约 5 000 万元借款;规定本息在财政部保证核发贴补费时经央行发放、交中央银行业务局收归借款户账"⑦。是年 3 月 15 日,公司鉴于煤价续涨及月开支需 1.7 亿元方能维持之境况⑧,再以"当年 2 月至 5 月份应领财政部补贴费之未抵押部分及 6 月至 12 月份应领财政部补

---

①　《关于核查四行总处原料购办委员会与重庆电力公司合作购煤办法草案》,重档 0219-0002-00152,第 21～22 页。

②　《关于报送向四联总处请准借款三笔款项及还款方案请衡量裁夺上蒲心雅的函》,重档 0219-0002-00157,第 7 页。

③　《关于重庆电力公司以材料押借款项的呈、代电》,重档 0285-0001-00371,第 134 页。

④　《关于检送借款合约的函》,重档 0219-0002-00048,第 4 页。

⑤　《重庆电力公司第 47 次董事会决议录》,重档 0219-0002-00321,第 54 页。

⑥　《关于检送各借款案清单致重庆电力公司的函》,重档 0219-0002-00048,第 78 页。

⑦　《关于检送重庆电力公司借款合约及借款运用申明书的代电、报会、函》,重档 0285-0001-00380,第 85～88 页。

⑧　《关于核议重庆电力公司请贷周转资金案的代电》,重档 0285-0001-00380,第 144 页。

贴费全部一并作抵押向中央银行业务局借款 1.5 亿元"①。其三,以附加电费作还贷本息。如 1941 年 7 月,将"迁建机炉借款 200 万元按每度电费附加 5 分作偿债基金"②。"扣还债款 2 255 894.95 元"③。另将"第一发电厂机炉加装保护设备借款 500 万元按每度附加 1 角 5 分电费扣还债款 13 631 984.15 元及第三发电厂锅炉洞保护设备借款 300 万元附加电费扣还债款 3 280 550.04 元"④。再如 1945 年 4 月,"向重庆交行借贷 2 000 万元透支额改订增至 1 亿元的合约也明确规定按电费提取本息作还款金额"⑤。

另一种方式是股权投资。股权即股东享有权利,产生于股东的投资行为。1939 年 3 月 11 日,公司临时股东会主要事项就是讨论鉴于原有股本不敷周转、以扩张设备、扩展营业所需,决议增股集资 250 万元。按《公司法》规定先由旧股东仅先承认未足额之数计 70 万元⑥。是因筹资不足,应对外招股。公司"乃奉工矿调整处指导,召集董事会决议除由旧股友认定承认、尚余额拟请四联总处酌量参加"⑦。由此,四行投入公司股本 150 万元,以"现金支用认定股款 40%～50%、余在四联总处借款内划拨转账

---

① 《关于检送借款合约致财政部的代电》,重档 0219-0002-00024,第 62～63 页。

② 经济部据呈送向四行借款 200 万合约一份请备查,至 1942 年 2 月 28 日付借款到期应还数 600 000 元。共付本息 726 000 元。参阅:《关于准予备查向中中交农行借款合约给重庆电力公司的指令》,重档 0219-0002-000048,第 124 页。

③ 《经济部电业司关于重庆电力公司迁建第一厂及三厂锅炉保护借款已否还清及付息情形致公司的函》,重档 0219-0002-00130,第 14～15 页。

④ 《关于重庆电力公司迁建第一厂及第三厂锅炉保护借款已否还清及付息情形致公司的函》,重档 0219-0002-00130,第 13～16 页。

⑤ 《关于将重庆电力公司前向交通银行透支展期并增加其透支额的呈、函、代电》,重档 0285-0001-00380,第 178、180 页。

⑥ 《重庆电力公司临时股东会议纪录》,重档 0219-0002-00011,第 1 页。

⑦ 《关于在重庆电力公司股款内支用现金及在借款内划拨扩张设备不敷经费致重庆分处的函》,重档 0219-0002-00107,第 5 页。

的方式投入"。①另官办四川省银行投入公司股本30万元。当年公司增股250万元,总资本为500万元。到1941年年底物价攀升,公司为保全股本,升值资产5倍至2500万元,同时增加一定比例的现金投资。四行也再向公司股权投资150万元。除四行增资外,"川康银行增资158万元、川盐银行增资189万元、股东衷玉麟增资2000元"②,"增募的新股非四行确认股不能招募足额"③。表明商办银行投资股权受制于四行监管。在1942年,公司"鉴于额定股本与实收股本存在差异、新股并未如数收足,向四行借300至400万元以应收作抵股本"④,采取了以债转股的方式增资。

表2　1942年重庆电力公司主要股东和资本分析

户　　　名	股本额(万元)	所占%	户　　数
四川省政府	150	5	2户
中央银行	315	10.5	2户
中国银行	415	13.83	6户
交通银行	180	6	9户
中国农民银行	90	3	1户
四川省银行	125	4.17	5户
川康银行	438.5	14.62	22户
川盐银行	544	18.13	6户
四川美丰银行	190	6.3	4户
聚兴诚银行	130	4.3	6户

---

①　《关于在重庆电力公司股款内支用现金及在借款内划拨扩张设备不敷经费致重庆分处的函》,重档0219-0002-00107,第5页。

②　《重庆电力公司重估财产总结报告》,重档0298-0001-00399,第6~8页。

③　《关于增加股东股款额致中央银行、中国银行等函》,重档0219-0002-00285,第134页。

④　《关于限期清偿借款致中国银行的函》,重档0219-0002-00048,第80~82页。

户　名	股本额(万元)	所占%	户　数
重庆银行	112.5	3.75	17 户
中国兴业公司	25	0.83	1 户
南开中学	50	1.67	2 户
程本臧	10.6	0.35	3 户
刘世哲	8	2.67	2 户
郭文钦	10	0.33	2 户
徐次珩	2.5	0.83	5 户
刘航琛	1	0.33	1 户
康心之	1	0.33	1 户
其他 39 户	7.02	2.48	39 户
合　计	3 000	100	

资料来源:四川省电力工业志编辑室编:《四川电业志资料汇编1》,(内部刊行),1989 年,第 140、123~124 页。

表 2 显示,抗战时期四联总处、四川省银行的投资入股使得公司公股比重上升,股权结构较战前也有显著变化。据统计,在1941 年年底公司总资本为 3 000 万元,其中公股 1 285 万元,占资本总额的 42.83%[①]。

管理权是股权属性之一。因而,四联总处也以控股影响人事权,进入董事会、拥有经营管理权。在 1939 年"中国银行重庆分行经理徐广迟 20 290 权当选为公司常务董事,交通银行代表蒲心雅21 144 权、中央银行人事处长潘益民 20 464 权、中国银行重庆分行副经理王君报 20 398 权,当选为公司董事"[②]。在"1942 年 5 月1 日,重庆市长吴国桢令公司总经理职务由交行蒲心雅担任,取代

---

① 《重庆电力公司重估财产总结报告》,重档 0298-0001-00399,第 6~7 页。
② 《重庆电力公司临时股东会纪录》,重档 0219-0002-00011,第 1 页。

原总经理刘航琛"①。在"1945 年 3 月,中国农民银行重庆分行经理尹志陶当选为公司董事"②。

　　股息是股权占有重要形式。战时期间公司经营欠佳,鉴于"股票持有人已连续两年(1939、1940 年)未能领取股息"之情形,"为保付商股股息成例于 1941 年 3 月 27 日呈请经济部、财政部特准借债发给额定 8 厘股息"③,以负债股利来保障股权投资方获得相应收益。是年 5 月 1 日,经济部"核发 40 万元借债用于 1940 年度股息发放"④。据资料,中国银行享有收益股份,"收取 1940 年度股息计 5.8 万元,查照公司开给敝行抬头支票"⑤。再如"公司就1944 年度股息,经股东大会决议准许各股东依据往例借支官息8 厘"⑥。

三

　　抗战时期,"电气事业经营私人资本均不顾及此,由资源委员会专任其事,乃得后方添设许多电厂,造成重要电气事业国营之趋势"⑦。国民政府经济部与资源委员会主导了电气事业的建设,发展成效也显著。据统计,"1936 年我国西部地区的发电容量为

　　① 《关于备查蒲心雅就任重庆电力公司总经理日期给该公司的指令》,重档0219-0002-00047,第 74 页。

　　② 《重庆电力公司董监名单》,重档 0219-0002-00117,第 74 页。

　　③ 《关于请发给股息上财政部、经济部、重庆市政府的呈》,重档 0219-0002-00037,第 48～49 页。

　　④ 《关于准予核发 1940 年度股息的批、指令》,重档 0219-0002-00037,第 44 页。

　　⑤ 《关于检送 1940 年度股息收据致重庆电力公司的函》,重档 0219-0002-00285,第 124 页。

　　⑥ 《重庆电力公司第九届股东会议纪录》,重档 0296-0014-00311,第 290 页。

　　⑦ 《抗战大后方的电气事业》,《中国战时首都档案文献——战时工业》,重庆出版社 2014 年版,第 525 页。

10 822 千瓦,到 1945 年增至 56 065 千瓦,整个大后方发电容量为
64 728 千瓦"①,增数明显。就民营电企,当局也尽以融资促发展。
结合本文,"四行惠借巨款促进着公司业务发展"②,即 1937 年发
电 815 余万度,到"1944 年增至 6 800 余万度",基本保证了陪都各
界的用电需求③。

但个案反映,公司融资的背后也凸显经营危机。"营业收入之
全部支付经常费用尚感不足,应付款额太多。电费增加之速度不及
物价上涨之速度,只有一再借债方能应付。"④进而"需款也愈更浩
繁,展长其还款期限方足以资周转为是"⑤。据统计,至 1942 年 8
月底,公司累积各项借款项未结余额为 1 516.666 万元⑥。为抵押
清偿借款,仍持续增加透支额、积压债款。在 1942 年 10 月向交行
订立的 500 万元契约"后经交行总管理处准迭次展期、增加透支额
至 2 000 万元"⑦。是年 7 月,向交行购料抵押两年期的 1 000 万元
借款项"是因煤款猛涨而电价未蒙比照核加累计赔累"⑧,作延期偿
付。交行总管理处也准"按合约顺延至 1945 年 1 月 31 日"⑨。但

---

① 《中国电业史料选编(上)》(内部刊行),1987,第 281～282、290 页。
② 《关于限期清偿借款致中国银行的函》,重档 0219-0002-00048,第 79～80 页。
③ 《重庆电力公司第九届股东会议纪录》,重档 0296-0014-00311,第 285 页。
④ 《关于检送重庆电力公司 1940 年 9～12 月及 1941 年上半年营业状况及收支
情形、稽核报告的呈、代电》,重档 0285-0001-00372。第 112 页。
⑤ 《关于报送向中中交农行联合办事处请准借款三笔款项及还款方案请衡量裁
夺上蒲心雅的函》,重档 0219-0002-00157,第 8 页。
⑥ 《关于重庆电力公司以每月电费收入担保透支的函、代电、附表》,重档 0285-
0001-00375,第 239 页。
⑦ 《关于将重庆电力公司向交通银行借款展期的呈、代电、报会。附合约》,重档
0285-0001-00379,第 211～215 页。需要说明的是,2 000 万元透支延至 1944 年 4 月到
期;经四联总处准展期一年至 1945 年。——笔者注。
⑧ 《关于缓期偿还购料抵押之应付利息及借款致四联总处、重庆交通银行的
函》,重档 0219-0002-00064,第 10～11 页。
⑨ 《关于延期偿还购料借款并核查本息额致重庆电力公司的函》,重档 0219-
0002-000064,第 177 页。

直至 1945 年 11 月 30 日"还款 835 万元,仍有尾款 165 万元"。[1]到 1945 年,公司"全赖国家银行已将达三亿元,虽云勉渡难关,仍是增加利息"[2],而"每月(1945 年 8 月统计)所负利息已达万元。重以收入亏短,常至息利转为债款"[3],实有负债加剧之隐忧。另据统计,"至 1945 年,公司已积欠交行(交通银行)及中信局(中央信托局)达 8 千余万之巨,如连挪用应还之用户保押金及各种准备金等一并计算,则实已积亏至 1.8 亿以上。"负债背后是为经营成本不敷。"惟是物价步涨若以 1937 年为其点,则煤涨 212 倍、电表涨 450 倍、变压器涨 1 090 倍、透平油涨 1 744 倍、其他铜线磁瓶水杆及管理费用等无不俱涨数百倍至千余倍不等",[4]只能借债应付。再据统计,"止 1944 年底公司长期负债 3 224.8 万余元,短期负债 8 881.8 万余元;流动资产为 9 749.6 万余元[5]。流动比率仅为 1.097,低于合理均值 2,说明偿债能力不足。实也开支过巨,亏损较严重。而公司自 1939 年始当年即亏损"7 万元"[6]。1940 年"亏损 87 万元"[7],并"长期负债 246.4 万元、短期负债 476.1 万元"[8]。再上文所述 1941 年度的收支虽稍有平衡,"纯益 144.01 万元"[9],

---

① 《关于报送向中中交农行联合办事处请准借款三笔款项及还款方案请衡量裁夺上蒲心雅的函》,重档 0219-0002-00157,第 10 页。

② 《重庆电力公司第九届股东会议纪录》,重档 0296-0014-00311,第 286 页。

③ 《关于检送营业税说明书致战时生产局的函》,重档 0219-0002-00217,第 41～44 页。

④ 《关于抄送重庆电力公司收支亏累进行困难情形的函》,重档 0067-0002-00060,第 62～63 页。

⑤ 《重庆电力公司第九届股东会议纪录》,重档 0296-0014-00311,第 286～287 页。

⑥ 四川省电力工业志编辑室编:《四川电业志资料汇编(1)》(内部刊行),1989,第 121 页。

⑦ 《四川电业志资料汇编(1)》(内部刊行),1989,第 121 页。

⑧ 《重庆电力公司资产负债表》,重档 0219-0002-00037,第 3 页。

⑨ 《重庆电力公司 1941 年度业务状况》,重档 0219-0002-00105,第 81～86 页。

却"长期负债 946.4 万元、短期负债 221.5 万元"①,债务额已超出 500 万元资本总额。到 1944 年,亏损"达 1 664.84 万元,亏累超过股本之半数即 3 000 万元资本总额,濒于破产之地步"②。公司通过融资活动虽取得一定的业绩,经营成效却欠佳,主要是如下因素所致:

首先,从战时经济环境观察,国民政府组建四联总处来担负起扶助各项生产事业和推行战时金融政策的重任,旨在举国家金融之力促进工矿业融资,厚植抗战经济力。悖于战争环境下产业供需不足、资源匮乏及各项开支骤增等问题,政府以超经济的国家干预方式主导国家金融机构透支弥补财政赤字,却破坏了金融管理的自身秩序。本质上"国家银行用来支持产业发展的基金,有相当一部分是靠增发货币的手段来筹集的,显然有悖于经济运行的客观规则"③。进而也反映于电力公司在融资中实不抵恶性通货膨胀的吞噬。

其次,经济政策的负面效应所致。主要有以下四个方面:

一是受电价管制影响。抗战期间,当局出于通胀对民生用电的影响实施限价政策,却忽视"市场开支"问题。1937 年公司核定电灯价为每度 0.28 元④,到 1943 年 7 月涨为 10 元⑤。恰如时人所评,电价虽有增幅,增涨约合战前的 36 倍。但衡之目前几近千倍的物价,就此一点,已可说明公司经济困难⑥。而公司核定电价

---

① 《重庆电力公司决算报告表》,重档 0219-0002-00105,第 79 页。
② 《重庆电力公司第九届股东会议纪录》,重档 0219-0014-00311,第 289、291 页。
③ 李一翔:《略论抗战时期后方银行资本与产业资本的溶合趋势》,《南开经济研究》,1993(1),第 78 页。
④ 重庆市地方志编纂委员会:《重庆市志. 第四卷(上)》,重庆出版社 1999 年版,第 205 页。
⑤ 《关于重庆电力公司增加电价的通知书》,重档 0053-0025-00045,第 4 页。
⑥ 《关于重庆电力公司》,载《新华日报》,1944 年 8 月 18 日,第 3 版。

也低于国营电价，"如 1944 年初，公司电灯与电力价每度分别为 5元、10 元，资委会属国营西京电厂每度则分别为 50 元、15 元"[①]。在战时后期公司经营困难之势，当局仍限制其电价上调，尤"自1943 年 7 月核定电价迄今(1944 年 12 月)一年又五个月始终未蒙调整；而一般器材与发电成本莫不继涨增高，以故成本负累、亏损甚深。始荷政府核定不准加价"[②]。"准仅增加贴补费为每月2 000 万元，却杯水车薪、无济于事。"[③]事实也证明，公司"比任何公私所营电厂之电价为小"，出现"盖今日任何事业其所有物料之贵应无高于电料者、而电价则比任何物品上涨之比率为低、亦比任何物品即涨至比率为低的境况。"[④]上述现象说明片面管制与资金不足是一个较为严重的问题。

　　二是受汇价限制影响。战时当局为防止日军套取外汇与国内资金流出，实施外汇管制措施。1938 年公司亦受外汇政策所牵掣，购机受阻，进而也影响经营绩效。并于是年 6 月召集的董事会上指出："前向英方订购新机急需为宜，惟外汇限制极严，姑无论购机款资尚未筹集。筹获亦难一时汇出，况目前汇水增高吃亏甚巨，海口封锁、运川尤难。"[⑤]并决议"乃一面分别商请有动力设备之公私各厂自行发电，一面向英配购可以内运之机件修复，修复旧机，用尽种种方法以增加发电力量，勉强应付"[⑥]。

　　三是受利率波动影响。回顾上文，公司首笔借款项"利率为月

---

① 《关于重庆电力公司请增借周转需资的呈、函、代电》，重档 0285-0001-00380，第 9 页。

② 《重庆电力公司现状》，重档 0219-0002-00283，第 51、58 页。

③ 《重庆电力公司第九届股东会议纪录》，重档 0219-0014-00311，第 291 页。

④ 《关于抄送重庆电力公司收支亏累进行困难情形的函》，重档 0067-0002-00060，第 62～63 页。

⑤ 《重庆电力公司第 31 次董事会决议录》，重档 0219-0002-00107，第 21 页。

⑥ 《关于抄送重庆电力股份有限公司收支亏累进行困难情形的函》，重档 0067-0002-00060，第 62～64 页。

息 9 厘"①。自战时通货膨胀、供给缺少,四行提高了存放款利率,公司借款利率随之上涨。至"1945 年 5 月,公司向交行订立的 2 000 万元透约再次展期一年并增 8 000 万元透支额并由中、交、农、中信四行局负责摊放,月息涨为 3 分 4 厘"。②国家行局为维持存放款差息,提高利率;就其存息仍较黑市利率偏低,"则于争取游资,似难收实效"。③而"利息提高,则商人及生产者成本加重"④。为此,公司"深感以受物价波动影响、所筹资金早已用罄,以高利贷款推进工程是万分困难"⑤。

四是受营业税稽征影响。营业税原为地方税。自 1941 年 11 月国府颁布《改订财政收支系统实施纲要》后将其划入直接税体系,旨在加大对税源控制。及被纳入央税体系后,公司以"经营困境凸显,水电事业关系国家民生、自应服务公众之精神不以营利为目的,似与普通营业专以本身利益者所不同陈情当局免收营业税额"⑥。但财政部重庆营业税处的回应是"应照章稽征,以济军需"⑦。甚后对其"1943、1944 年两年度欠缴之营业税计 1 700 余万元姑准全数作为政府在增加其特别补助费下支出转账;并规定

① 《关于检送重庆电力公司与重庆分处借款合约致公司的函》,重档 0219-0002-00107,第 68 页。
② 《关于将重庆电力公司前向交通银行透支展期并增加其透支额度的呈、函、代电》,重档 0285-0001-00380,第 170 页。
③ 重庆市档案馆、重庆市人民银行金融研究所合编:《四联总处史料》下册,档案出版社 1993 年版,第 525 页。
④ 《四联总处史料》下册,档案出版社 1993 年版,第 530 页。
⑤ 《关于将借款合约转送财政部致重庆电力公司的函》,重档 0219-0002-00129,第 16 页。
⑥ 《关于报送历年困难情形并请推豁免营业税上重庆市政府的呈》,重档 0219-0002-00217,第 95～97 页。
⑦ 《关于缴纳 1941、1942 及 1943 年 1～4 月应缴营业税给公司的批》,重档 0219-0002-00217,第 73 页。

从1945年起营业税款按月缴库,否则在补助费项下按月照数划抵"①,实为变相削减应得补助费。为此,公司甚感:"按月照缴税款的举措,使其万分困难,负债甚巨,无法清偿巨额税捐。"②

再次,受传统商业比期制影响。比期存放款"在渝市商场实有百数十年历史,时昔交通困难、集现不易,营贸有期交易,本身不过为商家收交之一种习惯"③。故公司也采取比期收交、按月收支。"如根据1942年8月当月预算,比期收入部分应得30万元及现存款44.6万元。支出部分有投资企业:华安公司股款25万元、宝源公司股款5万元;短期借入款:川康银行9万元、川盐银行8.35万元;长期借入款:四行迁机借款66.6万元、修建工程处借款偿债基金122.2万元;管理费用:债款利息15.2万元;预付款79万元;材料款459万元。收方差额达586.9万元。"④可见战时物价激涨,游资为祟;而比期制的流行也使得公司经营收支不敷。究其弊病,"所惟以利息特高期限遂短使一切定期活期存款均改趋此途,设遇风险普遍提存"⑤。"短期收付之习惯,亦使资金周转,过于频促,不但不合商业与金融上之需要,且转成为金融运用与商业流通之桎梏。"⑥

复次,受日常管理中的负面影响。一是人事管理上,"公司成

---

① 《关于豁免1943、1944年度欠缴营业税致重庆电力公司的函》,重档0219-0002-00217,第21～23页。

② 《关于派员出席重庆电力公司第90次董事会议致各董事、监察人的函》,重档0219-0002-00117,第78页。

③ 《关于废除比期制的往来代电》,重档0053-0023-00147,第51页。

④ 《重庆电力公司比期收交预算表》,重档0219-0002-00054,第33页。

⑤ 《关于拟定停止施行比期存放款管制办法日期的代电、训令》,重档0053-0023-00147,第2页。

⑥ 杨泽:《四川金融业之今昔》,《中国战时首都档案文献——战时金融》,重庆出版社2008年版,第121页。

立初期职工仅 170 人"，[①]至"抗战末期职工达到 1 360 余人，但日渐表现出人浮于事的情况"[②]，由此也增加经营成本压力。如 1941 年全年"薪工津贴以一般物价指数不断上涨达 310 余万元"[③]。就此一项支出占公司当年资本总额 500 万元的 60% 以上。二是窃电问题突出。缘于抗战陪都重庆人多事杂，日机不断轰炸渝市，社会秩序较为混乱。社会的动荡与生活的困窘惯使市民通过偷盗等方式发泄对社会的不满。治安欠佳现象也反映在了窃电问题上。如 1944 年公司《业务调查报告》所云："售出电度约占实际输出电度总额 73% 强，其他 27%，为路线漏耗、机关强接电流及用户窃电之损失，尤以窃电为最巨。"[④]这也影响着公司经营效益。据统计："在 1943 年公司每月抄表度数仅为发电读数之 70%，除线路损失与自用外，每月损失之达 600～700 万元。"[⑤]

小　　结

综上所述，四联总处对重庆电力公司的融资活动是本文研究的主题。回到历史语境，自战时国府西迁至渝，加强了重庆在后方战略中心地位的形成。因电力事关国计民生，"是一种关系社会福利最重要的事业，民营经营电气事业因其特殊性，不能脱离与政府的关系"[⑥]。为此，四联总处在后方主导构建工矿业的融资体系，

---

①　《四川电业志资料汇编(1)》(内部刊行)，1989，第 126 页。

②　四川省电业工业志编辑室：《四川电业志资料汇编(3)》(内部刊行)，1990，第 143 页。

③　《重庆电力公司 1941 年度业务状况》，重档 0219-0002-00105，第 81～86 页。

④　《中华民国战时首都档案文献汇编第 4 卷——战时工业》，重庆出版社 2008 年版，第 328 页。

⑤　《重庆电力公司之现状》，重档 0219-0002-00283，第 51～54 页。

⑥　何清儒著：《政府对于民营电业的关系》，载《电业季刊》，1937 年第 7 卷第 2 期，第 25～27 页。

进而也力图解决重庆电力公司融资的问题,体现了国府对陪都电力保障的重视。但从经营属性看,公司已演变为被国家资本介入,在股权控制、人事管理方面受当局管控的"民营企业"①。

进一步讨论,银行的投资取向是应获得相应收益。但就本文而言,因公司的负债经营,四联总处对其贷放的资金未能如数收回本息,其投资股份也以"公司债"充息获取。在战时后期政府甚以贴补费来弥补公司的债务。上述现象,从经济政策的取向看,战时国民政府以股权、债权等融资工具介入民间资本,是极力发展国家资本、建立国有经济体系,达到统制经济目的。个案研究可反映这一趋向。从公共利益的角度看,电力作为重要能源,具有公用性的表征。事实也证明,当局基于经济民生保障加大对公司资金支持,不仅在一定程度上解决其经营问题,还直接促进了陪都电力供应的大幅度提高;对"抗战建国"提供了基本的能源保障。对公司来说,资金是其生存、发展所不可或缺的"生命之血",也期待从金融统制中获取自身生存发展的外部条件,两者互为依存。再就四联总处的投资绩效来说,是因后方恶性通胀之事实,融资垫款行为可谓"饮鸩止渴",也未能有效解决公司资金的匮乏。复就战时政府实施统制经济政策而言,一方面从电价管制措施看则偏离了市场应有规则,当局电价政策亦有偏向国营电力发展之意图,却挤压了民营电力的生存空间。另一方面从外汇管制、利率波动、比期旧制、营业税问题及日常管理等视角分析,公司运营中的负面效应一目了然。以小见大,笔者相信对抗战大后方民营工矿企业融资问题及与社会环境的互动研究应有更为深入的讨论空间。

(朱海嘉　西南政法大学马克思主义学院讲师)

---

① 1942 年 9 月,公司文件明确经营属性系商办归经济部管辖,股本由四行与本地银行及商股筹集。参阅:《关于检送重庆电力公司是商办归经济部管辖及筹集股本情形致国民政府军事委员会军法执行总监部的代电》,重档 0219-0002-00191,第 150 页。

中国土地改革协会的主张与努力(1947～1949)

岳谦厚　段少君

1947～1949 年间,国共内战进入白热化阶段,中共在战场上节节胜利,领导的土地改革在各解放区迅速推进;国民党节节败退,政治、经济、军事等方面一系列失败导致在大陆的统治走向崩溃。在此情势下,国统区的中国土地改革协会积极行动,试图在土地问题上寻找出路,抵御中共前进步伐,维护国民党统治,其关于土改的主张与努力不啻为彼时一批关心国民党命运与中国前途的精英分子在大陆发出的最后一次"呐喊",其政治倾向、利益诉求带有鲜明的时代印痕。《土地改革》半月刊是中国土地改革协会会刊,以讨论土地问题为中心,发文者多为该会会员,自 1948 年 4 月 1 日至 12 月 15 日共出版 17 期。协会将其定性为当时唯一讨论土地问题的刊物,希望全国关心时局和土地问题的人士予以协助并使之成为广大群众的共同读物。本文以之为中心,详细检视中国土地改革协会对当时土地问题的认识及《农地改革法草案》提出后舆论界与立法院的讨论,并通过《农地改革法草案》的流产管窥国民党在全面内战时期对土地改革所持的基本态度。

一、中国土地改革协会的成立

土地问题历来是中国社会的根本问题,历代治乱兴衰无不与之密切关联。中华民国的缔造者孙中山十分重视土地问题,在推翻清王朝后的革命实践中不断丰富对民生主义的认识,强调其目的是将社会财源均化且头一个办法就是解决土地问题,主张采取平均地权办法,认为这是很简单很容易的;又认为中国没有像欧洲那样的大地主,一般小地主权力不大,现在解决尚容易做到,将来就难了。为了让地主安心,他提出"政府照地价的收税和照地价收买",而地价"应该由地主自己去定"的办法。①

中国地政学会成立于 1933 年 1 月 8 日,理事长萧铮,常务理事有万国鼎、黄通等人。学会以"研究土地问题,促进土地改革"为宗旨,②要求会员"须对土地问题有深刻研究及发表著作"③,曾出版《地政月刊》与《人与地》半月刊,创办地政研究所,举办过多次有关土地问题年会,在土地调查研究方面做过许多工作。学会积极参与国民政府土地政策制定,1936 年的《中华民国宪法草案》有关土地条文即为其建议起草。抗战前学会已有个人会员 500 余人、团体会员 27 个④。

国民党既有孙中山关于解决土地问题的系统理论,又有热心于土地改革事业的团体与人才,执掌全国政权后却始终没有切实推动土地问题解决。在立法层面,国民政府于 1930 年 6 月颁布《中华民国土地法》,1935 年 4 月公布《中华民国土地法施行法》,但并未规定具体推行日期。抗战全面爆发后国民党更无心且无力解决土地问题了。

抗战胜利后,随着国共内战危机增长,土地问题已成为影响人心向背的关键因素。中共在 1946 年发布的"五四指示"就确立了没收地主土地分配给农民耕种的原则,1947 年 10 月公布的《中国土地法大纲》则明确宣布废除旧有土地制度并实行耕者有其田的

---

①　孙文:《三民主义》,上海中央图书局 1927 年版,"民生主义"第 30 页。

②　《中国地政学会章程》,《地政月刊》1935 年第 4 期。

③　萧铮:《地政大辞典》,台北中国地政研究所 1985 年版,第 827 页。

④　张宪文主编:《中华民国史大辞典》,江苏古籍出版社 2001 年版,第 340 页。

土地制度。此时国民党方面似乎未有借土地问题以解决中共问题的意向,片面强调军事"戡乱";1946 年 4 月虽公布修订后的《土地法》,10 月公布《国民政府绥靖区土地处理办法》,但依旧是政治表象而已。

1947 年 4 月 7 日,由中国地政学会改组的中国土地改革协会在南京成立,该会自称是"一群中国土地改革运动者",认为当前政治、经济、社会形势"极端令人忧虑",其中一个症结妨害社会进步、压迫经济发展、威胁全体同胞生活且历来是政治腐败之源,这就是土地问题。其认为不合理的土地制度"是昨日的中国所以不进步的主要原因,是今日中国建设的主要敌人,并且是明日的中国向前发展的主要障碍",若不克服则"一切的政治、经济、社会改造的理想,都必然是徒劳无益的"①。5 月 31 日,协会召开第一次理监事联席会,推举萧铮为理事长,汤惠荪、万国鼎、张丕介、刘岫青等 10 人为常务理事。6 月 14 日,召开第一次常务理事会,推定张丕介为秘书长,同时设组织组、宣传组与总务组,分以刘岫青、吴文晖和胡品芳为组长。协会章程规定会务为:(1)策进土改运动;(2)调查土地问题实况;(3)研讨各种土地问题;(4)编印土改书刊②。

协会总会设南京,各省市设分会,分会主要任务是宣传和推行总会土改方案③。协会成立后,各地如南京、北平、广东、江苏、湖南、陕西、云南等分会相继成立。协会要求分会积极吸纳社会人才参与土改工作,吸收会员须以知识分子为主且尤应注意中小学教师、以青年学生优秀农民为主且尤应注意农村工作者、普遍吸收社会各阶层热心土地改革者。开展工作方面,强调土地改革极富革命性质,是急不容缓的改革工作,"对内应尽量提高会员之革命情

---

① 《中国土地改革协会成立宣言》,《土地改革》1948 年第 1 期。
② 《中国土地改革协会章程》,《地政通讯》1947 年第 18 期。
③ 《中国土地改革协会分支会通则》,《土地改革》1948 年第 1 期。

绪,对外更应作积极之奋斗",决定训练并提高会员政治组织及行动能力,要求会员尽量参加民众会社尤其农会,希望其宣传协会主张、领导社会活动,以分会名义为民众特别是农民谋福利,如发动农村合作运动、创办合作农场等。重视宣传,认为这是"一切工作进展迟缓之主因",故决定办理固定刊物、定期制定宣传纲要、编印小册子下发分会,并要求分会利用各地报章进行宣传①。

协会以"策进土地改革促成政治民主经济平等"为宗旨②,宣称所追求的不是自身或个人利益,而是每个国民和全民族的最大幸福,呼吁全国不分职业、阶级、党派、性别一致组织起来成为广泛而伟大的运动,以彻底解决不合理的土地制度。协会奋斗目标在于实现一个国家统一、民族自由、政治民主、经济平等的富强康乐的新中国;在此之下,协会要求:(1)天然富源应一律收为公有,归全体人民共同享受,不得为任何私人或私人集团垄断。(2)农地除国营或地方公营外应一律农有,以实现"耕者有其田",彻底消灭地主阶级及租佃制度。(3)市地及重要经济建设区内之土地以公有为原则;厉行都市计划、根绝土地投机,使工商企业免受地租压迫,一切市民有健康生活之住宅③。简言之,即农地农有、市地公有与富源地国有。

为实现奋斗目标,协会主张政治经济社会三方面进行彻底革新,根除一切腐化丑恶现象,这些彻底的革新反映在其八点主张中,即:(1)国家主权与统一。反对分裂割据或以任何方式损害国家领土和主权完整。(2)民主政治。反对官僚政治,实行全民共守的宪法,各地应迅速实行自治以发展人民自治权能。(3)经济平等。在"计划经济"下发达国家资本,迅速实行工业化,解决人民衣

① 《中国土地改革协会第二次理监事联席会议纪录摘要》,《土地改革》1948 年第 1 期。

② 《中国土地改革协会章程》,《地政通讯》1947 年第 18 期。

③ 《中国土地改革协会成立宣言》,《土地改革》1948 年第 1 期。

食住行;健全财政制度,普遍减轻人民负担;反对资本家专制的"自由资本主义"和官僚资本操纵企业。(4)土地制度。人人有获得土地的平等权利,国家应充分供给人民居住及耕作地,同时实行土地所有权制度改革。(5)土地改革和乡村建设。根本改革阻碍农业进步的旧式耕作制度和乡村组织,佃耕制度应迅即终止,贫农及佃农应立即获得土地;国家应疏导农业人口,扶助农民从事乡村建设。(6)城市建设。凌乱、腐败及无序的都市生活应予改造,每个市民尤其工人应充分获得适当生存地位。(7)知识分子。新社会应提供他们各种社会福利,使其能力充分发挥。(8)战士授田。战士应首先得到国家奖助;实行边疆垦殖并调整全国人地分配①。

二、协会对土地改革的认识

1. 对土地问题的剖析

对于土地问题,协会成员作过许多分析,以宣传组组长吴文晖最细致。吴将之分为三方面讨论:

首先是地权分配问题,这是"土地问题中最基本的一个问题"。他指出:全国与耕地有直接关系者 6 000 万户,耕地面积 13 亿亩,其中 1 亿亩属集体所有,私有耕地为 12 亿亩;全国与耕地有关系的总户数中 3% 的地主占有 26% 的耕地、7% 的富农占有 27% 的耕地、68% 的贫雇农等占有 22% 的耕地,且地主所有土地通常是土质较肥位置较优者,农民所有者则多是较下级的土地②。

其次是租佃问题。吴氏认为中国纯粹佃农占 33%、半佃农占 25%、自耕农占 42%,租佃问题相当严重。佃农人数多、生活苦,他们向地主租得小块土地,终岁勤劳,只能维持最低限度生活;农

---

① 《中国土地改革协会成立宣言》,《土地改革》1948 年第 1 期。
② 吴文晖:《中国土地问题究竟严重吗》,《土地改革》1948 年第 16～17 期合刊。

村工资低、地租重、债息高、捐税苛、天灾人祸多,农民所得仅能糊口度日,佃农缺乏向上攀登空间,"每每几代都是佃农"①。实际上,租佃制度有两个重要问题,即地租高低与佃权有无保障。据调查,在分租制和定额谷租制下,佃农每年所收农产正产物 50% 交给地主,钱租额则平均等于地价 11%。佃农除交正额租外还需年节及纳租时送礼、替地主服劳役、预先交租。此外,还有押租制,押租数额平均为地价的 12%,故佃农负担相当重。佃权亦无保障,中国 71% 的租佃是不定期,地主可随时撤佃而不给佃农赔偿;定期租额仅 8%,其中 3/4 是 3 年以下的定期,与不定期区别不大;其余 21% 是永佃制,地主不能随便撤佃,但这种制度已"逐渐衰落"②。

最后是土地利用问题。中国耕地 13 亿亩,占土地总面积不到 8%,低于世界平均水平;人口多,人均耕地不足 3 亩,同样低于世界各国。农场过小与土地散碎造成劳力与资本浪费,阻碍农业技术改进,且土地利用至今未科学化;由于劳力集约使用,土地单位面积产量相当高,但仍低于农业技术进步和资本充足的国家,而单位面积产量较高在于多用劳力,故每劳动单位的产量非常低,这是"农民生活水准低下的基本原因,也是中国土地利用问题的焦点所在"③。

因此,无论从地权分配、租佃问题或土地利用来看,"土地问题确实是很严重而亟待解决的"④。协会认为租佃制度是危害最大的制度⑤,土地分配不均及租佃问题严重是农村社会动荡、生产停滞的症结,故"如何使无土地者有土地,如何使地主的土地转入农民之手,为今日急待解决之问题"⑥。

---

①②③④　吴文晖:《中国土地问题究竟严重吗》,《土地改革》1948 年第 16～17 期合刊。

⑤　萧铮:《解释土地改革方案并答复吴景超先生等》,《土地改革》1948 年第 2 期。

⑥　汤惠荪:《论中国土地问题的症结》,《土地改革》1948 年第 3 期。

2. 对国民党的批评

国民党执掌政权以来始终没有切实推动土地改革,所颁布各种土地法令形同具文。相反,中共积极推动土地改革,并在不少地区赢得人民拥护。协会对国民党在土地问题上的不作为颇多批评。

孙中山曾提出一整套解决土地问题的理论与方法,目标是实现耕者有其田,其平均地权的主张不仅是一个原则且有具体办法,不单求地权之均且要积极发挥地力,不单是政治家的理想且是社会运动的重要目标。然平均地权"许多年落了空,近几年来更有走上歧途的危险"①。国民党标榜实行民生主义,而大多数平民负担过重,特权分子享受过火,"在'节制资本'之下,居然养成了一大批豪门资本,在'平均地权'之下,居然姑息了一大群地主"②。协会认为政府不搞土地改革在于顾全地主权益,政府本身潜藏着浓厚的地主意识。③国民党北伐后接受官僚军阀,放弃原有革命路线;革命党中枢为官僚集团侵入,任何温和的改革都难通过,一切政治措施均"为保障这官僚集团的利益,而牺牲了大多数人民的要求"④。对于国民党面临的内忧外患,黄通认为外患起于内忧,而内忧植根于民生问题,民生问题应以农民为重心,故"政府倘能正本清源,首先实施土地改革,把农民问题彻底解决,那么,内忧不起,国力逐渐充实,外患亦难伺隙而来";相反,政府如以外患内忧为借口延缓土地改革实施,"恰是倒因为果,自欺欺人之谈"。他认为国民党战前乃至战时完全可以且应进行土地改革,然政府"一再因循,坐令大好时机,蹉跎以去"。

对于官僚政治对解决土地问题的阻碍,万国鼎认为:第一,官

---

① 桂尘:《左右碰壁的土地改革》,《土地改革》1948 年第 2 期。
② 张丕介:《写在行宪政府诞生之前》,《土地改革》1948 年第 3 期。
③ 黄通:《我们为什么首先要求土地改革》,《土地改革》1948 年第 2 期。
④ 萧铮:《我们揭出社会革命的旗帜,创造新中国的前途》,《土地改革》1948 年第 1 期。

僚出身地主阶级,改革要革去其既得利益,他们自然反对;第二,官僚以做官为目的,为保官职或贪图苟安不敢支持改革;第三,官僚中很多是工于做官而拙于办事者,即使受命去做亦缺乏办理热诚和知识;第四,官僚多营私舞弊之人,常乘机侵渔,以致为民谋利的土地改革或其他兴革,利未见而害先见;第五,一些人虽不贪污,可能为巴结上官行之过当,致使为民谋利的兴革变为扰民;第六,谨慎而良善的人深怕土地改革徒然为吏胥制造侵渔百姓的机会,以为多一事不如少一事,顾虑太多,以致空有议论而不能实施。因有以上窒碍,故希望政府施行土地改革"目前很少可能"①。

协会对国民党执政后的蜕化极度失望,认为其本可以且应当做土地改革运动的中坚。平均地权和耕者有其田原是国民党的主义和政纲的重要部分,"只要唱国歌读遗嘱的时候,稍微动一动心,想一想'吾党所宗'是什么,'以求贯彻'的是什么,就不应该放弃这种责任或抱负"。可惜国民党执政以来混杂进许多投机分子,沾染上官僚习气,革命朝气迅速消失,下级党部早已脱离民众,真是"说不尽的痛心事"②。协会认为国民党的毛病就在地方党部几乎完全脱离民众,偏重钩心斗角谋取小团体利益,故希望国民党一时有怎样基本的改革"是不可能的"③。虽表失望,但协会打算以民主力量推进政府改革④,认为"有远见的政治家,可以因势利导,培养一种新的以民众为基础的改革运动,来做除旧布新的动力"⑤。

三、《农地改革法草案》引发的争论

1.《土地改革方案》与《农地改革法草案》的提出

中国土地改革协会于 1948 年 2 月 19 日通过,3 月 20 日举办

---

① ②　万国鼎:《土地问题与官僚政治》,《土地改革》1948 年第 1 期。

③ ⑤　万国鼎:《冷眼看时局》,《土地改革》1948 年第 5 期。

④　萧铮:《答萧涤凡同志》,《土地改革》1948 年第 10 期。

记者招待会时发表拟定的《土地改革方案》(以下简称《方案》)。改革目标是实现耕者有其田,要求全国农耕土地一律归现耕农民所有。具体办法是:现佃耕他人土地的农民分年清偿地价,取得土地所有权,化佃农为自耕农。(1)土地所有权。自交纳地租、清偿地价第一年起,原土地所有人的土地所有权即行终止而转于原耕佃农。原土地所有人向地方地政机关呈缴土地所有权证状,换取相当于7年地租总额的地价券,佃农每年交纳地价1/14换取地价券一份,至第14年清偿完地价并取得土地所有权状。(2)土地赋税。原土地所有人终止交纳地税,政府对其所收地价不征任何税捐,取得土地的新自耕农负交纳地税义务,地价清偿未完前地税不得超过土地年生产额的10%。(3)地租。方案实行前现佃农无力交租而欠租者一律不追缴;方案实行后遇有荒歉政府须核准缓交当年地价,同时国家金融机关须融通农民因生产经营所需资金,且此项债务只以土地收益担保,不得因欠债而没收土地房屋及其他生产手段。(4)军人授田。现役军人直系亲属为佃农者,其取得土地应交之地价由政府代为清偿。(5)限制土地兼并。非从事自耕的任何人民不得购买耕地,同时实行农地重划,调整与扩大农场面积①。

《方案》公布后国统区主要报刊都作了介绍,对协会土改主张积极支持,方法则见仁见智。但协会毕竟是一个"社会团体",所提方案并不具法律效力,故能否付诸实施"还有待于立法程序之完成"②。《方案》公布后,协会便着手拟定适合立法形式的《农地改革法草案》(以下简称《草案》)。

7月4日,协会发表《草案》,主要内容有:(1)依据宪法制定农地改革法,实行耕者有其田。(2)全国农地自本法施行之日起一律归自为耕作的农民所有。自耕农一户所有农地面积以不超过维持

---

① 《土地改革方案》,《土地改革》1948年第1期。
② 张丕介:《写在〈农地改革法草案〉之前》,《土地改革》1948年第8~9期合刊。

一家八口生活必需范围为限。农地所有人不自耕作或虽自耕而其所有农地超过规定范围 1/3 以上者,其农地依次分配给以下自耕农民:现佃农、现雇农、现役军人家属、所有农地面积不及规定的自耕农及其他需要土地的农民。(3)农地承受人对原所有权人补偿地价,地价不超过约定地租额的 7 倍,以当地主要农产物计算分 14 年清偿;约定地租额超过正产物 37.5% 者仍照 37.5% 计算。(4)第一年地价缴清后,农地所有权即由原所有权人转移于承受人,县市政府发给农地所有权临时证书。农地承受人每年缴付地价 1/14,向原所有权人换取地价券一联,至第 14 年全部地价缴清后将地价券连同所有权临时证书汇呈县市政府换领所有权状。(5)农地承受人自缴付第一年地价之日起负缴纳土地赋税义务,全部地价未偿清前,政府所征土地赋税额不超过农地正产物 10%,并不得有任何以土地为对象的捐派。(6)现役军人所有农地不超过规定范围者,虽非其家属自耕,在服役期间准许保留农地所有权;退役荣誉军人及因抗战“戡乱”阵亡军人遗族所有农地如面积不超过规定范围者,虽非自耕仍准保留农地所有权。(7)各乡镇设农地改革委员会,受政府指导,办理农地承受申请登记、收缴地价事宜。乡镇农地改革委员会由下列人员组成:佃农代表 3 人、雇农代表 1 人、自耕农代表 1 人、农地原所有权人代表 1 人、政府代表 1 人、农业技术专家 1 人、土地或农业社团代表 1 人。(8)国家金融机关提供农业金融支持;自耕农参加农业合作社,政府组织合作农场;非自耕作农民不得购置耕地;土地重划等。草案最后规定法案颁布之日各省市政府应于 6 个月内拟具施行细则与施行计划于一年内全面实施①。

2. 协会对草案的解读

从《方案》到《草案》除上文所言为完成立法程序外,另就是协

---

① 《农地改革法草案》,《土地改革》1948 年第 8～9 期合刊。

会根据《方案》发表后各界反响重新作了补充与完善,"细节虽有补充,精神仍是一贯"[1];其根本主张与方案一致,即"化佃农为自耕农,使最不合理的土地租佃制度永远绝迹于中华民国领土"[2]。

草案相较于方案有一些补充,如关于地价累退补偿、乡镇农地改革委员会组织人员、农地上原供佃农雇农使用之房屋转移等规定。协会认为有了这些补充,草案精神更进步,更有利于急需土地的佃农、雇农与士兵,同时在实行方法上更周到[3]。不过即使如此,补充仍不能完备,须辅以施行法或补充法并保留若干因地制宜的余地。协会强调其所企求的是改革大原则,对于方法则"竭诚欢迎各方的讨论与修正"[4]。

草案基本原则是"农地全归农民所有,非耕者不得有耕地",基本精神在于终止佃耕制度并实现耕者有其田。协会认为土地国有在当前无实行条件,最切实可行的是农地农有政策。按户不按口分配土地是因相关因素富于变异且影响每一农户所需耕地面积。按劳力分配似较合理,但只限于当时,疾病、死亡、迁徙等都会使劳力多寡与耕地面积不相称,"若欲求其公平,必须每隔若干年重新分配一次",这是"过于烦扰而害不胜言的";且按劳力分配则每户耕地多寡不一,组织合作农场"不免产生种种不便",故只规定自耕农每户所有农地以不超过维持一家八口生活必需范围为限、只论每户应有多少耕地而不问各户劳力多寡,协会认为这样显然给各地以因地制宜余地。协会深知土地改革面临阻碍,故在策划改革方法时尽量顾及中小地主,大地主牺牲稍多却无碍普通生活水准。万国鼎举出五点说明草案可行:第一,把地主土地移转给现耕佃农或雇农,耕者不变,仅土地所有权移转,变动较少;第二,对地主以

---

① ④ 万国鼎:《农地改革法草案要旨说明》,《土地改革》1948 年第 8～9 期合刊。
② ③ 张丕介:《写在〈农地改革法草案〉之前》,《土地改革》1948 年第 8～9 期合刊。

相当补偿,不致危害其生活;第三,农民取得土地所有权而未加重负担,且设法给以农业经营上所必需的配备;第四,国家只须予以金融上保证与融通,并无多大财政负担;第五,依靠民众运动做发动力,以现耕农民占多数的乡镇农地改革委员会来办理土地改革事宜,以免地方政府延不举办或敷衍了事。万承认在拟定草案时有两个遗憾,第一,最理想办法应是农地重划,把全区可分配耕地划为单位农场,每一农户承领一单位,一乡的自耕农户组成一个合作社从事集体经营。但重划分配变动太大,人地比率大多不能合于理想,操切实行"不免顿时遭遇到无穷的困难"。所以草案放弃了这种计划,暂时限于移转地主土地给现耕佃农或雇农,只授权地方政府尽力向农地重划方向去做,农业合作社只是一个笼统规定。第二,中国一向惯于细碎经营,平均每户所耕面积太小,故只能在一时无可如何中稍向扩大农场面积方向走近一步,把每户所需耕地面积标准稍稍提高,以维持一家八口生活;同时对于自为耕作而有地较多的农家准其保留稍多耕地,超过 1/3 以上者才移转别人①。

草案公之于众后,协会提出两点希望。第一,农地改革需要社会舆论支持,希望各方强烈援助。第二,草案有许多需要补充完善之处,希望各方热烈讨论②。同时协会再度声明其只是一个人民团体,所提《方案》或《草案》不能代表官方,无力促成其在立法院通过成为法案,即便成为正式法律亦不能保证必行;要想改革成功,必须人民大众的力量"发展到足以抵抗豪强,强迫政府不得不依照人民大众的利益去切实施行"③。

3. 舆论界的反响

《草案》在舆论界引起强烈反响,各大报刊纷纷予以讨论。协会随后将一些讨论附于《土地改革》上,现选取主要报纸评论加以

---

① ③　万国鼎:《农地改革法草案要旨说明》,《土地改革》1948 年第 8～9 期合刊。
②　张丕介:《写在〈农地改革法草案〉之前》,《土地改革》1948 年第 8～9 期合刊。

介绍,以窥探舆论界对于草案及土地改革的态度。

《东南日报》认为草案值得商讨之处甚多。第一,草案目的在转移地权,但对地主利益顾虑过周,致佃农"几无眼前利益可言",故能否达到安定农村效果则"未免大成问题"。第二,至少在 14 年内地主与佃农所得并未变动或变动甚少,生产者与坐食者所得基本上没有变动,此一社会改革的意义"值得考虑"。第三,草案规定政府所征土地赋税不超过正产物 10% 并不得有任何以土地为对象的捐派,这是对取得地权者一项极必要的保证,不过就现状来说"似乎与理想距离太远"。第四,草案规定设立乡镇农地改革委员会并以现耕农民占多数,实际此规定是空洞的,因知识比较高的地主并不需占有多数亦能操纵把持。最后该报总结道:"佃农的负担在眼前并不能减轻,地主'收益'取消而'收入'则未减少,摊派之风各地盛行,基层政治的民主化缺乏基础,这都是讨论农地改革草案时必须切实顾到的具体问题。"尽管颇多质疑,该报还是投以支持态度,表示"决不能因这许多困难而对于改革再事延宕下去",讨论改革者须清楚的是农村破烂、农民变心是今日战乱之源,要"戡乱"先断乱源,呼吁立委重视这一问题,并认为"今天我们进行农地改革无宁说是太迟了"[①]。

《大刚报》力主从速实施土地改革,因其"是当前经济改革中最重要的环节之一,关保戡乱建国前途至重且大"。其对草案细节认为有商榷余地,但对基本原则赞成,认为草案有两大优点:(1)公正和平。草案将地主土地转移给自为耕作的农民,对地价予以优厚补偿,"实为一种极公正和平的办法"。(2)普遍迅速。政府地政工作只是局部实施,办法与手续繁琐,无法迅速施行,草案"力矫此弊,注重迅速普遍的实施"。对于一些立法委员指责草案违教、违宪、有碍"戡乱"等,《大刚报》认为草案"显然是实现耕者有其田的

---

① 《农地改革法提出了讨论》,《土地改革》1948 年第 12～13 期合刊。

法案",合于国父遗教,"可谓与宪法的基本精神完全符合";农地改革"不特无碍戡乱,而且对于戡乱可有重大贡献","在建国上之重要更为识者所公认";为提高士气、充裕兵源及确保军粮供给,"实有从速实施农地改革之必要"①。总之,该报认为草案动机正确,适合我国需要,国人应积极支持,使之尽早付诸实施;同时呼吁立法委员保持客观、慎重、就事论事的态度,认为农地改革是方法问题而非应不应该的问题②。在其看来,草案"既不是共匪式的'土革',又较政府现行办法为优",所以"切望立院迅将该案付诸审查,详加研讨,补充修正,再提院会通过,送交政府执行"③。

《大公报》认为草案"在时间上已有过迟之嫌,在情调上也不免急促慌忙"。协会将改革目的放在"奸匪无法鼓动,乱源庶可扑灭",这种认识"是不正常的、偏激的,也许感情多于理智,恐怕对土地问题的重要性,将作过高或过低的估计"。草案在私有制度上想办法改革,将土地交与无地农民并对地主补偿地价,此办法在变乱时代"有欠彻底、极其难办",所以"行不行得通,实成问题"。该报假设草案在立法院通过将其实行后发生的影响分四点来研究:(1)佃雇农是否满足。乍看佃雇农得地,由无田忽而有田,应感满足,其实地价尚未偿清前所有土地对他是一种债务。再者 14 年后的"所有"非常渺茫,所以得地时农民"将不以为已有其田,反之,'有田'将感觉为沉重的债务"。(2)佃雇农生活是否改善。改革后佃农要负担补偿地价和正产物 10% 的田赋,而现在以土地为对象的赋税又是征实征借,又是省县公粮附征,名目繁多,佃雇农因得地而所缴赋税不知几倍于正赋及地价,故"也许有地反为累,不如无地干净"。(3)地主是否受到打击。草案一旦实施,地主赋税豁免,便可坐收地价 14 年,每年实得正产物 18.7%,"很是安逸"。(4)执

---

① ③ 《农地改革法草案平议》,《土地改革》1948 年第 12～13 期合刊。

② 《对农地改革问题应采之态度》,《土地改革》1948 年第 12～13 期合刊。

行改革机关有无问题。基层政权多由豪绅地主把持,无组织的佃雇农无力抗衡,这种政权本质不变,土地改革很难实现;乡镇农地改革委员会中佃雇农仅 4 名,不是多数;土地改革社团"不知何指,如何在各乡普遍设立? 若为变相的党代表,则又杂入党政纠纷"。虽对草案颇多质疑,《大公报》仍建议立法委员讨论这个"大法案"①。

4. 立法院的争论

协会将《方案》发展为《草案》就是要将其提交立法院,希望完成立法程序。其实根据"行宪"精神,人民团体有权向立法院提出建议案,但"现在的立院对这一层并无允许的规定",所以草案便不能径送立法院。为尽速完成立法程序,协会只好把草案介绍给热心土地改革的立法委员,希望其作为自己的提案向立法院大会提出②。

1948 年 7 月 4 日下午,协会举办招待会,邀请数十位立委、专家、记者等,公布所拟《草案》。9 月 21 日,立法院第二会期第四次会议,萧铮等 86 人正式提出《拟请制定农地改革法以实行土地改革奠定建国基础案》。《土地改革》记者何超航认为草案将被公认是"最有意义最重要、影响最深远的提案","也必然是反应最强烈的提案",表示"这是我国百分之八十以上农民同胞的幸事,也是三民主义新中国的幸事"③。

该提案前言写到当前农村土地问题已成一切祸乱之根源、民族存亡之关键,如不求彻底改革则难以戡平祸乱奠立建国基础,故依据宪法拟制本草案,以实现耕者有其田。④萧铮首先对提案作了

---

① 《评农地改革案》,《土地改革》1948 年第 12～13 期合刊。

② 张丕介:《写在〈农地改革法草案〉之前》,《土地改革》1948 年第 8～9 期合刊。

③ 何超航:《农地改革法案立法院舌战记》,《土地改革》1948 年第 12～13 期合刊。

④ 中国第二历史档案馆编:《国民政府立法院会议录》(31),广西师范大学出版社 2004 年版,第 263 页。

口头补充:(1)土地法着重于土地管理,本案与土地法无冲突。(2)宪法规定国家对土地分配与整理应以扶植自耕农及自行使用土地人为原则,本案无与宪法抵触之处。(3)共产党以土地政策为号召,我们应使占人口最多的农民站在我们一面。(4)有些地方已在单独施行各种土地改良制度,为统一这些各自为政的现象须有一套根本大法。(5)农地改革法不是全部土地法,未包括都市土地分配,那是更激烈更进步的土地改革,须等农地改革有成效后再实行。萧铮发完言后"会场上已充满了紧张的情绪",陈紫枫随即发言反对,立委争相发言,争吵相当激烈,最后会议决定下次会议继续讨论。9月28日第六次会议,潘廉方等提出《实行农地农有、市地市有、富源地国有以期早日消灭祸乱永固国基案》,因两案性质相近,遂决定合并讨论,因分歧依旧,会议只好再次决定延期讨论。10月1日第七次会议,孔庚等又提出《请确定农业政策将生产问题与土地问题同时解决以期达成民生主义案》,此案"颇有缓兵之计的姿态,借以转移视线"。三次会议"大有愈讨论,意见愈分歧,态度愈激昂之演变"①,兹选取主要发言作一概括。

持赞成意见的张金鉴认为实行农地改革有三个好处,即防止地主废弃土地、耕者有其田后可以努力增产、以不流血革命完成社会革命及经济平等目的。雷殷表示赞成"农地农有,市地市有,富源地国有"原则。崔书琴认为:反对者所持理由难以成立,政府既可依法征收人民土地,亦可平均分配,只要给地主适当补偿便不能说违反宪法保障条款;孙中山的"耕者有其田"含有"非耕者不得有其田"之意,故本案不违反孙中山遗教;本案以和平与合法手段实现耕者有其田,若说这是做共产党尾巴,"那么恐怕有很多我们应该做的事情也不必做了"。武誓彭表示赞成提案,但技术

---

① 何超航:《农地改革法案立法院舌战记》,《土地改革》1948年第12～13期合刊。

上应慎重考虑①。金绍先认为实行土地改革将有80％以上的农民得到好处,只用武力消灭不了共产党,厉行民生主义改革土地"才是国家进步的唯一办法"②。陈紫枫举出三点理由反驳草案:其一,宪法规定人民享有生存权,民法保障人民所有权,该案显然违宪;其二,孙中山是防止形成像沙俄时代的那种大地主,要有田的不能太多,无田的慢慢有田,他虽说过要耕者有其田却未说"不耕田者不准有其田",提案人误解"国父遗教";其三,共产党已承认土地政策失败,不应跟着共产党走。黄肃方认为"戡乱"时期实行土地改革"乃自己捣乱后方"。李永懋认为法案剥夺地主所有权,"在今日动乱局面下,实行此一剧烈改革,恐有动摇后方之虞"。宋述樵表示实行土地改革"尽可修改现有之土地法,不宜另定特别法"。持保留意见的朱如松表示原则上赞同,但不主张此时提出,"因此项问题愈谈愈纠纷,动必影响前方与后方人心"。胡秋原认为目前无实行农地改革必要,此案可作参考,以备将来需要时拟定完整方案。张静愚指出本案影响甚大,应邀请专家从事研究再定方案。卢郁文主张先广征各专家意见及地方机关报告,交付审查研究再交大会讨论③。

草案提交立法院后久争不决,发言委员几达百人,一方面有热烈的拥护与同情,另一方面不免极端的反对与攻击,但"所有委员对于此一法案的重视则属全体一致"。何超航看来,讨论该案的立法委员可分四派即拥护派、反对派、研究派与取消派。拥护派除提案全部联署人86人,还包括来自农村思想先进的委员,然"由于提案人在书面和口头上对该案已有详尽说明,堂堂正正的理由已发

①③ 何超航:《农地改革法案立法院舌战记》,《土地改革》1948年第12～13期合刊。

② 何超航:《农地改革法案立法院舌战记补遗》,《土地改革》1948年第14～15期合刊。

挥尽致",故在辩论时多持沉默。仅就发言记录看,似乎反对派较多,"其实在举手表决交付审查那天,才真正表现了拥护派巨大潜力"。反对派千篇一律总不免"违宪""违教""做共党尾巴"一套,对法案本身几无有力批评,何超航认为这表示"改革法案的精神,已属天经地义,很少置喙余地。只有找些大帽子去压服,才是道理"。研究派多是专家学者或青年政治家,对土地问题缺乏了解,但亦不盲目反对。这一派虽少发表意见,"但在联合审查时,也许会就他们研究所得,发生决定性的作用"。何超航认为他们虚心任事的精神"是我国政治上最有希望的好现象"。取消派令人费解,其"平日以思想前进自居,常以顽固保守头衔加诸于人",现则对这一进步改革反对到底,何超航讽刺其"自命进步人士宁愿与保守分子联合,反对进步法案,诚为民主政治之奇迹"①。

除在立法院争辩外,立法委员还纷纷在报刊上发表意见,"舆论界显然形成了进步和保守两大壁垒"②。立法院三次会议对草案赞同反对中立无视者各有之,而此案又不能无限期讨论下去,第三次会议结束时杨一峰提议停止讨论,委员多数赞成,而后院长孙科提议表决,多数同意将此案交付审查,最后萧、潘、孔三案并付审查,交地政委员会会同财政、金融、资源、农林、粮政、法制、民法 7 个委员会共同审查。

四、结　　语

1949 年 4 月 24 日解放军占领南京,国民政府迁往广州。5 月 17 日,萧铮等人在立法院提议"实行兵农合一制以裕兵源粮源并

---

①　何超航:《农地改革法案立法院舌战记补遗》,《土地改革》1948 年第 14～15 期合刊。

②　何超航:《农地改革法案立法院舌战记》,《土地改革》1948 年第 12～13 期合刊。

实行土地改革案"获得通过。国民政府撤离大陆时,协会随同迁台并参与台湾土地改革。中国土地改革协会自1947年成立至1949年迁台在大陆存续两年多时间,其间正是国民党在大陆统治总崩溃时期,亦是中共在解放区发动土地改革时期。特殊的时代背景、特殊的立场性质、特殊的利益诉求使其在历史上发生了重要作用。

首先关于协会性质,学界分歧在于其与国民党之关系。早在《方案》提出时就有人指称其为国民党土地改革协会,协会承认会员不少是国民党党员,但主张这是一个不分党派的组织①。协会认为外界批评过分看重其地位,以为其有力量叫政府这样或那样做,甚至说是政府代言人,然协会"不是政府,而且和政府的意见距离甚远"②。学界如成汉昌认为协会主要成员是"国民党内一些长期从事地政工作的上层人士",应定性为"一个成员较为广泛,以策进土地改革为主要活动的社会团体"③。《江苏省志》将之归入学术团体④。而陈顺增主编的《土地管理知识辞典》则认为是"国民党御用土地改革机构"⑤。笔者看来,说它是国民党御用机构或在国民政府内扮演重要角色均有待商榷,尽管理事长萧铮、常务理事张丕介等人及会员多为国民党党员,甚至萧铮还是国民党中常委、"行宪"后第一届立法委员,但协会从未将自己定性成国民党组织并力避给人以这种印象,它所追求的是希望得到政府支持以迅速改变不合理的土地制度。当然,协会拥护国民党反对中共的立场无疑。另一方面,从国民党言之,协会对之无太大影响力,从中国

---

① 万国鼎:《土地问题丛话之二》,《土地改革》1948年第5期。

② 萧铮:《答萧涤凡同志》,《土地改革》1948年第10期。

③ 成汉昌:《中国土地制度与土地改革》,中国档案出版社1994年版,第275、277页。

④ 江苏省地方志编纂委员会编:《江苏省志·土地管理志》,江苏人民出版社2000年版,第396页。

⑤ 陈顺增主编:《土地管理知识辞典》,中国经济出版社1991年版,第131页。

地政学会到中国土地改革协会,国民党高层都未予太多关注。所以,与其说协会是国民党的,不如说是有国民党背景且在维护国民党统治前提下以改变不合理土地制度为目标的土地问题专家和热心土地改革事业的人组成的社会团体。

其次是协会主张的土地改革,就原因而言,论者多认为是迫于中共压力。万国鼎指出其解决土地问题的主张是一贯的,至少可以追溯到1932年6月,有《地政月刊》为凭,只是对政府自动实施土地改革的希望越来越少,并非忽然被中共"吓昏了头"①。1932年6月,萧铮经蒋介石同意后邀请万国鼎等农业经济学专家组织土地问题讨论会,从土地问题讨论会到中国地政学会,再到中国土地改革协会,这批人一直以解决土地问题为目标,这亦是反击反对派抨击其主张是做共产党尾巴的有力依据。不过,若说无中共因素亦是片面的。协会认为中共能够强大,"追本溯源,实在于土地问题,久悬不决有以致之"②;只有土地问题合理解决,共产党才会失去主要凭借,内乱才无法继续下去③。

至于土地改革方法则集中体现在《方案》与《草案》中,因两者具有继承性,故一并讨论。

第一,草案精神在于依据宪法规定迅速实行土地改革以实现耕者有其田;提出宪法依据是为证明本法的合法性,以减少阻力,宪法明文规定"国家对于土地之分配与整理,应以扶植自耕农及自行使用土地人为原则,并规定其适当经营之面积";同时协会所提目标符合孙中山实现"耕者有其田"的社会理想。

第二,关于土地所有权转让。草案规定佃农在缴清第一年地

①　万国鼎:《土地问题丛话之二》,《土地改革》1948年第5期。

②　《中国土地改革协会第二次理监事联席会议纪录摘要》,《土地改革》1948年第1期。

③　张丕介:《觉悟或毁灭——从土地问题看我国的前途》,《土地改革》1948年第3期。

价后所有权即转移于他，偿清 14 年则完全归其所有。不得不说 14 年时间过于漫长，农民在乎眼前利益，对于 14 年后的所有权不会有多大兴趣，这正是《东南日报》所说佃农几无眼前利益可言，《大公报》同样认为农民不会对此满足。相较于中共方面农民立可分得土地的办法，此草案对农民无吸引力。

第三，关于赋税。缴清第一年地价后土地所有权即开始转于佃农，土地赋税亦转于佃农，这样佃农既需清偿地价又须缴纳赋税，负担似更重。草案规定地价未偿清前，政府所征土地赋税额不超过正产物 10％并不得有任何以土地为对象的捐派，规定虽好却近于空言，实际执行起来难以实现。

第四，自耕农一户所有耕地面积，草案规定以不超过维持一家八口生活为限，协会不按口分田是觉得分田后"不久少者已壮，壮者已老，以及疾病、死亡、迁徙、转业等，使劳动力的多寡与耕地面积又不相称，若欲求其公平，必须每隔若干年重新分配一次——这是过于烦扰而害不胜言的"，且"按照劳动力分配则每户耕地多寡不一"①。这种担忧不无道理，不过按户分配弊端很大，中国农村因几世同堂而超出八口之家非常多，同时少于八口者亦很多，按每户八口来分势必带来许多麻烦。

第五，关于军人授田，草案给予相当照顾，这一点不难理解，尤其国民党当局正处于"戡乱"时期。为尽量减小阻力，协会所定方案力求温和，对地主相当照顾。即便这样协会仍无把握，早在草案草拟时就对其在立法院的命运感到担忧，萧铮认为草案"究竟能否顺利通过，亦尚不可知"②；万国鼎认为立法委员中真正代表农民的少得可怜，能否通过"恐怕大有问题"③。事实证明以陈紫枫等

① 万国鼎：《农地改革法草案要旨说明》，《土地改革》1948 年第 8～9 期合刊。
② 萧铮：《答萧涤凡同志》，《土地改革》1948 年第 10 期。
③ 万国鼎：《我们对于立法委员的要求》，《土地改革》1948 年第 5 期。

为首的立法委员猛烈抨击草案"违教""违宪""做共党尾巴""妨碍戡乱"。经三次院会争辩,草案和其他两案一起交付审查,何超航认为"此一富有革命性之提案,始暂获初步通过",并预测"次一论战,将俟审查会中继续热烈展开"①,孰知这一审查再未发生作用,中共亦未给其留下继续争辩的时间,以致萧铮事后发出"宋人议论未定,而兵已渡河"的感慨②。草案不了了之是必然的。当草案提出时,协会"并未敢存任何奢望",甚至对交付审查都"出乎意外"③。退一步说,"法案纵使通过了,但究竟能否实行呢?现在省县政府当局的是怎样一批人,姑且不必说,即连省县民意机关的态度,亦是不可思议"④。

最后探讨协会在大陆时期的作用。首先,对土地问题作了深入研究,认识处于同期较高层次,其所作调查是研究国共内战乃至民国时期土地问题的重要资料。协会汇聚的人才多为农业经济学专家,像萧铮、万国鼎、张丕介等人在当时已有很大名气,从20世纪30年代初便致力于土地问题研究。其次,推动了国共内战时期国统区的土地改革讨论。这一时期"自朝至野,自内地至边疆,都非常的热烈注意或推动这一社会改革,大有风起云涌之概",而协会则是"这一复杂运动的中坚和领导者"⑤。再次,要求进行政治经济方面的广泛革新。协会虽以土地改革面貌出现却不限于此,只是认为土地问题是"一切社会、政治、经济的基本问题",一切改革成功的保证在于土地问题合理解决⑥。协会成立时就宣称目标

---

① 何超航:《农地改革法案立法院舌战记》,《土地改革》1948年第12~13期合刊。

② 萧铮:《中国人地关系史》,台北商务印书馆1984年版,第310页。

③ 张丕介:《农地改革法草案论战专号编辑小言》,《土地改革》1948年第12~13期合刊。

④ 萧铮:《答萧涤凡同志》,《土地改革》1948年第10期。

⑤ 张丕介:《读〈土地改革半年风云〉有感》,《土地改革》1948年第11期。

⑥ 张丕介:《币制改革的教训》,《土地改革》1948年第10期。

在于"实现一个理想的新中国,而这个理想的新中国必是国家统一民族自由和政治民主经济平等的富强康乐的国家"[1]。此外,多次强调土改要以农民为主人,"要把土地改革的成功,寄希望于民众力量之上"[2],而"不能面向农民,轻许不能获得的口惠"则一定失败[3]。土改本是一种民众运动,须从基层做起,做到一般民众都洞悉利害,变为普遍热烈而有组织的要求,这样"才可以突破官僚政治,胜过豪强的反对",才能"督促政府不得不切实施行土地改革"[4]。

协会深知土地改革"是一切社会改革运动里最艰难的一种",亦明白自己力量薄弱,但表示不放弃宣传责任,愿尽最大力量使人人了解"什么是土地改革?为什么要土地改革?我们应该怎样去实现土地改革"[5]。诚然,在可能条件下协会尽了最大努力,至于《草案》不了了之则是其无法掌控的。协会在呼吁土地改革的同时力求将之限定在一个稳定环境中,希望在维护国民党统治基础上实施。草案在立法院讨论已是 1948 年 9 月,此刻正是国共战略决战之时,国民党在战场上节节败退,根本无心顾及土地问题,以致如此温和的改革草案难获通过。事实证明,正是土地成为影响人心向背的关键因素,不能迅速合理地解决土地问题最终导致国民党大陆统治的彻底崩溃。

（岳谦厚　山西大学近代中国研究所教授；

段少君　山西大学近代中国研究所研究生）

---

① 《中国土地改革协会成立宣言》,《土地改革》1948 年第 1 期。

② 万国鼎:《土地问题丛话之四》,《土地改革》1948 年第 7 期。

③ 翁之镛:《向国大代表诸先生贡献意见》,《土地改革》1948 年第 1 期。

④ 万国鼎:《土地问题与官僚政治》,《土地改革》1948 年第 1 期。

⑤ 《创刊词》,《土地改革》1948 年第 1 期。

四、思想文化

由《辨性》篇论章太炎之"心性"观[*]

朱　浩

　　1910 年,章太炎在日本发表《国故论衡》。这部著作一经发表即风靡海内,诸多学人都是通过这部著作对于国学有了比较深刻的理解。所以在当时和以后的中国学界,此书都颇有分量和影响,有观点指出《国故论衡疏证》中强调,《国故论衡》"在哲学方面,贯穿诸子,纵论中国古代哲学,突破传统子学的模式,开近代哲学史研究先河,在哲学史上有着较大影响"①。足见这本著作的价值不可以其书籍厚薄而妄议。

　　章太炎虽擅长"小学",但其对于中国传统哲学亦有浓厚的兴趣。《国故论衡》中的《辨性》篇则是较重要的一篇,之所以要探究该篇章,是出于多方面考虑的。从中国古典哲学发展角度言之,"心性"问题素来是历代哲人高度关注的一个问题,荀子、孟子开启此问题之发端,章氏作为儒家在近世中国思想界发展过程中的重要人物之一,《辨性》篇则较为集中地反映出了章氏的"心性观",所以应当给予必要的重视;当然,更应当注意到的是章太炎的心性观已经在很大程度上承袭和超越了传统学术的范畴,他的思想具有一种杂合性,融汇了佛、道、儒等中国传统哲学理论的同时,亦注意

　　* 本文是安徽省教育厅 2014 年度高校省级人文社会科学研究重点项目:《民国初年威权政治研究》(项目号:SK2014A194)阶段性研究成果。
　　①　庞俊、郭诚永:《国故论衡疏证》,中华书局 2008 年版,第 2 页。

以西学中的唯理论、非理性主义诠释传统的中国学术思想,所以胡适在其著作《中国哲学史大纲》中强调曰:"到章太炎方才于校勘训诂的诸子学之外,别处一种有条理系统的诸子学。太炎的《原道》、《原名》、《原见》、《订孔》、《原法》、《齐物论释》都属于贯通的一类。"①所以,通过研究《辨性》一文,不仅可以研讨章氏贯通中西、古今的治学路径,更可以从另一个层面研讨章氏研究中国传统哲学思想的方法与方式,其意义与价值自然不容小觑。

一、学 术 综 述

对于章太炎"心性观"的研究,素来是学界高度关注的重要研究领域之一,近年来对于此论题的研究呈现出了不少"新气象"。

有观点认为,章太炎的"心性观"强调之本质为"心体应该不在缘起当中,非从'因缘和合'而生,反而前后因果却'依心而成',心体是缘起所依"②。此论认为,章太炎强调"心体"之生,源于"心"之自身,而非来自外力之作用。对这种观点持支持态度者更进一步地认为:"人的本质纯粹是个体自由选择的结果。依据章太炎的思致,任何个人的本性是无善无恶的,因为阿赖耶识是无善恶的;而人的本质之所以会有后天的善恶,其源头在于'八识'之中的'末那识'。"③此论认为,章太炎对于"心性"的认知基本沿袭了唯识宗的观点,否认了既有的伦理道德之价值观,此似乎有以偏概全之嫌疑,因章太炎虽崇信唯识论,但绝非单纯接纳之,此为该论之不足。

当然亦有学者认定,虽然"章太炎把自己的人性论奠定在'性

---

① 胡适:《中国哲学史大纲》,上海古籍出版社 2000 年版,第 21 页。

② 张志强:《"操齐物以解纷,明天倪以为量"——论章太炎"齐物"哲学的形成及其意趣》,《中国哲学史》2012 年第 3 期。

③ 胡建:《中国近代"个性"价值的奠基者——析章太炎价值观中的近代意蕴》,《浙江社会科学》2004 年第 5 期。

即生理'这一无善无恶的自然属性基础上",但"同时又强调后天的社会交往活动对人性善恶形成的关键性作用",于是"人性深处善恶共存,善恶其实是一个人身上的两种相互对立的力量"①。此论某种程度上肯定了章太炎强调人之"心性"无善无恶,但亦认为"人性深处善恶共存",其可取之处即肯定了章太炎"心性论"中已经意识到了善、恶存在之现实,但问题是以章氏1908年前后发表的《俱分进化论》、1910年发表的《齐物论释》等诸篇论文中的观点言之,则此观点之说服力明显不足。

此外,关于章太炎"心性"观的研究,又有人认为,章太炎的"心性"之生源自"现实世界亦真亦幻,如同一个难解的谜团,然而由于人类天生就具有认识事物、分别是非的心识活动(此之谓'独头无明')",所以"导致人类也天生就有追求终极价值的察性,所以才滋生出如此众多的本体与哲学"②。这个观点重在突出章太炎的"心性"观之终极目标为寻求一种"终极价值的察性"。在这个观点的基础之上,有学者认为:"在某种意义上,真如本体论又可以叫做心学。"③此种观点明确了章太炎之"心性观"重在钻研如何才能恢复"心体"与"性体"的本真内含。

笔者认为,以《辨性》篇为楔子作为研究章太炎的"心性"观具有一定的学术价值与意义,而欲求在研究过程中推陈出新,必须意识到:首先,对他的理论应当予以对比性的研究与分析,尤其注意同西方哲学发展过程中的诸多哲学流派作比较性研究,也要注意同传统中国的哲学思想作区别性的研究,以发掘其中的发展规律与轨迹。其次,务必要联系到章氏思想发展的整个过程,注意将

---

① 张春香:《章太炎人性论的三个层次》,《湖北社会社会科学》2010年第12期。

② 洪九来:《"真如"哲学:一种新的价值体系的追求——读章太炎的〈建立宗教论〉》,《湖北大学学报(哲学社会科学版)》1999年第5期。

③ 蔡志栋:《章太炎哲学新论》(博士学位论文),华东师范大学哲学系,2009年,第17页。

《辨性》篇中的"心性观"同章氏理论发展的整体相结合,而不能孤立和单纯地作阐发性的研究。再次,必须要重视章太炎的"心性观"在近代中国儒学发展中的影响力的分析与研究,以深化章太炎的"心性"观的开创性价值。最后,必须对章太炎"心性"观予以客观的评价,既要认识其中的贡献,更要认识到章氏理论之不足与误解,以期公允地评价历史人物和他的思想主张。

二、"心性"概念的阐释

章太炎对于"心性"问题的思索经历了较长的时期。1916 年,他于《菿汉微言》中认为:"昔人言性者,皆非探本之谈。"因为世人"不知世所谓善恶,俱由于末那识之四种烦恼"。依照此末那识而推断"仁为恻隐我爱所推,义为羞恶我慢所变,及夫我见我痴,则不可以善恶言矣"[①]。末那识者以今人所谓"潜意识"之意也,所谓四种烦恼,《成唯识论》中论曰:"四种烦恼常俱,谓我痴、我见,并我慢、我爱,及余处等俱。"[②]其意味颇为深刻,章氏引此"烦恼"强调个体无法正确地分析人性的优劣,以臆断为思考问题之出发点,使"性"向"恶"的方向逆转。当然章太炎在论述此问题过程中,亦提出"习"与"性"之间的差别,他认为:"世方谓文教之国其人智,蠕生之岛其人愚。"[③]即强调社会之存在对于民人智识之影响深刻性,而章氏认为此外部社会因素对于社会成员之影响,并不能等同于"心性",反之此不过是一种习惯。因此,"就计所习,文教国固多智,以其智起愚,又愚于蠕生之人"[④]。综上所述,章太炎认为由"心"而生"性","心"本为"空","心动"而生"性","性"有

---

① 　章太炎:《菿汉三言》,上海古籍出版社 2011 年版,第 4 页。
② 　韩廷杰:《成唯识论校释》,中华书局 1998 年版,第 254 页。
③④ 　章太炎:《国故论衡》,第 142 页。

"善"与"恶"之区分,所以他的观点排斥了社会存在对于"心性"的影响,而将之归入"习"的范畴,此是章太炎心性论的重要特色之一。

"心性"之概念素来众说纷纭,此概念究竟如何理解与阐发呢?古往今来都是历代学者的重要议题,章太炎于《辨性》篇中认为,"心性"本无具体指代,世间万物,即人类包含在内,皆无所谓"自性",盖"自性"者,皆由"心"生。所谓:"万物皆无自性。"所谓"自性"指代众生与生俱来而拥有的特质,根据佛学的理解,"自性"皆源自于"心",故"黄垆大海爥火飘风,则心之荫影也"。公孙尼子认为:"心者众智之要,物皆求于心。"因此章太炎强调:"无形而见有形,志与形相有则为生;生者于此,生之体于彼。"①所以章太炎对于"心性"概念的认知立足于佛学无疑。

虽然"自性"皆出自"心",但此并不意味着芸芸众生之"心性"没有差别,反之,由于民人天赋与"熏习性"的影响,"心性"在人群中呈现具有多样性的特征。孔子说:性相近,习相远。朱熹认为,孔子意在论证:"气质之性,固有美德之不同矣。然以其初而言,则皆不甚相远也。但习于善则善,习于恶则恶,于是始相远耳。"②而佛学中的观点则与儒学似有相通之处,佛学强调"有情""业烦恼"等是为"熏习性"产生的重要渊源,而这些"熏习性"乃是由阿赖耶识之中藏有之诸多种子,和种子所生之"识",由于受到外部世界的熏染而产生"诸业"。综合儒、佛观点之论述,不难发现两家均认可"心性"之受制于尘世之熏陶,但其区别集中体现在儒家认为民人除了"气质之性"外,亦存在向善的特质,此即"天理之性",而佛学由此强调遁入不生不死的涅槃境界。

但是纵览章太炎之"心性"观,其理论之中较多方面体现出佛、

---

① 章太炎:《国故论衡》,上海古籍出版社 2011 年版,第 134 页。
② (南宋)朱熹:《四书章句集注》,中华书局 2007 年版,第 175~176 页。

儒观点的汇通与融合。他肯定了"根性"因素在个人意识深层处于不容忽视的地位,谓:"孔子曰:生而知之者上也,惟上智与下愚不移。"在强调此观点基础之上,章太炎将之联系于佛学,他说:"此亦计阿罗耶中受熏之种也。熏之者意识,其本即在意根。"①意谓:孔子所说之性与佛学阿罗耶识中受"熏之种"同义,是一种"意识",固有质地良莠之区别,而此一切"性"的差别,与"心"有普泛的联系,此与荀子之说存在一定的联系与区别,章氏尊荀,其观点与荀子之相同处体现于认为人性为恶,而不同之处为章太炎强调"心"无善无恶。"人心者,如大海,两白虹婴之,我见我痴是也;两白蛟婴之,我爱我慢是也。"②从此引文中不难发现,章太炎认为"心"如"大海",时而平静,时而波涛汹涌,此于佛学角度论之皆源自"心动",《成唯识论》中有云:"心杂染故有情杂染,心清净固有情清净。若无此识,彼染、净心不应有故。谓染净法以心为本,因心而生,依心住故。"③是故心本无善恶,善恶之源出自"有情杂染",所以章太炎认为对于人类而言,务须意识到"由我见,人有好真之性。亦以我爱为增上缘。惟我见则无情好"④的道理,人因"缘"而生,本无"我见""我爱",然凡人无法洞悉此理故妄生邪念。

　　同时,章太炎"心性"观之显著特征是强调此概念之纯粹无善恶性。1906 年 9 月,他发表了著名的《俱分进化论》,其中认为"生物本性,无善无恶",但是在现实的社会生活之中"其作用,可以为善为恶"。之所以会产生此种差别,章氏认为"心性"之中存在"向恶"与"趋善"的诱因,他从佛学角度阐明了"心性"之中存在的此种现象:"是故阿赖邪识,惟是无覆无记;无记者,即无善无恶之谓。"但人皆有"八识",而"其末那识,惟是有覆无记;至于意识,而始兼有善恶无记。纯无记者,名为本有种子;杂善恶者,

---

① ② ④　章太炎:《国故论衡》,第 141～142 页。
③　韩廷杰:《成唯识论校释》,第 149 页。

名为始起种子"。①所以章太炎认为人之"心性"本无善恶,重在修持,既然无法认知"藏识",但于尘世间生活之中时时激发"始起种子"中的"善"的成分,章太炎之所以要用此"唯识论"论证其"心性"观点,正如今人王泛森在著作《章太炎的思想及其对儒学传统的冲击》中认为:"本来唯识学究带有很浓厚的批判俗界的倾向。在中国佛学史上,唯识一支并不畅盛,但却会在社会及政治层面起过批判力量。"②在章太炎之前的谭嗣同亦是借助"唯识学"阐发其政论和哲学主张,而唯识学之批判性质最显著处为其强调人类之于客观世界之认识之于人类"心性"产生的深刻的影响和作用。

三、中国古典哲学中的"心性"认知评述

"心性"问题是中国思想史发展过程中的重要论题之一,关于这个问题牟宗三曾经说:"此'心性之学'亦曰'内圣之学'。"③他的观点意在论证中国古典哲学中的"心性之学"其价值取向是实现个体的人格的飞跃,通过自觉的道德实践,实现"内圣外王"的道德发展目标,章氏某种程度认可了传统思想中的"心性"观,并对之予以了诠释与发展,"若我有自性者,不应生灭相寻;若我无自性者,不应执著难舍;是故立阿赖耶识为根。以末那之执著者,谓之我见,谓二根本无明。"④此论中,章太炎以"阿赖耶识"为"根",此颇似于"圣贤工夫",而"以末那之执箸者"为"我见",此有类于"道德实践"。所以章太炎之"心性"观中,不仅提出了独具一格的"心性"理

---

① 章太炎:《俱分进化论》,徐复编校:《章太炎全集》(四),上海人民出版社 1985 年版,第 389 页。

② 王泛森:《章太炎的思想及其对儒学传统的冲击》,台北:时报文化出版事业有限公司 1985 年版,第 38 页。

③ 牟宗三:《心体与性体》(上),上海古籍出版社 1999 年版,第 4 页。

④ 章太炎:《答铁铮》,徐复编校:《章太炎全集》(四),第 313～314 页。

论,而问题的另一方面是他又对于中国传统的心性观进行了对比性的研究与探索。

在传统哲学发展历程之中,章氏比较重视道家思想,观其诸多论著无不依托老、庄为代表的道家思想而展开。道家思想之所以引起章太炎不尽的兴趣,其原因是多方面的,他说:"道家者流出于史官,其规模宏远矣。"①对于先秦道家的"心性观"章太炎追溯至道家思想产生之伊始,他认为:"彼高士者,以'我慢'伏'我爱'。'我慢'量少,伏'我爱'之量多,短长相覆,是故谓之卓行。"②此亦从"四烦恼"角度入手,认为道家之思想未能真正体认"心性",章氏认为老子的这种观点并非符合其所谓之"心性"观,他说:"儒家之术,盗之不过为新莽;而盗道家之术者,则不失为田常、汉高祖。"③是故,老子之道家思想之功利性过盛,不合乎章氏"心性观"的理论追求。

而章太炎对于庄子之道家思想亦表现出了浓厚的兴趣,但其与庄子思想的初衷有差别,庄子哲学之旨趣为:"达到无所不通无所不透的地步,人间再没有什么东西可以系缚他的心。"④此论实则概括出了庄学之重要特色是其超出凡人的出世精神,章太炎却认为,庄周的精神境界虽"无所待",比较符合其"心性观"的一般特征,但两者之间存在的区别是非常明显的,所以章氏认为:"昔者,苍姬讫录,世道交丧,奸雄结轨于千里,烝民涂炭于九隅。"当时只有庄生"览圣知之祸,抗浮云之情",⑤对于世事的无奈,促成庄周

①　章太炎:《齐物论释》,王有为编:《章太炎全集》(六),上海人民出版社1986年版,第64页。

②　章太炎:《国故论衡》,第140页。

③　章太炎:《訄书》(重订本),朱维铮:《章太炎全集》(三),上海人民出版社1984年版,第138页。

④　韦政通:《中国思想史》,台北:水牛出版社1986年版,第175～176页。

⑤　章太炎,《齐物论释》,王有为编:《章太炎全集》(六),第3页。

产生了"逍遥游"的态度,采取了遁世的态度。由此言之,章太炎的"心性"理论与庄周一派迥异,盖庄周因对战国乱世之无奈,故寻求"逍遥",而章氏则是力图从人类验先阶段即强调须有空无的"心性观念",所以"庄学"与"章学"之心性论,相比较而言其同异处自然一目了然。

儒家思想作为中国传统的意识形态,章氏在《辨性》中亦予以了高度的关注,他从数个方面对此问题予以了比较全面的阐释:"而儒者言性有五家:无善无不善,是告子也;善是孟子也;恶是孙卿也;善恶混,是杨子也;善恶以人异,殊上中下,是漆雕开、世硕、公孙尼、王充也。"并且提出:"五家皆有是,而身不自明其故,又不明人之故,务相斩伐。"言谓儒家思想之中各有是非和优劣,不可轻易给予评判,必须采取"独有控名责实,临观其上,以析其辞之所谓,然后两解"①的态度才能真正探讨"心性"的问题。

中国思想史发展过程之中孟子与告子之心性观比较具有代表性,章太炎亦从其自身角度对于此二人的观点予以了论证。"盖告子以为所谓'性'是指'生而具有'而言。如此则成为一全无内容之概念,因不能涉及各种存在所具之特性也。"②而章太炎在评判告子的论点时认为:"阿罗耶者,未始执我,未始执生。不执我则我爱我慢无所起,故曰无善无不善也。"在此论证中不难发现,章太炎一方面比较认可告子所述"性"无善无恶的观点,认定其与"阿罗耶"相仿,但从另一个侧面言之,章太炎亦发现"虽牛犬与人者,愚智有异,则种子之隐显殊耳。"由告子观点出发,则牛犬与人之性相同,但因"种子"之故,使两者之"知识"差别显现,此处章氏用"种子"之说藉以阐明其观点,概种子者惟有两种区别:"种子所生的果,为

---

① 章太炎:《国故论衡》,第 134 页。
② 劳思光:《新编中国哲学史》(第一卷),广西师范大学出版社 2005 年版,第122 页。

蕴、处、界等一切现象。种子分本有、新熏两种。本有种子指无始以来异熟识中本来就具有的,新熏习指无始以来心理活动的熏习积累。"①所以从此角度言,"种子"之区别,形成了人与其他生物间的本质区别,同时章太炎认为:"孟子不悟己之言性与告子之言性者异实,以盛气与之讼。告子亦无以自明,知其实,不能举其名,故辞为之诎矣。"②因此,章太炎强调孟子驳斥告子于学理角度言之,即出现了偏差,孟子心性说与告子的心性说实为两种不同学说。

在《辨性》篇中,章太炎亦关注传统儒家发展过程的另一思想流派——荀学。他对于"荀学"有着浓厚的兴趣。所以有学者强调:"戊戌时期的'尊荀',就是章太炎沟通中西学术'理要'的具体体现。在'尊荀'这一思想形成过程中,应该社会学家斯宾塞的学说对章太炎在学理上有很深的影响和启迪。"③章太炎的诸多学术论文都体现出"荀学"对于其影响的深刻性。章太炎认为:"孙卿曰:生之所以然者谓之性。夫意根断,则阿罗耶不自执以我,复如来藏之本,若是即不死不生。"④其论强调荀子的心性观认为人之心性为"生之所以然",所以"是意根也",荀子对于性恶的认识在相当程度上认可了人性之"恶"的一面,但是荀子将此观点无限制地放大,以概括人性之根本,此毫无疑问具有偏颇性,所以章太炎强调了荀子之"心性"只是部分程度触及到了"心性"之本质,而其论之相当多的成分依然没有跳出世俗"烦恼"之中。

在中国思想史发展过程中,孟子与荀子开创了中国未来思想史发展过程中的两大流派。所以孟、荀两家对于后世儒学的发展在不同层面上产生了巨大的影响,章太炎强调:"孟子以为能尽其

---

① 陈兵:《新编佛教辞典》,中国世界语出版社 1994 年版,第 53 页。
② 章太炎:《国故论衡》,第 136 页。
③ 李璇:《戊戌时期章太炎尊荀思想及其中西学术渊源》,"中国传统思想的近代转换学术研讨会"论文,浙江金华,2007 年。
④ 章太炎:《国故论衡》,第 134~135 页。

材,斯之谓善。"并认为,孟、荀"二家皆以意根为性",而"意根一实也,爱慢悉备,然其用之异形,一以为善,一以为恶,皆趯也"①。言谓:孟子所述"性善"者为"意根"之发觉;而荀子所说"性恶"亦可称之为"意根"之发觉。所以章太炎认为孟子的性善论表面言之颇有道理,但从学理角度而言则充满了诸多的问题与矛盾,一方面孟子首先强调了验后状态下个体心性之"善";另一方面,亦强调"善"的本质需要不断与"恶"相抗衡,此表面善、恶是孟子人性观的两个方面,而未能真正理解"心性"之根本。

　　章太炎对于"心性"观的理解,并非刻意将之引入西洋哲学的范畴,而是更有意识地树立一种全新的符合国民性的伦理道德意识,他说:"明之末世,与满洲相抗、百折不回者,非耽悦禅观之士,即姚江学派之徒。日本维新,亦由王学为其先导。"②所以,章太炎"企图用佛学与阳明学陶铸资产阶级的革命观,而且力图用以陶铸适应革命需要的道德"。③所以"姚江学派"之所以在近代中国思想界发生如此广泛的影响概言之:"王阳明把心体理解为普遍之理与个体之心的统一,而这种道德本体又构成了成圣的内在根据。"④章太炎对于"阳明学"的认知强调:"王学岂有他长?亦曰'自尊无畏'而已。"并且认为"阳明学"之"义理高远者,大抵本之佛乘,而普教国人,则不过斩截数语",并且有意以姚江学说为确立我国未来教化之根本,"盖以支那德教,虽各殊途,而根源所在,悉归于一,曰依自不依他耳"。⑤所以,章太炎认为阳明学派,强调个性之解放,反对以验后的方式接受一切价值观的灌输,以自发产生一种向善的动机,从事各种符合"良知"的事业。

　　在中国古代思想史发展过程中,杨朱是"心性"观中又一支重

---

① 章太炎:《国故论衡》,第 134～135 页。
②⑤ 章太炎:《答铁铮》,徐复编校:《章太炎全集》(四),第 369 页。
③ 吴雁南:《阳明学与近世中国》,贵州教育出版社 1996 年版,第 257 页。
④ 杨国荣:《心学之思:王阳明哲学的阐释》,三联书店 1997 年版,第 88 页。

要的思想流派。章太炎认为："杨子以阿罗耶识受熏之种为性。夫'我爱'、'我慢'者，此意根之所有，动而有所'爱'有所'慢'，谓之意识。"①质言之，杨朱认为，人之本性就已经收到"熏习"的侵蚀，形成了所谓"受熏之种"，进而形成了"我爱"、"我慢"，孟子曰："杨子取为我，拔一毛而利天下，不为也。为我之为，去声。杨子，名朱。取者，仅足之意。取为我者，仅足于为我而已，不及为人也"，②此为最佳之左证，杨朱之所以会产生此种心性论，章太炎认为源自他未能真正体认认到心性，"意识与意根应。'爱'、'慢'之见，熏其阿罗耶。阿罗耶即受藏其种，更迭死生，而种不焦敝。前有之种，为后有之增性，故曰善恶混也"。③所以杨朱心性观之本质为善、恶相混，杨朱曰："太古之人，知生之暂来，知死之暂住，故从心而动，不违自然所好，当身之娱，非所去也，故不为名所劝。从性而游，不逆万物所好，死后之名，非所取也。故不为刑所及。名誉先后，年命多少，非所量也。"④杨朱之"心性"观虽然无善恶之分，但"我见""我慢"之心是其论点中的主要内容，所以"杨子不悟阿罗耶恒转，徒以此生有善恶混；所以混者何故，又不能自知也"。⑤章太炎认为杨朱混淆了善、恶之区分，未能对"阿罗耶"之本性有通透的理解，所以提出的"心性"观之不完全处，十分明显。

韩非认为："漆雕之议，不色挠，不目逃，行曲则违于臧获，行直则怒于诸侯，世主以为廉而礼之。"⑥漆雕之儒颇有任侠气概，而章太炎认为此亦未能识破真正意味之"心性"概念，因"漆雕诸家，亦以受熏之种为性"，而未能体认到心性之无善无恶之本质，所以"我爱我慢，其在意根，分齐均也，而意识用之有偏胜"。从漆雕氏"不色挠，不目逃"之行为言之，章太炎认为："故受熏之种有强弱，复得

①③⑤　章太炎：《国故论衡》，第136页。
②　杨伯峻：《孟子译注》（下），中华书局1962年版，第313页。
④　王强模：《列子全译》，贵州人民出版社1990年版，第197页。
⑥　（战国）韩非：《韩非子》，辽宁教育出版社1997年版，第184页。

后有,即仁者鄙者殊矣!"所以漆雕氏之儒者呈现出不畏强权,敢于抗争之行为特色,这是"我爱""我慢"的一种表现,所以"慢者不过欲尽制万物,物皆尽,则慢无所施,故虽慢犹不欲荡灭万物也"。而"爱者不过能近取譬,人扼我咽,犹奋以解之,故虽爱犹不欲人之加我也",但"漆雕之徒不悟,而偏执其一至,以为无余,亦过也"①。章太炎虽然对于任侠者颇多夸赞,其在《訄书》(重订本)中甚至刊有《儒侠》篇称赞道:"世有大儒,固举侠士而并包之。"②但此亦是受熏之识,而非心性本真。

四、"伪善"与"伪恶"之区分

章太炎在《辨性》篇中对于"善""恶"之判定甚多,且认为世俗对于此问题的认知有诸多误区,"问曰:善恶之类众矣。今独以诚爱人为审善,我慢为审恶,何也?"章太炎在回答此问题时论道:"审谛真一实也,与伪反。"且认定:"伪善有数:利人者欲以纳交要誉,一也;欲以生天,二也;欲以就贤圣,三也;欲以尽义,四也;此皆有为。"约言之,他强调"伪善"之本质,集中于功利性的追求,每做一事,虽然表面言之可以冠以"善举",而其目的却是"纳交要誉",这种"善",是一种"伪善",而非出自人性之本真,是故"德意志人有箫宾霍尔者,盖知其端兆矣"③。叔本华的观点对于章太炎的影响是比较明显的:"意志,作为(人)自己的身体的本质自身,作为这身体除了是直观的客体,除了是表象之外的东西,首先就在这身体的有意的运动中把它自己透露出来,只要这些运动不是别的而是个别

① 章太炎:《国故论衡》,第 136 页。
② 章太炎:《儒侠》,徐复编校:《章太炎全集》(三),第 140 页。
③ 章太炎:《国故论衡》,第 136~138 页。

意志活动的'可见性'。"①叔本华的观点强调人类的意识所认知者,仅仅是一种表象,"善"与"恶"只不过是意识认知过程中产生的假像,并且这些假像通过人的行为而表现在世人的面前。章太炎的观点与叔本华相比较言之有其共性,"知有伪善,顾不知有伪恶,其极且以恶不可治。夫有为而为善,谓之伪善,若则有为而为恶者,亦将谓之伪恶矣"②。所以章太炎受叔本华之影响极大,两者均从各自角度认定俗世所谓"善""恶"皆是因外界浸染而成就之,此所谓虚假的表象,蒙蔽了真正意味中的意识,"所谓道德律,只是良知的一个方面,而这一方面是从本能的观点来陈述的。良知是某种存在于全部经验,或者说全部理性之外的东西,无论是理论理性还是实践理性,都与之无涉"③。此观点则与章太炎在《辨性》篇中对于"心性"的论断产生了抵触,叔本华认为"良知"是一种本能,但又强调良知、道德均出自经验,其与人类的理性不相干涉,但章太炎认为民人所表现之"善"与"恶"实际来自本能与生存之压迫,质言之社会生活的复杂化与多元化败坏了人群的本性,谓:"今人何故为盗贼奸邪?是饥寒迫之也。何故为淫乱?是无所施写迫之也。何故为残杀?是以人之堕我声誉权实迫之也。"总结上述人类社会之现状,章太炎强调曰:"虽既足而为是者,以其志犹不足,志不足,故复自迫。此其为恶,皆有以为者,是故予之伪恶之名,然而一往胜人之心,不为声誉权实起也。"④社会风俗对于民人的影响是非常明显的,一方面他认为民人之"心性"排除了叔本华所谓之本能的作用,另一方面多元化的世俗社会习气则会使个体在善与恶的选择中出现种种偏差。

---

　　①　(德)叔本华:《作为意志和表像的世界》,石冲白译:商务印书馆1982年版,第159页。

　　②④　章太炎:《国故论衡》,第137~138页。

　　③　(德)叔本华:《叔本华论说文集》,范进等译,商务印书馆2000年版,第584页。

关于"伪善"与"伪恶"的评判标准，章太炎在一定程度上与康德观点具有诸多相似、相异之处。康德曾经说过："理解、明智、判断力等，或者说那些精神上的才能勇敢、果断、忍耐等，或者说那些性格上的素质，毫无疑问，从很多方面看是善的并且令人称美。然而，它们也可能是极大的恶，非常有害，如若使用这些自然天赋，其固有属性称为质量的意志不是善良的话。"①综合上述康德的观点，其核心思想是"善"与"恶"源自个体意志的选择，而这些所谓"质量的意志"之本身出自验先，我们无法进行主观的选择，而这些验先即已决定的意志直接操纵了"理解、明智、判断力"和"勇敢、果断、忍耐"的使用，是"善"的目的，或者是"恶"的动机，而章太炎在此与康德的观点比较而言，有其相似之处，他说："人有猝然横逆我者，妄言骂詈，非有豪毛之痛也，又非以是丧声誉权实。当其受詈，则忿心随之。此为一往胜人之心，无以为而为之，故予之审恶之名。"所以，章氏的观点认为个体虽然"意志"可以统领言行，但控制意志之权力实则掌控于主观之中，而非被动地接受验先中形成的不可撼动的意志，但章太炎认为由于受到功利性的外力作用的结果，凡人做出的道德判断总脱离不了虚伪与狡诈，"以审善恶遍施于伪善恶，以伪善恶持载审善恶，更为增上缘，则善恶愈长，而亦或以相消，精之醇之"，同时"审善审恶，单微一往而不两者，于世且以为无记"。章太炎认为对于"善""恶"的区分，总结曰："故审恶且为善，而审善又且为恶"。从此方面论证之可以发现，虽然"夫伪善恶易去，而审善恶不易去"，因"人之相望，在其施伪善；群之苟安，待其去伪恶"。所以章太炎认为"伪善"与"伪恶"之区分存留于概念之中，而于现实之实践缺乏可行性，"彼审恶者，非善所能变也。然而伪恶可以伪善去之。伪之与伪，其势足以相灭"②。康德在《判

---

① 康德：《道德形而上学原理》，苗立田译，上海人民出版社1986年版，第42页。
② 章太炎：《国故论衡》，第137～138页。

断力批判》中说:"把一个包含着诸经验规律的无限多样性的自然所给定的诸知觉构成一个联系着的经验,这个任务是先放地存在于我们的悟性里的。悟性固然先验地据有自然的诸侯普遍规律,没有它,自然就不能成为经验的对象:除此以外,它需要自然在其诸特殊法则里的某一秩序,这些特殊法则只能经验地认知,并且从它的角度看来它们是偶然的。"①康德强调经验之重要性,但认为在我们进行道德判断过程中"悟性"的作用具有不可替代性,而否定人之"心性"之判断力,此为康德与章太炎观点之不同之处。

五、"为善"与"去恶"

章太炎亦在《辨性》篇中,强调"为善"与"去恶"的重要性,但是"章太炎在人类命运这个伦理道德的终极问题上终于走向了悲观主义。应该看到章太炎的悲观主义不仅仅是个人在道德伦理归宿上找不到出路,更是章太炎所代表的阶层对社会物质文明的发展与精神层面发展相脱节,甚至是悖离的强烈抗议,它体现了一个思想家对人类前途的忧虑和其自身博大的人文情怀。"②此观点重在强调:他一方面努力从道德角度寻求恢复人性本真之努力,并且尽量使"心性"朝着"善"的方向发展;而另一方面,章太炎对于恢复人性之真又充满了疑惧与迷茫,1909 年 10 月,他发表《革命道德说》认为:"今之言道德者曰,公德不逾闲,私德出入可也。道德果有大小公私之异乎? 于小且私者,苟有所出入矣,于大且公者,而欲其不逾闲,此乃迫于约束,非自然为之也。"③质言之,章太炎强调,因为既有的社会存在不能得到变革,所以企图以个体的努力扭转失

---

① (德)康德:《判断力批判》(上),宗白华译,商务印书馆 1996 年版,第 22 页。
② 王天根:《章太炎的伦理思想及其影响》,《广西师范大学学报(哲学社会科学版)》2002 年第 1 期。
③ 章太炎:《革命道德说》,徐复编校:《章太炎全集》(三),第 277 页。

范的社会风尚,其难度无异于蚍蜉撼大树,民人之心性表达出的道德行为,无疑受制于社会群体共有之道德判断标准,凡合乎此标准者方能为社会默许,反之则必然受制于社会习俗。

惟欲"为善"而"去恶",当务之急是从自家工夫入手,消除个体之顽劣,以探求"心性"之纯真。宋代周敦颐曾经说过:"故圣人立教,俾人自易其恶,自至其中而止矣。"①意思是教化之根本目的乃是促使民人"自易其恶",章氏认为:"恶之难治者,独有我慢。"民人有我慢之心,所以"虽为台隶,擎跽曲拳以下长者,固暂诎耳,一日衣裳壮丽,则奋矜如故"。而克服之道存在于:"能胜万物而不能胜我,犹孟贲举九鼎,不自拔其身,力士耻之。"关键需要每个人从意识角度出发,努力认知个体之本真,而不要过多地囿于尘俗繁华,须知各种"恶"之生,皆源自未能充分识别凡世之"苦"皆源自个人,"彼忧苦者我也,淫湎者我也,懈惰者我也,矜夸者我也,傲睨者我也,而我弗能挫衄之,则慢未充"②。姜义华认为章太炎的这种观点是"将认知的主观性、有限性绝对化,否定了观念的东西在一定条件下所具有的客观实在性,否定了思维与存在、精神与物质的同一性"③。此与佛学之所谓"禅定",心学所谓"良知"之说有诸多的相似之处,此无疑忽略了作为个体的人,并非纯粹的生活在单向度的社会中,既然存活于多向度的社会则心性之变迁必然受到既有的社会现实的影响与作用。

有学者认为:章太炎的"去恶"与"为善"之方法本质言之即"依自不依他"之道德主体性凸显,更强调:"'心'、'识'、'我'是章太炎道德主体的三种表达方法,其实质是同一的。在现实生活境域中,他据'依他起自性'强调'心'、'识'、'我'的道德主体性;在追寻至

① (宋)周敦颐:《周子通书》,上海古籍出版社 2008 年版,第 34 页。
② 章太炎:《国故论衡》,第 138～139 页。
③ 姜义华:《章太炎思想研究》,人民大学出版社 2009 年版,第 257 页。

善的终极视域时,他据'三自性'强调'阿赖耶识还灭'、强调,'心斋'与'丧我',主张回归至真尽善的道德自由之境。"①此论虽比较符合章太炎言论之一方面内涵,但是其论未必尽然,《辨性》中他认为:"世之高士,不降其志,不辱其身。齐有饿人者,闻嗟来则不食。鲁有臧坚者,刑人吊之,以杙抉其创死。"此虽可谓"强调'心'、'识'、'我'的道德主体性"的统一,但是章太炎更认为,"此为以我慢伏我爱,未审善也,而前修以为卓行。"所以我们对于本真的追求不应当从个体的行为单纯判定之,而更要从个体对于此追求人性"本真"的出发点考察之,谓:"高士者,亡贵其慢,贵其寡情欲。"此外:"诸有'我见'者,即有我所有法,身亦我所有法也。摄受于身者,卒之摄受于我。"刻意的追求人性之本真,此无异于又深陷另一重"烦恼",正如同"以爱我故爱我所有,淫声色,溽滋味,有之不肯去,无之而求给,则贼人所爱,慢又助之"。②人有声色犬马之喜好一般,以功利心追逐人性本真的回归实在不可取。

　　"去恶"与"为善"更应重视"我见"之克服。章太炎强调:"人之见自我见始,以见我故谓生物皆有我,亦谓无生者有我,我即自体。"个体之所以必须克服"我见",深层次的原因是我们对于外部世界的判断,皆是遵循每个人默认的模式或构架之中,"由是求真,故问学思虑应之起。其以为有我者,斥其实,不斥其德也"③。所以对于探求人性之本真言之,务必促进社会成员对于人性自身,努力自发产生正确的认识与追求,而求真之道,即从治学角度言之,可以从"问学思虑"角度努力探索人性之真实,谓:"破执首先是破名,名去则相也不存。《齐物论》有:'可乎可,不可乎不可,道行之而成,物谓之而然。恶乎然?然于然,恶乎不然?不然于不然。物

① 张春香:《章太炎伦理思想研究》(博士学位论文),武汉大学哲学系,2005年,第18页。
② 章太炎:《国故论衡》,第140页。
③ 同上书,第146页。

固有所然，物固有所可。无物不然，无物不可'一说，太炎断定，这是破'名守之拘'的遮拨之言：'其言恶乎然，然于然，恶乎不然，不然于不然者，观想精微，独步千载，而举世未知其解。'"①所以，应当破除名相之认识障碍，要努力识破"名""相"之障，努力树立"无物不然，无物不可"之说。所谓："名之如量者，有若坚白。其不如量者有若石。"而"破除名相"，之本质乃是破除"我见"，"所以必假伪名以助思虑者，以既在迷中不由故道，则不得返"。而破除名相乃是有德者发现本性之重要途径，夫"德者无假于名，故视之而得白，扪之而得坚，虽暗者犹得其相"。此恰如"至于石非名不起也，执有体故有石之名，且假以省繁辞。是何故？以有坚白者不唯石，如是坚，如是白，其分齐不与佗坚白等"。所以，惟欲破除迷惑"心性"之障碍必先克服"我见"，其核心为正确认知"名辨"问题，而明辨之生由于"心性"之本真受到"意识"与"习惯"影响，"不知者执以为体。自心以外，万物固无真，骛以求真，必与其痴相应，故求真亦弥以获妄"②。章太炎论"为善"与"去恶"，其根本之目的是去除阻碍民人发现真"本性"，而除去障蔽个体心性之障碍。

六、结　语

"民国初年，北大教授为何极力向学生推荐《国故论衡》，而不是太炎先生同样精神的其他著述，比如'可谓一字千金矣'的《文始》和《齐物论释》？答案很简单，就因为前者更能完整体现太炎先生的学术风貌"。③所以《国故论衡》的研究价值自当不言而喻，而《国故论衡》之影响亦是非常深远，"章太炎民国时期屡次讲授'国

---

① 陈少明：《排遣名相之后——章太炎〈齐物论释〉研究》，《哲学研究》2003 年第 5 期。

② 章太炎：《国故论衡》，第 147 页。

③ 陈平原：《〈国故论衡〉导读》，章太炎：《国故论衡》，第 6 页。

学'，大抵不出《国故论衡》论述的范围，连他晚年在苏州支持成立的国学会的会刊，也依照他的意见"。①同时《国故论衡》中的诸多观点亦为胡适等学人认可与接纳之。

《辨性》一文是《国故论衡》中比较重要的一篇，其文从"心性"之产生、发展等多个角度对于"心性"问题予以了比较全面的阐释。其论之中集合本土之佛、庄、儒等多家学说，并且合理地融合了西方哲学思想等多种要素，章太炎通过钻研此学说，深入发掘了"心性"之概念，此开创了新一代儒家思想发展之先河。除此之外，近代以来"心性"问题乃是传统儒学发展过程中不可回避的重要问题，"中国哲学家对于其所讲的学问，未尝分别部门。现在从其内容来看，可以约略分为宇宙论或天道论、人生论或人道论、致知论或方法论、修养论、政治论五本部分"。②而章太炎于《辨性》之中，钻研了致知论、修养论等近代中国哲学发展中之核心问题，其开创精神不可忽视，其对于后人之治学亦具有很强的指导价值。

（朱　浩　安徽工业大学工商学院讲师）

---

① 朱维铮：《〈国故论衡〉校本引言》，《复旦学报(社会科学学报)》1997 年第 1 期。
② 张岱年：《张岱年全集》(第二卷)，石家庄：河北人民出版社 2007 年版，第 3 页。

晚清遗老吴庆坻的人生历程

李一翔　方　敏

　　吴庆坻,清末民初人士,为晚清诸多遗老中的一员。他既非郑孝胥等活跃于政治舞台者,也非王国维等以身殉清者,更非如张勋等参与复辟者,当然也绝非樊增祥等投向新政权者。作为遗老,他以诗社替仕途,和诗明志。而略览其一生,他出身于仕宦之家,饱读诗书,深受儒家传统思想影响,但他积极参与教育革新,希冀实现教育强国之梦。辛亥革命后,他隐居于沪上,参与各类诗社以舒情志,一心只做遗老,不再参与政治。他的心迹历程充分展示了一个传统遗老的形象。他的人生轨迹在辛亥革命后所改变,也是其一生矛盾的开始。纵观近代中国的历史演变进程,除了最为引人注目的外力因素,其中无疑的有许多中国人的主观期望,并且有意地推动潮流演变的方向,这种主动意志与客观环境的不断交互作用,即形成近代中国"发展变迁"的主要形貌。①而这种"发展变迁"的主要形貌在当时人物遭遇时代转折后留下了浓重的印记,对于吴氏这样在清朝活跃却隐遁于民国的读书人,这样的印记更为深刻。本文以其一生的重大活动为线索,重点分析造成他人生前后有着显著差别的矛盾之处。

---

　　①　谢国兴:《中国现代化的区域研究:安徽省,1860～1937》,"中央研究院"近代史研究所 1991 年版,第 3 页。

一、吴庆坻其人与家族

吴庆坻(1848～1924),字子修(又为子脩),一字敬彊(又作疆)、稼如,号补松老人、悔馀生、蕉廊,浙江钱塘(今杭州)人,幼年因其父任职地多变,先后旅居四川、陕西、河北、山西等地,1868年随父回到杭州,之后入著名学者俞樾于杭州开设的诂经精舍,加之又与丁丙相好,曾参与铁花吟社。光绪十二年(1886年)考中进士,改翰林院庶吉士,散馆后授翰林院编修,充会典馆帮办,总纂中外各类图籍。吴庆坻自光绪十二年考取进士后至光绪二十三年简四川学政前,基本上都在京为官。其后,吴庆坻辗转于四川、湖南等地做官:丁酉年(1897年)简四川学政;癸卯年(1903年)简湖南学政;乙巳年(1905年)接政务处总办;丙午年(1906年)授湖南提学使。[①]其在1906年担任湖南提学使时,曾随各省提学使日本教育考团赴日考察。辛亥革命后,"吴庆坻于辛亥十一月抵沪"[②]。1915年年底归杭州定居[③]。移居上海后,先后与冯煦、樊增祥、沈曾植等成立超社、逸社,为"文字之聚"[④]。其著作丰富,曾主持续修《浙江通志》和参与《杭州府志》编纂。他一生著作丰富,主要作品有《补松庐文录》《补松庐诗录》《蕉廊脞录》《吴氏一家诗》《悔馀生诗集》《辛亥殉难记》等。吴氏一族仕宦辈出,书香世家。下表为以吴庆坻为中心的直系亲属关系。

---

① 吴庆坻撰,张文其、刘德麟点校:《蕉廊脞录》,中华书局1990年版,第262～263页。

② 朱兴和:《超社逸社诗人群体研究》,华东师范大学未刊博士论文,2009年,第9页。

③ 许全胜:《沈曾植年谱长编》,中华书局2007年版,第410页。

④ 姚诒庆:《清故湖南提学使吴府君墓志铭》,吴庆坻撰,张文其、刘德麟点校:《蕉廊脞录》,第263页。

吴庆坻直系亲属关系

姓　名	关系	功　名	官　位
吴　昇	曾祖父	乾隆癸卯举人	四川夔州府知府
吴振棫	祖父	嘉庆甲戌翰林	云贵总督
吴春杰	父亲	二品荫生	山西雁平兵备道
吴士鑑	长子	光绪壬辰一甲第二名	日讲起居注官、南书房行走、翰林院侍读
吴秉澂	长孙		监务处佥事
吴承湜	孙子		内务部佥事
吴式洵	孙子		两浙监运使署科员
吴思浚	孙子		浙江教育厅科员

资料来源:姚诒庆:《清故湖南提学使吴府君墓志铭》,吴庆坻撰,张文其、刘德麟点校:《蕉廊脞录》,中华书局1990年版,第261页。

说明:吴庆坻的曾祖父、祖父和其父均为光禄大夫,姝均一品夫人。其夫人花氏亦为一品夫人。其女嫁八千卷楼主人、清季著名藏书家钱塘丁丙之孙。孙女有一。曾孙十一,曾孙女有六。

　　由上表可知,钱塘吴氏无愧为书香世家,从乾隆至清末,七代仕宦,三世史官(其祖父吴振棫著有《养吉斋业录》,其子著有《补晋书经籍志》《商周彝器例》及《含嘉室诗文集》等)。新中国成立后屡经政治运动,族人多散居异地甚至海外,家中藏书所剩无几,也导致研究资料之难寻。今日吴宅仍在,可惜物是人非。

　　对于吴庆坻的相关研究,直接涉及的甚少,多因重大事件或相关名词研究与其有关而有所提及,主要有几个方面:首先,研究晚清遗民者以其为例,林志宏所著《民国乃敌国也:政治文化转型下的清遗民》①,对吴庆坻在辛亥革命后隐居沪上的遗老生活有所提及;罗惠缙的《民初遗民生存方式之文化意蕴解析》②也是如此。

---

　　① 林志宏:《民国乃敌国也:政治文化转型下的清遗民》,联经出版事业股份有限公司2009年版。

　　② 罗惠缙:《民初遗民生存方式之文化意蕴解析》,《求索》2007年第4期。

其次则是从史料角度对吴氏进行分析,如曹莉亚的《吴庆坻手札二通考释》①,从吴庆坻致见思侄一通和致陶浚宣一通这两通来反映吴氏在续修《浙江通志》中资料收集等细微之处,以及一些相关古代典籍和他的部分人际交往,主要从史料价值方面来整理考释;周相录的《从创作角度看清代至民初文人对元稹诗歌的接受》②一文就吴庆坻参与超社后对元稹诗歌的学习和一些文学使用略作分析;仇家琼的《民国〈杭州府志〉考述》③对《杭州府志》续修事宜的探讨中曾提及吴氏,而张凯的《清季民初"蜀学"之流变》中列举各任督学对于蜀学所作的贡献时对吴庆坻有部分论述。④最后从教育视角出发,左松涛的《变动时代的知识、思想与制度——中国近代教育史新探》⑤就吴庆坻在清末新政中对四川和湖南新旧教育所作的贡献进行了较为详细的分析。此外,吴氏本人的著作多被当作重要的史料来源,如《清末中日教育文化交流之研究》⑥一书以其赴日考察记录作为重要的史料来论述近代中日教育文化关系,但关于他本人的研究尚乏整体。

二、革新:吴庆坻之教育活动

庚子事变后,面对日趋严峻的中外局势,清政府终于下定决心进行改革,1901 年,自上而下的新政开始,教育改革是其中的一项重要内容。而实际上自甲午战争失败后,清政府已然着手改革。

---

①　曹莉亚:《吴庆坻手札二通考释》,《文献》2011 年第 1 期。

②　周相录:《从创作角度看清代至民初文人对元稹诗歌的接受》,《河南师范大学学报》(哲学社会科学版)2014 年第 5 期。

③　仇家琼:《民国〈杭州府志〉考述》,《图书馆研究与工作》2009 年第 2 期。

④　张凯:《清季民初"蜀学"之流变》,《近代史研究》2012 年第 5 期。

⑤　左松涛:《变动时代的知识、思想与制度——中国近代教育史新探》,武汉出版社 2011 年版。

⑥　吕顺长:《清末中日教育文化交流之研究》,商务印书馆 2012 年版。

1897 年,编修吴庆坻奉调前往四川就任学政。他在写给好友汪康年的信中表明心迹:"弟尝谓学臣之责至重,而孤悬客寄,其有所为也至难,故平生绝不慕此官。"①吴庆坻所言不羡,乃因学政虽可监督地方教育,但由于当时地方督抚势力坐大,且多数学政与督抚均有或深或浅的知遇保举之利益牵扯,因此,学政到达地方实行教育改革,必为之掣肘,实在困难重重。吴庆坻任为学政后,遇到的困难表现如多数学政一样,其实际职能被缩减,地方势力的错综复杂导致办事不便,而对教育进行一系列改革,经费问题尤为突出。他虽深明事有磨难,但通过自己的一番考察后,到任后的所作所为可谓是尽心尽力。

吴庆坻到任后,曾对汪康年说蜀地士秀只是无人以新学引导而无法出产通敏之士,因此他希望通过自己的到来而改变这一现象。汪康年也鼓励他定能够转移四川士林风气。正如他自己所言,应当逐渐开导新学。因此,其来蜀督学,希冀可以逐渐引导川地的新学,尽量去除学风中的俗陋之气,从而促进士秀们对经典圣人的研究,而一改之前的游谈之风②。在他看来,若能如此实现,四川士林必能"它日有兴起者,当可与东南诸子颉颃,此亦山川之气,久而必昌"③。吴庆坻不仅更新尊经书院章程,添设经济等课目,而且通饬各府厅州县书院酌量变通,"一律改课时务策论,如大政典、大沿革、中外交涉以及天文、舆地、兵谋、商务、制造、测算,分门命题,不得再课时文帖试"。各地如果能够筹款兴学堂,可立即禀报学政兴办④。一系列行动都是他思虑周详的表现,也是一个普通官员"在其位谋其政"的责任体现。他在保障经学的主导地位

① 上海市图书馆编:《汪康年师友书札》(1),上海古籍出版社 1986 年版,第 378 页。
② 吴庆坻:《致汪康年书》(12),上海市图书馆编:《汪康年师友书札》(1),第 379 页。
③ 上海市图书馆编:《汪康年师友书札》(1),第 377~379 页。
④ 《四川学政吴庆坻通饬各府厅州县变通书院章程札》,光绪二十四年,载陈谷嘉、邓洪波主编:《中国书院史资料》下册,浙江教育出版社 1998 年版,第 2843 页。

时,也充分认识到了实干之学的重要性,而他在四川的主要成绩则是推动了蜀学的发展。①此前四川的学风以游谈为主,吴氏抵达四川后,考究四川的学风,在他看来:"蜀士通小学、知考订、工词章者不乏其人,比年留心时务者亦不少,而沈潜义理学者盖渺,故往往优于文而绌于行,高谈元妙,诚为无补。求其切实可信从者,惟《朱子语类》一书。拟取善本覆刻,俾人读之,其于说经论事,举可师法。"②并且吴氏曾命戴纶喆著《国朝四川儒林文苑传》,因为"蜀士多躬行实践,罕讲学之名。尊经书院未开以前,尚考据者亦少,但读书暗然自修而已"。与历代《儒林》有所差异,"史汉《儒林》为传经者而设,而其后遂归诸束身名教之儒,《宋史》创《道学传》,识者非之"。所谓"儒者之不徒空言而已"③,因此,戴纶喆将清代川省潜心宋明理学以及孝义之士均归入《儒林传》,这也是吴氏作为传统教育的受教者在实际行动中所带来的效应。虽一心提倡新学,但在他心中,儒学才是上上之师,他所认为的新学,是如何跟着时代的脚步采取措施使得儒学发扬光大,或许这才是当时传统学者面对新时代的开明举措背后更为真切的心迹。同时也不能因为他们身上所赋予的传统色彩而忽视他们的开明所带来的积极影响。吴氏在 1898 年发布的《通饬各府厅州县变通章程札》中提出:"购置图籍。各书院有书者少,应筹巨款,购备各种图书,俾来学之士,有所观览。"④由此,宋育仁从上海采购大批西方书籍,如博那的《四裔编年表》、李提摩太的《时事新论》、白尔捺的《井矿工

---

①　张凯:《清季民初"蜀学"之流变》,《近代史研究》2012 年第 5 期。

②　吴庆坻:《致沈曾植书》(1899 年 4 月 13 日),载许全胜:《沈曾植年谱长编》,第 214 页。

③　戴纶喆:《国朝四川儒林文苑传》(3),《广益丛报》第 208 期第 3 页,1909 年 7 月 16 日。

④　陈谷嘉、邓洪波主编:《中国书院史资料》,第 2483 页。

程》等。①时光荏苒,今日我们无以详析这批图书究竟产生了多大的作用,但至少可以明确的是,如果不是像吴氏一样的这些学者积极引进这些西方书籍,中国各地对于世界的了解也许不会那么广,尤其是对这些内陆城市的知识分子而言。同时,他对有才学的读书人分外珍惜,著名数学家杨冰在 1897 年参加江苏扬州府试因朝廷将名额给予皇室中人而落选,吴庆坻作为主考十分惋惜,在他赴任四川任主考时,特请上级任杨冰协同评卷,次年又推荐杨氏为县官,但杨氏因痴迷数学而婉拒②。

吴庆坻在四川所从事的一系列教育活动,反映的不仅仅是他所体现的传统知识分子的精神,也解释了他虽然在本朝积极革新,但在清亡后一心归隐、在诗文中度过他那遗民人生的矛盾。他的经历和想法对其家人也产生了深刻的影响。庚子以后,当科举再次改试策论时,吴庆坻之子吴士鉴正在江西学政任上,依然仿效父辈的维新活动,"于开通风气之事,无不尽力为之,特自问不免谫陋,故无日不兢兢恐惧,幸士论尚不以为非,或可无负故人之期望"③。

1901 年 8 月,清政府下令停止武科考试,学政新的职责中就有鼓励兴办学堂等事宜。1905 年科举停废之后,学政不再属于礼部,划归学务大臣管辖。而兴办学堂是需要大量经费的。经费问题基本上是需要学政或地方官员筹款来解决,而筹款对于内外交困的晚清政府而言,实为难于上青天之事。吴庆坻任湖南学政和提学使时,科举已经被废除,学堂正兴,但经费无从出,他多方协商,最后得熊希龄批复:"该学堂改良磁业试验,业已有成,中辍诚

---

① 朱汉民主编:《中国书院》第 8 辑,湖南大学出版社 2013 年版,第 56 页。
② 江苏省东台县政协文史资料研究委员会编:《东台文史资料》第 1 辑,1984年版。
③ 上海市图书馆编:《汪康年师友书札》(1),第 289 页。

为可惜,饬局无论如何为难,酌量给予续办经费。等因。遵即竭力筹维,于万难设法之中,酌定每年给予津贴银陆千两,计三年学期共凑拨银壹万捌千两,由开学之日起,按季匀拨,学期既满,即行停给。"①他因议从牙厘、矿务等局拨款,得金创办省校;又定盐捐为三路师范之用,创立优级师范学堂。值得特别指出的是,熊希龄与守旧的王先谦嫌隙甚深②,而王先谦被吴庆坻视为恩师,但吴氏为筹集教育经费似乎并没有参与到熊氏与王氏之间的纠葛中,可见他虽深受儒学熏陶,但并非迂腐酸儒之辈,反而懂得审时度势,为新教育的顺利实施灵活变通。因其乡试时出于王先谦门下,故在湘时常过王处,事必与商。但王先谦由于在教育上观点保守,且多风流轶事,为新知识人所不满,熊希龄就为当时的主要不满人物之一。由此可见,吴氏在教育上的革新并不彻底,更多的还是秉承着守旧的尊师礼法,再结合他在清亡后的遗民行迹,当时能对教育做出上述种种改革,已属不易。他的努力为湖南现代教育打下了一个基础,而他的教育改革,正是中国当时为挽救民族、挽救国家——从学器艺到学制度再到学文化之时,西方教育制度的传入和实践为后来的新文化运动埋下伏笔,吴庆坻的革新措施正是这股历史洪流中的一部分,不仅仅是历史大背景下的行动,也是新旧文化冲突下一个普通政府官员的复杂态度的表现。同时,我们也要注意到,他在被朝廷外派为学政之前,一直为翰林,素来无所实际政况需要他去处理,而他从 1897 年被派往四川任学政时,才是他真正展示政治能力的开始,此时他已经 49 岁。对于中国古代官员而言,49 岁正值壮年,他自幼深受儒家思想影响,修身齐家治国平天下是无数士子的理想,而他也自有一番抱负。或许,这也是他应对形势变化而作出的积极面对。吴氏的心迹似乎充满着悖论,

---

① 周秋光编:《熊希龄集》上册,湖南出版社 1996 年版,第 197 页。
② 周秋光:《熊希龄与湖南维新运动》,《近代史研究》1996 年第 2 期。

这正是他一生所经历的曲折所带来的折射,也是时代的转折在他身上留下的印记,同时还是史学之悖论与神秘的体现。因为历史的主体是人,而人性复杂又共通,后人去书写厚重时间中逝去的历史,因为共通而能书写,同样因为复杂而多样。

三、传统:吴庆坻之沪上遗老生活

由于政治认同和时代性的缘故,清代遗民一直被作为负面的研究对象,而且学界以往把焦点都放在新派人物身上,模糊和忽略了旧派人物。但近些年学界开始关注清遗民,正如王汎森所言:"重构'清遗民'们如何透过他们坚守的'文化理想',衡量和评判现实时局;尽管我们无须同意其政治认同,可是的确值得重新检视他们的行为与动机,以丰富我们对近代中国思想文化脉络的了解。"①即使是对清遗民的研究,也多为主要人物,如郑孝胥、梁鼎芬等人。而本文所研究的吴庆坻,并非属于主要人物,但是他交友广泛,行踪比较活跃,且作品丰富,如《辛亥殉难记》《补松庐诗录》《补松庐文录》《悔余生诗》等均为他此时的作品。作为寓沪遗老,他在清末新政中大力支持并付诸实践的革新举动,与他在辛亥革命后,专心于文学创作与诗社活动的传统表现,既有相承性又有独特之处。

据学者研究,晚清遗民主要集中于北京、天津、青岛、上海、广东与港澳及海外各处。而尤为特殊的是,各处遗老对于上海遗老颇有微词。究其原因,主要是侨居上海的遗民,生活相对于其他地区更为优渥,突出表现为经常结社以诗酒和之。他们的诗文多以怀念故国为主,所以也被时人讥讽。王国维曾感慨上海遗民日常

---

① 林志宏:《民国乃敌国也:政治文化转型下的清遗民》,序第 2 页。

"无论公私,皆腐败颠顶,至无可言"。①与其他遗老一样,作为遗老有着很多眷念前朝的象征,如支持复辟、留辫、易服、归隐、变名、筑室、殉节等。吴庆坻则借留辫、结社、赋诗以怀旧。但他虽留辫,却将长辫盘于头上,加之又寓沪,多参与诗社相和,因此被恪守前清礼法的遗老有所诟病。如此行为,或许他留辫旨在忠于传统文化,而非清政府;又或许是此种行为只是图个方便(盘辫有利于营生),但被顽固遗老所误会。遗老郑孝胥虽对留辫之行为大加赞赏,但是他本人却在准许自由减辫的当天就把发辫舍去②。而郑孝胥是晚清遗老的重要代表,剪辫这一行为并不能说郑氏的政治态度发生了改变,同样的,也不能因吴庆坻盘辫便否认他的遗民身份。他于 1916 年为纪念殉节人士,搜集了 150 余人的事迹编为《辛亥殉难记》,1935 年金梁在征录、补遗的基础上增订成八卷。金梁、王先谦、果焕先后作序,称吴氏"表彰忠烈,海内同钦"③,认为读此书可以"振顽立懦,诚有益于世道"④。此等苦功,可见他的怀旧之心。正如诸多学者研究晚清遗民所公认的:遗民不能一概而论,他们的情况复杂多样,不能说恪守的就是真遗民,也不能说变通的就是假遗民。吴氏虽为遗老,但并非墨守成规之人。上文中所述的教育革新正是体现了这点。并且人的性格观念并不能以某种特征来概之全面,尤其是在中国近代社会新旧交替、各种文化冲击交融的背景下,吴氏的行动必然包含着新旧时期的痕迹,他忠于传统,但是囿于现实与本身性格(并非墨守成规之人),他或多或少都会被新的因素所影响。

同时,他的诗作也多以情寓景。吴庆坻与冒广生来往相好,在

---

①　林志宏:《民国乃敌国也:政治文化转型下的清遗民》,第 51 页。

②　李君:《郑孝胥在上海的遗老生活及其社会交往》,《福建师范大学学报》(哲学社会科学版)2015 年第 2 期。

③　吴庆坻:《辛亥殉难记》,台北成文出版社 1968 年版,第 3～4 页。

④　吴庆坻:《辛亥殉难记》,第 3～4 页。

与其来往的书信中既有诗作也有私信。"庚戌四月二日,鹤亭招游崇孝寺,谭讌甚欢。时余又将出都,率成一诗,以志别怀。'树色疑人外,花光到酒边。东风几来去,我辈复流连。展卷频怀旧,谈诗欲证禅。余春弥缱绻,且缓著征鞭。'"①诗中"怀旧""证禅"已然流露出故国之情,而诗中的"东风"与"征鞭"书面上是出自宋张先《偷声木兰花》词:"骊驭征鞭,一去东风十二年。"但唐人高蟾《道中有感》的"年华经几日,日日掉征鞭"更符合吴氏心迹,高蟾是重视气节之人,此句是作者嗟老伤怀之感,与吴氏的心情岂非一样?当时同游之人,有张振卿、陈伯潜、何润夫、徐花农、陈松山等,可见吴氏交友之多。同时,他与冒广生关系密切:"昨者风传东欧有乱事(报纸尚未见,杭域严禁报馆勿载外县乱事,故消息不甚灵也。抑或讹言不足信耶),匪踪逼近郡城,闻兵力不足,人情汹懼。侄孙继泽尚无书至,焦念万分。顷已驰函往询,属勿张皇。惟意外之虑,又恐省援未至,而寇氛日亟。继泽有职司,万不能离,而其寡母妻子,则不能不为之像计避寇之方。尊处策万全,自有主宰。倘或瀛眷有暂时引避之地,伏求提携于危难之际,令其母其妻子讬芘倖脱虎口。其为感激,非可言宣。孟浪,乞恕乞恕。……阅后付丙。"②吴氏将族人安危系于冒氏,足见两人关系之深厚。吴庆坻参与超社,与诸多诗友相唱和,而且他在超社中活跃度很高:"从癸丑二月二十二日(1913 年 3 月 29 日)的第一次集会开始,到甲寅十二月二十五日(1915 年 2 月 8 日)的最后一次集会,超社差不多存在了两年时间。"③在上海超社这两年的集会中,吴庆坻只有 1913 年 10

---

① 上海市博物馆图书馆:《冒广生友朋书札》,上海书画出版社 2009 年版,第 51 页。

② 同上书,第 52 页。

③ 朱兴和:《超社逸社诗人群体研究》,华东师范大学未刊博士论文,2009 年,第 44 页。

月、12 月,1914 年 12 月等少数集会未参加①。1914 年,超社成员樊增祥接受了民国官职,在超社内部引起一阵嘲讽之风。吴庆坻也曾作诗两首来表明自己的态度,在此选摘一首《次樊山韵》其二:"望气忽迎关外吏,济时原属斗南人。樊南蓉菊秋方盛,忍置篱东漉酒巾。"惋惜鄙夷之情跃然纸上。同时,因为元稹诗作中体现的"抗干扰"特点如《莺莺传》,使得遗老们对元稹诗作中的典故、韵调(主唱和,符合诗社的要求)形成一种喜爱。同样的,超然吟社与元稹的作品也密切相关,他们追和元稹诗作。如 1914 年立春的一次集会活动,地点是沈瑜庆在上海的寓所涛园,参加者有沈瑜庆、樊增祥、吴庆坻、沈曾植、王仁东、周树模、陈三立、林开暮、吴士鉴、缪荃孙、左绍佐、梁鼎芬,共十二人,共同模仿追和元稹《生春二十首》,吴庆坻之《甲寅立春社集涛园拈元微之何处生春早句仿效其体……重念生平行脚万里旧游历历如梦如影因就辄迹所至各系一诗其虽尝涉足非当春时者皆不及焉……用质方雅毋诮谂痴》以感怀自身。他寓沪所作诗作多为托物言情或怀古自伤。如他所做的论诗之诗"弁阳一集渺云烟,论定曾闻到晚年。谁识虁臣覇客语,瑰辞无复奏甘泉。""湖壖歌哭宋遗民,瞰碧园荒志癸辛。回首中原馀涕泪,华不山下一诗人。"②"弁阳""华不山人"代指宋元之际的词人周密。周密亦是浙江人氏,为西湖吟社创始人之一,他经历了南宋被元所灭的丧国之痛,隐居不仕。周密的人生际遇与吴氏何其相似,也难怪于吴氏选其为论诗之诗作的对象:借古人之涕泪,抒己身之苦痛,基本上他的诗作都是感怀故朝,嗟叹人生。他还参加了 1915 年 3 月至 10 月上海逸社的社集活动。他临终神明不

---

① 朱兴和:《超社逸社诗人群体研究》,华东师范大学未刊博士论文,2009 年,第 42~44 页。

② 郭绍虞、钱仲联、王遽常:《万首论诗绝句》,人民文学出版社 1991 年版,第 1545 页。

乱，口吟一绝云："寂寞分无千载誉，蹉跎死已十年迟。平生师友王梁沈，又到相逢痛苦时。"谓葵园、节庵、乙庵也，皆已前卒①。临终四句，说尽了一个遗老满腹的心事。前朝已去，偷生十余载，如今师友皆逝，黄泉相逢又有何用？仍是说不尽的哀痛。晚清在于后世之人，是导致近代中国遭受屈辱的落后王朝，应该为时代抛弃之物；但对于他们这些遗老，清朝的覆灭，不仅仅是效忠对象的丧失，更是他们理想投身地的中断。他们面临的不仅仅是民国的建立，还有动乱的时代环境，自幼秉承的文化传承也面临着威胁。作为一名普通的官宦文人，吴氏的理想都已经在时代剧变中成为过去，他的教育革新已经没有了用武之地，他所能秉承的只剩下儒士的风骨和文人的感怀。并且，他如今已经是年老心衰之际（至 1911年，他已经 63 岁），面对辛亥革命如此激烈的转变，对他而言，想跟随时代的脚步，不仅仅是理想地散失后的惶恐，更是心力俱衰的无奈。虽然不能以年龄来作为他前后不一的主要原因，但是根据人的实际情况，年龄因素还是有着一定的影响力。遗老们有着各式各样的象征来表明心志，而这些象征下的行为举止与他们各自的人生际遇有着不可磨灭的联系。吴庆坻自幼饱读诗书，又长期在祖父、父亲身旁接受熏陶，以诗文来抒发自己的情志，更符合他遗老的身份。

四、小　　结

吴庆坻出身仕宦之家，通过科举与其他士人一样读书出仕，面对朝廷要求顺应革新，创出了一番成就；自历经辛亥突变，清朝覆亡后便隐居沪上，与诸多诗友结社以和诗，同时著述修书，以舒情志。他经历了清末民初的一系列风云变幻，他的人生也随之发生

---

①　邓之诚：《骨董琐记全编》，北京出版社 1996 年版，第 142～143 页。

重大转折。他在晚清时期的各种积极活动,是其深受儒家思想和时代变迁影响下所作出的革新行为;清覆灭后,他所面临的不再是新朝换旧朝的传统历史变迁,而是中国整个社会的改变,更是制度乃至文化的转变,传统知识分子在这样的转变中必然充满了复杂性。无论是顺应时代潮流通过自己的主观意愿去改变中国现状,还是忠于前朝或坚守传统文化希冀挽救正在散失的一切,他们的努力不是只有是非对错这一个评价标准,从客观的角度来看,都是近代中国不可或缺的组成部分,正如前文所言,也是近代中国发展变迁的交互作用。并且他们的努力在不同的时期有着不同的特点,守旧抑或革新。对于吴庆坻而言,其实反映的不仅仅是他本人在面对时代变化的态度,也是他所在的群体中大部分不为人知的旧知识分子皆会采取的行动;他的两大人生特点,恰是中国历史进程的特点,即在面对革新时,旧物总要被复兴,而且一直新旧交替,这正如鲁迅所言的"反复"和"羼杂"①,民初的各种文化思潮皆是这个特点的外在表现。吴氏的人生变化,所表现在政治、文化上的特征,正体现出中国近代社会转型中的复杂性,也是历史研究中不能忽视的人性分析。

(李一翔　东华大学人文学院教授;

方　　敏　东华大学人文学院硕士研究生)

---

①　鲁迅:《中国小说史的变迁》,《鲁迅全集》第 9 卷,人民文学出版社 1981 年版,第 301 页。

五、学术考辨

辛酉政变中陈孚恩罪名考辨

张建斌

咸丰十一年(1861)十月,慈禧太后与奕䜣发动辛酉政变,获得政争胜利,肃顺等赞襄政务八大臣权柄被掳。在随后的"惩凶"中,三王服诛,肃顺判为斩决,载垣、端华赐令自尽①,兵部尚书穆荫革职,发往军台效力赎罪。御前大臣景寿革职,加恩仍留公爵并额附品级,免其发遣。吏部左侍郎匡源、署礼部右侍郎杜翰、太仆寺卿焦佑瀛革职,加恩免戍②。新政权根基未稳,即追查党援,吏部尚书陈孚恩被查抄家产,发往新疆军台③。史书多以陈孚恩为肃顺等人党羽定其罪名。何以政变主角顾命八大臣多名得以豁免,而一配角却从重处罚?本文逐条梳理考辨清廷判罚陈孚恩之罪状,对史书中刻画其形象予以商榷。

一、陈孚恩获罪始末

咸丰十一年七月二十七日,咸丰帝病逝于热河行在,遗命肃顺等赞襄政务八大臣辅政,八人挟地利之便,掌控朝政,两宫太后与同治帝亦受其牵制。九月二十八日,距咸丰帝逝世两月后,两宫与

---

① 《谕内阁王公大臣务以载垣等为戒力除积习》,故宫博物院明清档案部编:《清代档案史料丛编》第1辑,中华书局1978年版,第117～118页。以下简称《丛编》。

② 《谕内阁将载垣等赞襄政务王大臣即行治罪》,《丛编》,第115～116页。

③ 《谕内阁将陈孚恩发往新疆效力赎罪》,《丛编》,第138页。

同治帝终脱把控,得以返京。京内亲慈禧太后派奕䜣外与英法联军媾和,内与文祥等安排局势,着手发动政变,缉拿肃顺等人,言官也磨刀霍霍,政争将起。揭盅者为詹事府少卿许彭寿,三十日,"闻有拿问载垣、端华、肃顺等谕旨",密陈查办党援四项事宜,称"党援宜严密查办也",痛斥八大臣"专擅以来,无耻之徒或为之鹰犬,或为之囊橐,或为之发踪指示,以致伊等志得意满,自谓大权在握,为所欲为,竟忍于大行皇帝龙驭上宾之后,欢呼畅饮,旁若无人。应请旨饬下亲信大臣,密查此种劣员,严行澄汰,以肃官常"。他还强调"应请旨饬下亲信大臣,宜速宜密","产业宜从速查抄也"①。可第二天,许彭寿话锋骤转,上"查办党援未可发之太骤片",称"权要作威作福,目中且无君父,何况同官? 在诸臣受其挟制,不过出于免祸之心,而臣又得自传闻,是以先未指实,总求饬下亲信王、大臣从容查核,未可发之太骤。倘即日明降谕旨,则言者以报复为虑,此后无敢建言者矣"②。许何以出尔反尔,是高层授意,还是时机不够成熟,囿于史料,不得而知。清廷似乎听取了许彭寿的党援不宜骤查的建议,接下来的五天时间里,载垣、肃顺、端华等赞襄政务八大臣先后被判决清算③,如何处办其党援暂被搁置。

待到十月七日,政变发生后的第七天,开始波及肃顺等人的党羽,首要人物有吏部尚书陈孚恩。许彭寿的查办党援折开始发酵,"前因许彭寿于拿问载垣、端华、肃顺时,敬陈管见折内有查办党援一条,当令议政王、军机大臣传旨,令其指出党援诸人实迹。嗣据明白回奏,形迹最著者,莫如吏部尚书陈孚恩……陈孚恩于上年七

---

① 《许彭寿奏密陈查办党援等四项事宜折》,《丛编》,第108页。
② 《许彭寿奏查办党援未可发之太骤片》,《丛编》,第109页。
③ 《奕䜣等奏遵旨会议载垣等八大臣罪名情形折》,《丛编》,第112～115页。《清代起居注》记为:"前因载垣、端华、肃顺等三人种种跋扈不臣,朕于热河行宫命醇亲王奕𫍯缮就谕旨,将载垣等三人解任。"台北故宫博物院藏《清代起居注·咸丰朝》,第33848页。

月,大行皇帝发下朱笔,巡幸热河是否可行,陈孚恩即有'窃负而逃,遵海滨而处'之语,意在迎合载垣等,当时会议诸臣,无不共见共闻。大行皇帝龙驭上宾,满汉大臣中惟令陈孚恩一人先赴行在,是该尚书为载垣等之心腹,即此可见"①。许彭寿指向非常明确,吏部尚书陈孚恩难脱其咎,终至清廷动刑。陈孚恩被判"革职,永不叙用,以为大僚软媚巧滑者戒"。

雷霆雨露并收为当政者之惯用伎俩,清廷并没有将打击面骤然扩大,对于新政权来说,稳定压倒一切,处罚陈孚恩后,朝廷随即下诏,"许彭寿纠弹各节,朕早有所闻,用特惩一儆百,期于力振颓靡。载垣、端华、肃顺三人事权所属,诸臣等何能与之绝无干涉,此后惟有以宽大为心,不咎既往。尔诸臣亦毋许再以查办奸党等事纷纷陈奏,致启讦告诬陷之风。惟当各勤厥职,争自濯磨,守正不阿,毋蹈陈孚恩等恶习,朕实有厚望焉,将此通谕大小臣工知之"②。查办党援似要以雨露收场。

"革职,永不叙用"比于肃顺等三王服诛尤为轻纵,比于其他五大臣之逍遥则尤重。皇权、宗室裙带盘根错节,专制体系下之判罚夹杂党同伐异与皇权天恩,权力游戏稍有不慎即可身首异处,处于政变洪流中,站错队伍全身而退已属不易。可陈孚恩并未在恩泽与侥幸之列,辛酉政变后的二十天内,弹劾他的折子杳至纷来,据目前能够查到的奏折中,参奏他的折子甚至超过了部分赞襄政务大臣。十月十四日,四川道监察御史钟佩贤奏"大行皇帝龙驭上宾,满汉大臣中惟令陈孚恩一人先赴行在,该尚书为载垣等之腹心即此可见"。"是从前令陈孚恩前赴热河之旨,亦属矫传,应请饬下议政王、军机大臣详晰查明,转传各衙门一律缴销,以杜淆乱。"③十月二十一日,睿亲王仁寿等奏前在热河遵旨会议大行皇帝郊配

①② 《谕内阁将党援载垣等之陈孚恩诸人革职》,《丛编》,第119页。
③ 《钟佩贤奏请查明缴销载垣等擅颁矫传谕旨片》,《丛编》,第125~126页。

典礼，"受陈孚恩语言蒙蔽"。关于陈孚恩的种种弹劾，清廷按兵不动，未予深究，朝政看似平静，实是早已激流涌动，得势者弹冠相庆，静观其变，准备分享权力蛋糕，心术不正之徒准备随时出击，讨伐异己，反观另一派则沦为鱼肉，如坐针毡，人人自危。直到十月二十一日，查抄肃顺家产时，发现"多陈孚恩亲笔书函，中有暧昧不明之语"，压垮了陈孚恩的最后一根救命稻草。"朕新政颁行，务从宽大，姑勿深究。惟其与肃顺交往密切，已属确有证据，若不从严惩办，何以示警将来？陈孚恩仅予革职，永不叙用，不足蔽辜。着派瑞常、麟魁前往将陈孚恩拿交刑部，即将该革员寓所资财产严密查抄，并着派大学士周祖培、军机大臣文祥，会同刑部定拟罪名具奏。"①吏尚为六部之首，陈孚恩被查抄，虽然久经铺垫渲染，但还是引起朝臣错愕不安。与其交往甚密的大学士翁心存错愕不已，"闻今日清晨查封陈子鹤家产，子鹤已交刑部，不知何事，殊堪骇愕"②，心蚀清怅之余，或许也是对自身处境的担忧，以当时肃顺等人之权势，谁能判断日后之失势，诸千金之子，又有几人能坐不垂堂。陈孚恩三十年宦海之拼搏，只用了七日，该案已有定结，十月二十八日，内阁奉上谕称："兹据周祖培等会同刑部拟定罪名覆奏，陈孚恩以一品大员，惟以迎合载垣等为心，率敢于会议郊配大典时措辞谬妄，且与肃顺交往密切，确有证据，情节尤重。仅照奏事妄不实拟徒，犹觉轻纵。陈孚恩着照周祖培等所拟，从重发往新疆效力赎罪。"③

梳理陈孚恩被弹劾的罪名，主要三项：一是朋比为党，咸丰帝逝世后，只陈孚恩一人被招往热河，其被认为载垣等心腹，且与肃顺有书信往来，有"暧昧不明"之语。二是妄议朝典，会议郊配大典

①　《谕内阁陈孚恩与肃顺交往密切着即拿交刑部查抄资财》，《丛编》，第133页。
②　翁心存：《翁心存日记》咸丰十一年十月二十一日（11月23日），中华书局2011年版，第1663页。
③　《谕内阁将陈孚恩发往新疆效力赎罪》，《丛编》，第138页。

时措辞谬妄。三是窃负而逃,咸丰十年,英法联军逼近北京,陈孚恩有"窃负而逃,遵海滨而处"之语,意在迎合载垣等人。总结起来,计有朋党、妄议、出逃罪状三条。

二、三项罪名考辨

陈孚恩因朋党、妄议、出逃等罪名被议处,发往新疆。但细纠此三条罪名,均有继续探讨空间。

1. 朋比为党不实

后人认为,陈孚恩被定罪的主因是君子不齿之朋党,《清史稿·陈孚恩》言,"初,孚恩以议礼忤载垣、端华、肃顺等,及再起,乃昵附诸人冀固位"①。可书史者似乎忘记了十一年前,道光帝逝世时朝堂的激烈一幕。陈与载垣等人因礼仪口嘴相争,大动干戈。此事发生于道光三十年二月六日,"巳刻偕军机大臣、惠、睿、瑞、定四王,御前大臣、耆、卓两相国,文、贾、惠、孙、阿、杜六尚书,朱、周两侍郎同召见于勤政殿东书房,以会议遗谕中郊配、庙祔二条奏上……是日诸王与陈孚恩争论,几至失仪,一并议处"②。《清文宗实录》记为:"怡亲王载垣等奏召对时与陈孚恩语言辩论,举措失仪。"③庙堂之上,讨论典志,陈孚恩仗文人笔墨,引经据典,酸透了几个文墨不通的王爷,忤逆皇亲之威。至于"举措失宜",怕是也非面红耳赤的"语言辩论"般简单。虽然当时陈孚恩掌刑部,入枢廷,但与诸王生龃龉,且不论他勇气可嘉与否,吃亏是必然的。二月十一日,吏部奏议,载垣与陈孚恩等"虽失小节,究属忠悃之诚,而陈孚恩虽为广言起见,于大体殊属乖谬。仁寿、载铨、载垣、端华、僧

---

① 《清史稿》列传174,陈孚恩。
② 《翁心存日记》,道光三十年二月六日(3月19日),第781页。
③ 《文宗显皇帝实录》(一)卷3,道光三十年二月上,丁未。

格林沁、陈孚恩均着一并交各该衙门议处寻议上。……仁寿等着罚俸六个月,准其抵销。陈孚恩着降三级留任,准其抵销"①。朝廷各打三十大板,但对陈孚恩实则不利,道光去逝,咸丰初政,诸王当权,陈孚恩不得不于当年五月,以"以母病乞解职侍亲回籍"②,此后八年中,陈孚恩一直以在籍尚书的身份在地方参与镇压太平军团练,游走于权力边缘,仕途遭踬。团练之中,也曾身处长毛围困南昌孤城九十余日,不知陈孚恩对诸王爷之"恩赐"作何感想。试想东山再起后识时务,攀援昵附,有此一遭,诸王又岂能容他。

史书中陈孚恩得肃顺提拔重用之说需澄清。陈孚恩因与载垣等因礼仪之争被降三级后回籍办理团练。再次回京谋得职位是咸丰八年,这年七月,陈孚恩以头品顶带署兵部右侍郎。八月,调补兵部左侍郎,九月八日署理吏部尚书,两天后,补兵部尚书,仍兼署礼部。连续跃进,一般认为幕后推手是肃顺等人。可事实此种臆测夸大了臣权,而忽略了皇权。咸丰八年,肃顺虽然得到皇帝的宠信,可毕竟咸丰帝当政,大权独揽,肃顺如何能垄断朝纲,有史例说明。咸丰八年三月,陈孚恩启用四个月前,御史钱森桂即保奏陈孚恩,称其"识优长,请赐棹用",被咸丰帝斥为"朋比党援……所奏实属荒谬",将钱森桂"着回原衙门行走,以示薄惩"③。四个月后,朝廷就话锋一转,补其为兵部右侍郎,原因简单,咸丰帝再使雷霆雨露之法,陈孚恩又怎能不俯首称臣,感激皇恩之隆。肃顺等人也是皇权的棋子,就在九月十日陈孚恩补兵部尚书同一天,肃顺获"调礼尚,兼理藩院事务"。另外,肃顺等人掌权后,却未见有提拔陈的举措,陈的升迁在肃顺得势之前,推手应是咸丰帝。授予其兵部右侍郎职,可能是其在地方办理团练有功。

---

① 《文宗显皇帝实录》(一)卷3,道光三十年二月上,丁未。
② 《文宗显皇帝实录》(一)卷3,道光三十年五月下。
③ 《文宗显皇帝实录》(四)卷247,咸丰八年三月上,甲申。

咸丰帝梓宫尚未归窆,赞襄政务王八大臣已代天子朱笔。辛酉政变发生后,十一月十九日,慈禧太后等人对赞襄政务大臣代拟的谕旨翻案,"斯时驻跸木兰,远距京师,未能即日回銮,若不暂允所请,载垣等跋扈情形,其势将有不可问者。是以隐忍姑从,将所擅拟谕旨钤盖御印,实出于不得已"①。是以顾命八大臣下发的二道谕旨为"造作"②。十月十四日,御史钟佩贤见机奏请"从前令陈孚恩前赴热河之旨,亦属矫传,应请饬下议政王、军机大臣详晰查明,转传各衙门一律缴销,以杜淆乱"③折片,向朝廷输诚,结果投机不成,没有得到应允。由此可知,陈孚恩急赴热河行在办丧仪一事,并未引起慈禧太后等人特别反感。《热河密札》载"太邱(陈孚恩)到,伊谋恭理不得,连日如狂如痴,恐非所宜耳"。④如若得肃顺等人支持,何以"恭理"不得。陈孚恩到热河后,也没有得到两宫太后和皇上的召见,"闻陈子鹤到滦后未召见。于庭中叩首请安"⑤。联想后来奕䜣到热河后,面见两宫太后的种种挫折,是陈孚恩被八大臣阻拦而未得见,还是两宫与皇帝特意不见,因史料缺乏,还不能下论断。至于何以单独召陈孚恩前去热河,本文认为应是其熟悉清代典礼,在恭理丧仪方面,尤其特长。下文另有叙述。

在办理肃顺案中,查抄到陈孚恩所书多封私信,内有"暗昧不明"之语,"暗昧"似有不可告人之隐私,"不明"则是模棱两可,既然是不可告人的不明隐私,当然不是在信件中明白写出,断案人员循当权者意图臆断猜想也最有可能,恰恰说明陈孚恩与肃顺结党营

① 《谕内阁着即销除载垣等所拟赞襄政务及驳斥董元醇谕旨》,《丛编》,第140页。
② 王开玺:《辛酉政变前后两道谕旨考论》,《历史研究》2012年第4期,第165页。
③ 《钟佩贤奏请查明缴销载垣等擅颁矫传谕旨片》,《丛编》,第126页。
④ 《热河密札》,《近代史资料文库》第1卷,上海书店出版社2009年版,第34页。
⑤ 翁同龢:《翁同龢日记》咸丰十一年八月初一(9月5日),中华书局2006年版,第132页。

私还有待商榷。引人生疑的是,除了对陈孚恩暧昧书函处理外,查得他人书信,则"因思载垣、端华、肃顺权势熏灼,肃顺管理处所尤多,凡内外大小臣工赠答书函,均恐难与拒绝。当兹政令维新,务从宽大。……所有此次查抄肃顺家产内账目书信各件,着议政王、军机大臣即在军机处公所公同监视焚毁,毋庸呈览,以示宽厚和平,礼待臣工至意"①。一方面打压朝中重臣,一方面又安抚收买人心,清廷驭人之活剧跃然纸上。然对比清廷之雷霆雨露,则更易引起后人疑其中不公的隐情。

肃顺重用汉人,也为后人联想陈孚恩朋附肃顺留下想象空间。《清史稿·肃顺》传中,对于肃重用汉人有载:"肃顺日益骄横,睥睨一切,而喜延揽名流,朝士如郭嵩焘、尹耕云及举人王闿运、高心夔辈,皆出入其门,采取言论,密以上陈。于剿匪主用湘军,曾国藩、胡林翼每有陈奏,多得报可,长江上游以次收复。"②民国初年,纂修《清史稿》,距辛酉政变发生过了半个世纪,一些遗老对当时之事必有所耳闻,可此说中肃顺门上客并未提及堂堂六部之首的陈孚恩,所列的郭嵩焘是陈孚恩提拔保举,官衔职位也远低于陈,陈反而未列入肃党行列。另外,陈与曾国藩等人同办团练,也未提及他与肃顺交往,是撰史者遗忘,还是有意为之,值得玩味。另外,在朝政方面,陈孚恩与肃顺也发生过政见分歧,咸丰九年一月二十日,"内阁会议,汤少廷尉条陈意皆主驳,惟沈朗亭别有说帖,朱志堂又有一说,陈子鹤、黄莘农又别有一说,经肃雨亭痛驳,遂不能自坚其说"③。该说中肃顺之霸道可窥一斑,朝臣或僻居门庭,或迎奉勾结,肃顺喜结汉人,竭诚延揽,多有馈赠,也是平常人情举措。总之同流合污易,独善其身难,以当时之朝堂大环境,与肃顺交与不交

---

① 《谕内阁著将查抄肃顺家产中账目书信焚毁》,《丛编》,第 139 页。
② 《清史稿》列传 174,肃顺。
③ 《翁心存日记》,咸丰九年一月二十日(2 月 22 日),第 1394 页。

实难成为党援之标准。

2. 妄议朝典难成

道光帝生前曾降谕，"嗣后郊祀配位以三祖五宗为定"①，即郊祀配位只有太祖、世祖、圣祖、太宗、世宗、高宗、仁宗、宣宗，以后不再添列。咸丰皇帝去世后，配位问题涉乎尊亲孝道，再被提及。八月初八日，朝廷下发谕旨令王大臣等妥议郊配祔庙事②，讨论结果出现分歧。

不赞同举行郊配大典有万青藜、黄宗汉、世铎、潘祖荫、许彭寿等人。八月十二日，集议内阁政事堂，都察院左都御史万青藜曰："孝莫大乎尊亲，顺莫大乎养志，宜遵谕旨，无庸升配"③，众议遂定。九月初十日，黄宗汉奏，"升配大典若即照遵谥不逾二十二字之例，配位仍以三祖五宗为定，则臣奏可以无庸置议"④。九月十一日，礼亲王世铎奏为"臣等伏思升祔典礼自应敬谨举行，奉为百世不祧之庙，无庸再议。郊配之典，臣等亦何敢复有异辞"⑤。该折列衔中陈孚恩有"另行陈奏"字样，许彭寿、潘祖荫列衔（仁寿没有列衔，笔者注）。十月初六，潘祖荫、许彭寿奏："臣等伏读大行皇帝圣制甲寅孟夏诣，斋宫即事成什末句，以后无须再变更注云，天坛郊配享以三祖五宗永不再增配位，已见庚戌之旨，尤恐后代无知故远朕旨，则仪文太繁，或又有变更，故末句云圣制诗，恭悬斋宫，永垂法守，臣等诵惟之下仰见大行皇帝言法行则至当至精，初非博谦让之虚名也。臣等久值恩深重得瞻圣藻，足为千古定评，何期弓

①② 《著令王大臣等妥议仍行郊配祔庙事上谕》，录副奏折，03-4164-017，中国第一历史档案馆藏。
③ 《翁同龢日记》，咸丰十一年八月初一（9月5日），132页。
④ 《奏为会议大行皇帝升配典礼清事》，录副奏折，03-4179-017，中国第一历史档案馆藏。
⑤ 《奏为遵旨会议升配大典事》，录副奏折，03-4179-020，中国第一历史档案馆藏。

剑未寒,顿生异议,为臣子者于心何安,伏乞皇上本乡志述事之诚,尽尊亲养志之道,将王大臣会议一折及载垣等一折,陈孚恩一折,黄宗汉一折一并交王大臣敬谨会议以彰圣孝而慰先灵。"①诸位大臣贯穿古今,引经据典,表达祖制不可违,郊配大典不可行。

　　赞同举行郊配大典的有仁寿、载垣等人。九月十五日,睿亲王仁寿奏:"咸臣以为本月(十一年八月)即奉梓宫回京,灵即安于宸居神已归乎正殿,倘值大捷,再驰露布急,宜趁此克举隆仪,谕旨煌煌,屡述圣德,使有血气之伦无不闻而感泣,俾知日后永享生平,其来有自尽圣人标群伦之准,追慕糜穷,大清衍万禩之祥,与天无极,夫孰有议其后者哉,至于升祔之礼,诹吉日举行,各该衙门自当敬谨预备。"此折中陈孚恩列衔。②九月二十二日,载垣等八大臣认为,"升配天坛均在永远奉安以后,现计陵工告成尚需时日……应请俟后大行皇帝永远奉安,诹吉有期,即由臣等将郊坛升配大典请旨遵行,以彰圣轨"③。赞成郊配大典者,以孝道做官样文章。

　　郊配典礼关乎尊亲孝道,皇帝功德永存,群臣各抒己见。到十月二十日,内阁突然奉上谕发出质问:"前据睿亲王仁寿等遵议皇考大行皇帝郊祀配位,与廷臣所议歧异。本日礼亲王世铎等奏遵议郊祀配位典礼一折,仁寿等又复列衔。事关典礼,有无迁就之处,着睿亲王仁寿、醇亲王、定郡王溥煦、尚书绵森、伊勒东阿、侍郎伊精阿、左副都御使富廉,另行具奏,以昭慎重。"④今见世铎的奏

---

① 《奏请再议郊配大典事》,录副奏折,03-4165-009,中国第一历史档案馆藏。
② 《奏为遵旨会议升配大典等事》,录副奏折,03-4179-019,中国第一历史档案馆藏。
③ 《奏为遵旨议奏升配大典请俟大行皇帝永远奉安诹吉有期再行请旨事》,录副奏折,03-4179-035,中国第一历史档案馆藏。
④ 《睿亲王仁寿奏为沥陈下情会议郊配列衔并非别有意见等事》,《丛编》,第132页。

折上,上述朝廷点名批评的睿亲王仁寿并没有列衔,只有陈孚恩同在礼亲王世铎与睿亲王仁寿奏折中列衔。谕旨下发后,仁寿等为此事再次上奏:"窃臣等前在热河遵旨会议大行皇帝郊配典礼,据已革吏部尚书陈孚恩声称:道光三十年大行皇帝以三祖五宗为定之旨,系原任协办大学士,工部尚书杜受田所拟。又称:在京王、大臣等会议折内吁恳皇上恪遵遗训,无庸举行郊配典礼,系因大行皇帝去秋巡幸热河起见。臣等窃思大行皇帝巡幸之举,乃圣心不得已之苦衷,是以臣等另衔会奏。迨回京后,复奉上谕会议,并详审潘祖荫等所奏恭引圣制诗句注语,得悉天坛悬奉谕旨,实系出自圣裁,自宜谨遵圣谕,以彰至德,因随同列衔具奏。前次另行具折,实系受陈孚恩语言蒙蔽,并非附会载垣等之意。此次共同列衔,亦非别有意见。"①仁寿等将朝廷的诘问归罪于陈孚恩的蛊惑,可从睿亲王仁寿"实系受陈孚恩语言蒙蔽,并非附会载垣等之意"侧面看出,附陈与附载还是有区别的。

陈孚恩的罪状也由此增加"无庸举行郊配典礼,系因大行皇帝去秋巡幸热河起见"妄议一条。朝廷听取审理此案的内阁学士周祖培奏议,"兹据周祖培等会同刑部拟定罪名覆奏,陈孚恩以一品大员,惟以迎合载垣等为心,率敢于会议郊配大典时措辞谬妄,且与肃顺交往密切,确有证据,情节尤重。仅照奏事诈妄不实拟徒,犹觉轻纵。陈孚恩着照周祖培等所拟,从重发往新疆效力赎罪"②。

作为吏部尚书,在权高位重的王爷中斡旋,同时在奏折上署名,不显庄重,但在礼亲王世铎一折中写有"另行陈奏"字样,可知他还是表达另有想法,与耍两面派的作法不同。此外,上文论及,

---

① 《睿亲王仁寿奏为沥陈下情会议郊配列衔并非别有意见等事》,《丛编》,第132页。

② 《谕内阁将陈孚恩发往新疆效力赎罪》,《丛编》,第138页。

在道光帝逝世时,陈孚恩曾因郊配大典事与载垣等争论,以至于被罢官多年,再引《清史稿》佐证,"三十年,宣宗崩,遗命罢配郊祔庙,下王大臣议。文宗召对,孚恩与怡亲王载垣等争论于上前,载垣等以失仪自劾,诏原其小节,予薄谴,而斥孚恩乖谬,降三级留任。孚恩寻以母老乞养回籍,允之"①。郊配事大,不可妄议,陈孚恩以八年的官宦颠踬换不得一个教训?何以这次又说出"无庸举行郊配典礼,系因大行皇帝去秋巡幸热河起见"的妄议。此外,陈孚恩应是清廷中熟悉礼法之人,其好友翁心存曾记载这样一则朝典礼制,咸丰九年正月初九日,"上诣皇干殿行礼,传辰正预备。卯初起,卯正二刻出城,在坛内帐房坐候,众议站班之处未决,庆远斋明。谓当如旧仪,于是群在斋宫外恭候,而滇翁、子鹤(陈孚恩,笔者注)独谓宜在西天门内。众又从之,于是蟒袍补服在道南站班,不分左右"②。下文中提及的英法联军入京谈判中,陈孚恩对典礼的据理力争也能反映出他恪遵清代礼法。陈孚恩对清廷典制的执拗,曾因争论郊配典礼降三级留任。此次又因郊配典礼获罪,重蹈覆辙,是欲加之罪还是确有其事,给人留有怀疑一隅。

3. 窃负而逃"是真"

陈孚恩的另一条罪状是在咸丰十年英法联军逼近北京时,咸丰帝下谕旨讨论对策,陈孚恩有"窃负而逃,遵海滨而处"之语。辛酉政变后,陈孚恩出逃的建议演变为迎合载垣等人。英法联军逼近京畿之际,建议咸丰帝前往热河的首倡者应为僧格林沁,此后将倡导咸丰帝巡幸热河之过加到顾命八大臣头上,清代就也早有人据此事辨伪。"文宗之幸热河,首倡此议者,僧格林沁也。……而后来诛肃顺、端华诸人,乃以此为大罪。以肃顺怙崇专擅,诚非无

---

① 《清史稿》列传174,陈孚恩。
② 《翁心存日记》,咸丰九年正月九日(2月11日),第1391页。

辜,而罪以避敌之议,则大误矣。"①另,军机处匡源等人奏折中也提及此事,"自本月二十四日发下亲统六师朱谕,及僧格林沁巡幸木兰密折一件,命王大臣等会议。贾桢等会同臣等连御复奏,力陈其不可举行之故,臣等并于召对时,再三恳求圣驾,万勿轻动。蒙皇上温谕臣等"②。

非但如此,当咸丰帝在热河时,陈孚恩上折奏陈皇帝早日回京。咸丰十年十月十一日,陈孚恩跪奏:"夫以木兰数程之近,官民涣散之情,加以饷绌兵单,一无可恃⋯⋯伏愿我皇上进群臣而熟商之,速降谕旨,或轻骑简从,即日回銮,令各省大吏饬属刊刻张贴,先靖人心,以消反侧,并饬源源接济京饷。"咸丰帝对陈孚恩此折批之甚严,"知其一未知其二,只图消其疑虑,不暇择自蹈危机,处处毫无把握,万难允行"③。不难看出,判陈孚恩怂恿皇帝逃离北京之罪,应是当时环境使然,不能成为定罪理由。后以此判其罪,是以慈禧太后、奕䜣为首的当政者,对在热河行在受制于肃顺等人不满情绪的反映,也是对咸丰帝出逃热河造成的英法入侵国难的一种开脱。

三、屡次遭到弹劾的原因

辛酉政变后,何以吏部尚书陈孚恩屡次遭到弹劾? 笔者认为

---

① 齐思和编:《第二次鸦片战争》第 2 册,上海人民出版社 1978 年版,第 299 页。引文中的"芸阁"指文廷式《闻尘偶记》,其原文如下:"文宗之幸热河,首倡此议者僧格林沁也。其奏疏,余于张编修鼎华处曾见抄本,言战既不胜,惟有早避,词甚质直。以事理论之,唐元宗、德宗屡奔而存,明庄烈一殉而亡。文宗仅幸离宫,较之前代尤为有得无失,此当归美于议避之臣,而后来诛肃顺、端华诸人,乃以此为大罪。夫肃顺怙宠专擅,诚非无辜,而罪以避敌之议,则已误矣。"《近代史资料文库》第 1 卷,第 66 页。
② 齐思和编:《第二次鸦片战争》第 5 册,第 58 页。
③ 同上书,第 288 页。

原因是多方面的。

1. 以儆效尤

为警戒党徒,稳定朝纲,慈禧太后和奕䜣获得党争胜利后,必然对政见不同者,予以打压,同时也为培植亲信,再分权力蛋糕留有空间。辛酉政变后,朝廷对三类人予以惩治,一是赞襄政务八大臣,二是异端官员,三是内廷太监。

事不过三,三类惩凶均强调"惩戒"之意。咸丰十一年十月初七日,皇帝谕内阁王公大臣以载垣等为戒力除积习,警示他们"嗣后倘有如载垣等专擅不臣者,尔王、大臣等以及科、道即行据实参奏,朕必立予治罪,并奖励敢言,以彰直谏。倘仍前缄默,别经发觉,则尔王、大臣等辜负朕恩,朕亦不能宽宥也"①。当日,又发谕旨,谕内阁宗室当以载垣等为戒,恪遵家法同襄郅治。②

十月十八日,对于与肃顺交结的太监杜双奎等人从重惩办,谕旨称:"至肃顺交结近侍,心存叵测,该太监等迫于威焰,意存迎合,均属罪由自取。现将杜双奎等从重惩办,足以示儆,此外自无庸再事株求,以昭宽大。"③

在处理陈孚恩的众多罪名中,也重申警示之意:"朕新政颁行,务从宽大,姑勿深究。惟其与肃顺交往密切,已属确有证据,若不从严惩办,何以示警将来?"④辛酉政变后,慈禧太后与奕䜣等人掌握政权,对具有"六部之首"的吏部尚书陈孚恩严惩,即是党同伐异,也是以儆效尤,杀一儆百之举。

2. 政见不合

咸丰帝北逃热河,京内事务交与奕䜣代管。与奕䜣等人主和不同,陈孚恩负责外城防务,坚决主战,对于团练事尤其上心。"至

---

①　《谕内阁王公大臣务以载垣等为戒力除积习》,《丛编》,第117页。

②　《谕内阁宗室当以载垣等为戒,恪遵家法同襄郅治》,《丛编》,第118页。

③　《谕内阁将与肃顺交结之太监杜双奎等从重惩办》,《丛编》,第131页。

④　《谕内阁陈孚恩与肃顺交往密切着即拿交刑部查抄资财》,《丛编》,第133页。

初七日天明,警报愈急,上于已刻由园启程,径赴热河……命贾筠堂、周芝台两相国、陈子鹤大司马及光四人在外城防守。……先于七月命周芝台相国、陈子鹤大司马、潘星斋少司空、宋雪帆少宗伯办理外城围防偕五城巡城御史,在浙绍乡祠,督同司坊官,并约京城科道翰林,筹议团防事宜。"①陈孚恩非但自己一人坚持主战,还邀同僚加入。对其好友翁心存之子翁同龢即力邀加入御敌之局。八月初八,"陈子鹤大司寇邀余兄弟至团防公局议事,余辞之"。八月初十,"陈子鹤复邀余赴局,初更往"。八月二十五日,"陈子鹤力持不可和之说,带勇数百,各处巡查,市人皆称诵不置"。八月二十七日,夷酋定于廿九日午刻入城,留京王大臣会同六部九卿公议和夷条款。第二天,"是日王大臣六部九卿会议于内阁,事秘莫闻,陈大司马未到。"②一方面积极筹备御敌之法,一方面九卿议和不予参与,陈孚恩与奕䜣等人因对外策略不合已显见。此种政见不合非同一般,关乎日后对战事责任之承担,也关乎人品命运。

胡思敬《国闻备乘》叙述陈孚恩对英法之态度,对典制之恪守更显活态。"庚申之役,文宗北狩","和约成,大宴夷酋于礼部……大学士周祖培股栗不能言,孚恩拂衣起曰:'王、大臣事同一体,今日玉帛之会,观礼近万人,先朝典制具在,不可亵也!'夷酋知众论不予,遂戢邪谋。是役微孚恩持正,祸几不测。世以其阿附肃逆,咸加丑诋,并其大节而亦没之,殊可痛惜!"③时人笔记反映出陈孚恩对英法之态度较之其他朝臣强硬,对奕䜣也绝不是俯首称臣,对清代典章恪守执拗。

3. 朝臣内斗

辛酉政变中,詹事府少卿许彭寿多次弹劾陈孚恩。詹事府原

---

① 舒牧等编:《圆明园资料集》,书目文献出版社 1984 年版,第 266 页。

② 《翁同龢日记》,咸丰十年八月初八至二十八日,第 70～75 页。

③ 胡思敬:《国闻备乘》卷 1,"陈尚书罪不掩功"。

为东宫僚佐,乾隆朝以后,逐渐轮为翰林叙进之阶,词臣迁转之地。此次政变,为这些久居翰林院,每日攒书的士子们,提供了大展拳脚之机,仕途又多一线生机,许彭寿无疑是善于把握机会,也是最为积极人员之一。许彭寿第一次上奏查抄党援是九月三十日,"形迹最著者,莫如吏部尚书陈孚恩",第二次关于郊配大典讨论过程中,他奏折中将陈孚恩关于郊配大典折一同奏报,为陈获罪增添砝码。许彭寿何以多次为难陈孚恩,应与其父许乃普罢官有关。

咸丰晚年,肃顺依咸丰帝宠信,气焰日嚣,先是在戊午科场案中斩杀了一品大员柏葰,后又在户部宝钞案中牵连巨广。《清碑类钞》记:肃恃宠而骄,时周祖培以户部尚书协办大学士,而肃亦为户部尚书,同坐堂皇判牒。一日,周已画诺,肃佯问曰:"是谁之诺也?"司员曰:"周中堂之诺也。"肃骂曰:"唉!若辈愦愦者流,但能多食长安米耳,焉知公事!"因将司员拟稿尽加红勒帛焉,并加红勒帛于周诺上,累次如此,周弗敢校也。诸大臣受其侵侮,而唯诺维谨,大学士翁心存引疾乞退以避之①。

咸丰晚年,朝臣隐退的还有军机首揆彭蕴章和吏部尚书许乃普。"大学士彭蕴章以病乞开缺允之。吏部尚书许乃普因病解任以兵部尚书陈孚恩为吏部尚书。"②《清文宗实录》上述记叙平实,反观翁心存、翁同龢父子所记此事就颇有深意了。咸丰十年九月初七,"彭师准开缺,许师开缺,陈孚恩调吏部尚书"③。翁同龢之意彭蕴章准开缺当是本人申请,予以批准,许乃普有被开缺之暗喻。《翁心存日记》也有言及"彭相国请开缺,得旨俞允,许滇生冢宰亦引疾,陈子鹤调吏尚"。一个"亦"字,多少有些当事人无奈之嫌。至于许乃普为何引疾辞官,笔者设想应是英法联军进京,许乃

① 徐珂编:《清碑类钞》第1册,中华书局2010年版,第254页。
② 《文宗显皇帝实录》(五)卷330,咸丰十年九月上。
③ 《翁同龢日记》,咸丰十年九月初七(10月20日),第77页。

286

普属渎职被纠官员行列。后陈孚恩由兵部尚书接替许乃普为吏部尚书。许乃普的开缺对仕途正劲的许彭寿来说，如突发横祸，仕途由此蹭蹬。此次弹劾陈孚恩自是内心愤懑的表象。

许彭寿除弹劾陈孚恩外，还牵连侍郎刘琨等人，"形迹最著者，莫如吏部尚书陈孚恩；踪迹最密者如侍郎刘琨、黄宗汉等"①。可后来刘琨再被起复，对于许的弹劾颇不以为然。"同治初，御史某（许彭寿）劾侍郎刘琨党肃顺，琨坐免。琨实不知肃顺。先数年，御史父尚书某（许乃普）招饮，始共杯酒，御史不知也。他日相遇于戏园，琨发愤骂御史，且质尚书前事，御史惭嗫，欲引去，琨奋起击之，碗拂其耳，羹酒染衣，众环救乃解。久之，事颇上闻。皇太后察琨无他，复起用琨。或戏为联曰：'许御史为国忘亲，捐归党籍；刘侍郎因祸得福，打复原官'"②。记述此事，实暗讽许彭寿弹劾朋党有沽名钓誉、急于站队、立功心切之嫌。

4. 臣僚相轻

咸丰十一年七月十七日，咸丰帝去世后，赞襄政务八大臣奉上谕，令陈孚恩星速前往热河行在。命令豫亲王义道、恭亲王奕䜣、周祖培、全庆等着在京办理一切事宜，毋庸前往。后来，陈孚恩因此事被指摘为肃顺、载垣等人的心腹。奕䜣等人后来的这种说辞既是对陈孚恩的愤恨，也是出于本人未能前去热河行宫不满的表现。咸丰十年，咸丰帝前往热河，奕䜣被留在京内，办理夷务，后几次申请前去热河均被拒绝，内心郁懑。咸丰帝逝世后，作为皇帝亲弟弟，却也没有能够允许前往热河吊念，奏请吊唁，又遭气折。几番挫折后到了热河，面见两宫也是经过斗智斗勇。

除奕䜣一人外，赞襄政务八大臣代发谕旨，"各路统兵大臣等

① 《谕内阁将党援载垣等之陈孚恩诸人革职》，《丛编》，第119页。
② 朱克敬：《瞑庵二识》卷1。

无庸奏请叩谒梓宫,业经明降谕旨,各该大臣等自宜恪遵"①,朝臣多有不满。翁心存在咸丰十一年七月二十一日日记中记述,"途遇子鹤,即往滦阳矣"②,也有几分己所不能的遗憾。另外,除了令陈孚恩前往热河外,八大臣还特允钦差大臣胜保前往,并给僧格林沁函,"惟王爷受恩至重,非各路统帅可比,似可具折奏请叩谒梓宫,并请皇上节哀,当无不邀俞允。谨以布闻,伏希斟酌为幸"③。八大臣特批胜保和僧格林沁前去行在,有意拉拢军队,这也是令后来奕䜣等人戒备的原因。与陈孚恩欣然受命前往热河形成对比,奕䜣等人则多遭刁难,辛酉政变后,对于刚刚"建牙开府,起居八座"的奕䜣来说,怎能让陈孚恩一人继续独享隆恩。

四、陈孚恩忠奸佞形象考

辛酉政变后,陈孚恩被指摘为肃顺等人党援。官修史书受到当政者钳制,对陈孚恩诟病很深。《清史稿》对其官品盖棺论定,"文宗既崩,冀怙权位于一时,以此罹罪。赫赫爰书,其能逭乎?穆荫诸人或以愿谨取容,或以附和希进,终皆不免于斥逐。如陈孚恩者,鄙夫患失,反复靡常,沦绝域而不返,宜哉"④。此后,史书中其佞臣形象逐渐积累形成。

1. 擅改遗折

陈孚恩奸佞形象不仅限于辛酉政变,并且向前追溯,最著名的是偷改大学士王鼎遗书一事,坊间流传甚广。"蒲城王文恪公鼎,为宣宗朝名宰相。……值西夷和议初成,公侃侃力争,忤枢相穆彰

---

① 《寄谕钦差大臣胜保来行在叩谒梓宫》,《丛编》,第92页。
② 《翁心存日记》,咸丰十一年七月二十一日(8月26日),第1634页。
③ 《赞襄政务王大臣为可奏请叩谒梓宫事致僧格林沁函》,《丛编》,第93页。
④ 《清史稿》列传174,陈孚恩。

阿。公退,草疏置之怀,闭阁自缢,冀以尸谏回天听也。时军机章京领班陈孚恩,方党穆相,就公家灭其疏,别撰遗折,以暴疾闻。设当时竟以公疏上,穆相之斥罢,岂待咸丰初年。"①

后人张冠李戴,又有将陈孚恩的名字换为张芾和聂沄,应是同一个故事的翻版。"蒲城王文恪公鼎,道光末以争和议,效史鱼尸谏,自缢死。其遗疏严劾穆相彰阿,穆大惧,令其门下士,以千金啖文恪公子伉,且以危词胁之,遂取其遗疏去,而别易一稿以进。人皆知为泾阳张文毅芾所为,而不知其谋实定于文毅同县人聂沄之手。……文恪诸子,既卖其父。后来文恪墓志,撰文者仍穆彰阿也。于力争和议事,竟不及一字,文恪其不瞑矣。"②

近代以来,列强环伺,中外矛盾剧增,王鼎尸谏佞臣以死抗英,辅以民族大义,而陈孚恩篡改忠臣遗折,使佞臣当道,助纣为逆,国之大臣与奸佞小人形成鲜明对照。王鼎尸谏时,陈孚恩是军机章京,也在现场,可偷改王鼎遗折,当是后人杜撰,清人对这件事情也有辨伪。据《十朝诗乘》记载:"相传文恪之薨,陈子鹤尚书时为枢僚,承穆相意,奔问,谓公子小,遗疏上,圣怒且不测,不若隐之,可全恩礼。小怵于利害,勉从之。于是文恪饰终得优恤,而子鹤骤贵。……余见文忠手录《软尘私札》,谓文恪封事置红封中,子鹤及枢直某某皆见之,转述于人,则子鹤固坦白者;且循资致九列,亦非骤贵,传闻或甚其词。"③

无独有偶,《南屋述闻》也转述《软尘私札》,认为王鼎尸谏后"子鹤及同直皆见之,子鹤且言于人。观其所述,则文恪尸谏,固有其事,子鹤初亦未尝曲掩之也"。④武臣战死沙场,文臣尸谏是为官

---

① 陈康祺:《郎潜纪闻初笔》卷1。
② 孟森编:《清代野史》,中国人民大学出版社2006年版,第308页。
③ 龙顾山人撰:《十朝诗乘》,福建人民出版社2000年版,第603页。
④ 龙顾山人辑:《南屋述闻》,《近代史资料文库》第1卷,上海书店出版社2009年版,第175页。

进忠的最高境界。晚清国势日蹙,勋望夙隆的协揆痛陈时弊,以身殉国,在后人看来,不仅仅是忠勇可嘉,更是为民族国家衰亡保留了一丝希望的火种,也寄托着国人去奸臣、远小人,而后国昌的思维模式。陈孚恩在这一话语模式中扮演了不光彩的角色,但这更多的是后人的想象、寄托与演绎。

2. 污染官风

随着时间推移,一人之肩已不足以担陈孚恩之卑鄙,进而阔论整个江西官场风气也被他玷污。晚清名宦,陈孚恩的同乡陈宝箴,对其也有微词。"陈宝箴初以举人谒曾国藩,国藩曰:'江西人素尚节义,今顾颓丧至此,陈子鹤不得辞其责。……宝箴谨佩不忘,对江西人辄传述其言,且喜且惧,自谓生平未受文正荐达,知己之感,倍深于他人。"①借陈宝箴之廉,讽陈孚恩之污,陈之罪恶跃然纸上。

曾国藩是否对陈孚恩加以批评有讨论余地,曾与陈多有交往,他们都是太平天国起义时,在乡召集团练,都因军功而上位,命运相同。陈孚恩母亲死,曾还亲自撰诗悼念,"寸草三春,令子名同天北斗;生刍一束,不才来似客南州"②。两人关系尚可,至于曾国藩将江西官场风气败坏之词加之陈孚恩怕是不实。另外,以陈孚恩的个人能力和影响,还达不到影响一省官风的程度。

《骨董琐记全编》记载陈孚恩的故事就更加传说离奇:咸丰己未会试题"色难有事",时文宗宠妃四人,曰牡丹春,曰海棠春,曰芍药春,曰茉莉春,皆南人也。陈子鹤孚恩荐扬州仆妇入内,号陈妈妈,后与四春俱为孝钦笞死。③此等小品只是博人眼球,清代选秀女入宫需要严格的程序,纵使陈孚恩有此心,也无能为力。

---

① 胡思敬:《国闻备乘》卷 2,"陈右铭服膺曾文正"。
② 《曾国藩全集》第 14 册,岳麓书社 2012 年版,第 117 页。
③ 邓之诚:《骨董琐记全编》,中华书局 2008 年版,第 269 页。

3. 博识爱才

有贬低陈孚恩者,也有为其罪名开脱者,最有名的当数晚清办洋务的一流人才郭嵩焘。"建昌陈子鹤尚书有权贵之名,而其留心时局,甄拔人才,实远出诸贤之上。嵩焘之援江西,尚书方忧居,奉命办理团防,同居围城两月有余,朝夕会议,相待至为优渥。又五年至京师,常共往来。一日诣尚书,适有客数人在坐,谈洋务,一意主战。嵩焘笑曰:'洋务一办便了,必与言战,终无了期。'闻者默然。顷之客散,尚书引予就僻处告曰,'适言洋务,不战易了,一战便不能了,其言至有理,我能会其意,然不可公言之,以招人指摘。'予不能用其言,而心感之。"①从郭嵩焘叙述中,刬除其受提拔所含感恩之情,也能看出陈孚恩为人谨言慎行。王瀛洲《清代名人轶事》记:"新城陈子鹤尚书,孚恩当咸丰朝权宠,为汉大臣冠,徒以比于肃相,遂至于党祸,后之人且目为奸党。然其谋国之忠,爱才之笃,论事之识,同时诸公固无有与并者,惟士大夫习于泄杳者久骤有一综核名实认真办事者,起而矫之。则人人咸诧为不祥,必协力以倾之。尚书之得祸,盖原于此。且肃相功罪,今尚未论定,尚书之罪案倘亦未在昭雪之列乎。"②陈的认真与执著在其对清代典章的坚守中可见一斑。

时人对同一人两种截然不同的记载,应是站在各自不同的立场。如《玉池老人自述》作者郭嵩焘曾得到陈孚恩的举荐,自然会为陈孚恩开脱罪名。而《清史稿》等编修者为清朝遗老,对于陈孚恩的形象描述非常苛刻,也不难理解。另外,晚清以降,南北之争、满汉之争日重,陈孚恩夹于党争,各派互相攻讦、诋毁,受到诽谤也难免。"江西人向无党援,道、咸之交,陈孚恩、万青藜、胡家玉同时在高位,皆被人挤陷,一仆不再振。青藜既长六卿,与户部尚书董

① 齐思和编:《第二次鸦片战争》第 2 册,第 279 页。
② 王瀛洲:《清代名人轶事》,交通书馆 1917 年版,第 175 页。

恂皆有协揆之望,李鸿藻后起而秉枢政,忌两人资望在先,嗾清流党攻之,遂沉滞,累年不迁。……孚恩浮沉于两党之间,宜其更负时谤矣。"①政局复杂,纵使如何动见观瞻,也不免权力倾轧,党诛笔伐也是政争的一种策略和手段。

五、陈孚恩为官再论

陈孚恩被革职后,清廷将道光帝赏赐的宸翰"清正良臣"匾额收回②。道光帝何以赏识陈孚恩,陈孚恩为官又如何?

1. 官声清廉

道光二十七年十一月,御史毛鸿宾上奏弹劾山东藩司王笃称其疏于约束部署,库款不实。朝廷命柏葰、陈孚恩严密查访。据柏葰等访查具奏,该藩司王笃家丁王瑞接办该署中事务,遇事招摇不安本分,将该家丁王瑞拿获,送交刑部审办。山东藩库刘继瑞虽讯据供称并未干预公事。但他管理藩库启闭,恐尚有应讯之处,刘继瑞着即撤任,交该抚派委看管。另片查出该藩司幕友王壬熙违例充幕,着即革职,亦交该抚派委看管。③因山东官场沉疴,陈孚恩暂代山东巡抚职,二十九年,陈孚恩回京奏报,得到嘉庆帝嘉许,赐"清正良臣"匾额。另据《翁心存日记》佐证,"山东醵案议上,凡曾任中丞、运使,得受陋规者皆降革有差,王春绶、徐桓生皆在罢黜之列,独子鹤侍郎皭然不污,蒙恩嘉奖,加头品顶戴,并赏紫禁

①　胡思敬:《国闻备乘》卷1,"江西京官风气"。

②　《谕内阁著陈孚恩等即行恭缴御书匾额》,《丛编》,第133页。另据陈孚恩之侄陈灜一在《睇向斋秘录》中记载"清宣宗(旻宁)尝潜行至军机处以觇枢臣之勤惰,诸军机遂相约每日以一人及暮退朝,以俟御驾。一日御临,叔大父孚恩公在焉,帝曰:'诸人皆归,汝何独晷?'公奏曰:'臣责任綦重,不敢贪安逸。'帝颔之,即日御赐书"清正良臣"额。吾家庙中建巨坊一,以此四字悬之,迄今巍然尚在也。"陈灜一:《睇向斋秘录》,中华书局2007年版,第9页。

③　《宣宗成皇帝实录》(七)卷449,道光二十七年十一月,丁丑。

城骑马"①。

2. 家资有限

陈孚恩被革职后,清廷查抄其家。据步军统领衙门审讯,"(陈孚恩)家人马升供称,陈孚恩所住房屋系租赁原刑部尚书李振祐之房"②。李振祐家人马玉供词也印证此说:房产"坐落在宣武门外门楼胡同,向租给吏部尚书陈孚恩居住,每月租银十两。"③查到的堪用物品清单中,除了生活用品外,有"银大小五十三包,元宝三个,计重二两平,五千二百两"④。

另外,陈孚恩还在海淀居住过。陈孚恩家人马升供词中称,"我主人曾于道光二十七年间,因赴海淀有差,借住直隶捐纳知州玉成,坐落海淀杨家井地方住房一所,后玉成四次借我主人银五千两,并无利息字据,至道光三十年,我主人告养回籍,银房并未清理,房契仍在玉成手内,咸丰七年主人回京,遇有差使,仍在此房居住"⑤。海淀房内,抄出的家居物品有,"柴木破搁儿盖一张,柴木破条案一张,柴木破□一顶,柴木破圆桌两张,柴木破小炕琴一张,柴木破椅子一张,柴木大板凳两条"⑥。

道光五年,陈孚恩以拔贡出身,被任为七品京官,此后历经通政司副使、太仆寺卿、大理寺卿、顺天府尹、都察院左副都御使、工

---

① 《翁心存日记》,道光二十九年一月十七日(2月9日),第695页。

② 《呈交内阁转传内务府办理已革尚书陈孚恩家产查抄经还租居李振祐等人房屋奉旨单》,录副奏折,03-4592-037,中国第一历史档案馆藏。

③ 《呈家主李振祐房屋向租吏部尚书陈孚恩并代主赴案呈诉亲供单》,录副奏折,档案号 03-4592-048,中国第一历史档案馆藏。

④ 《呈复查陈孚恩家产堪用什物品清单》,录副奏折,档案号 03-4592-038,中国第一历史档案馆藏。

⑤ 《呈为家主陈孚恩海淀房产事亲供单》,录副奏折,档案号 03-4592-042,中国第一历史档案馆藏。

⑥ 《呈查抄陈孚恩海淀寓所木器清单》,录副奏折,档案号 03-4606-029,中国第一历史档案馆藏。

部右侍郎管理钱法堂、兵部左侍郎军机大臣行走、刑部右侍郎、刑部尚书、兵部尚书、吏部尚书等职，期间还短暂署理山东巡抚。宦海三十五年，积攒下五千两银子，并无房产。比之于显赫的官职，其积蓄和家产并不相称。

3. 军营经历

陈孚恩有两次军营效力的经历，均是在仕途没落之际。第一次是咸丰元年，与载垣等人因郊配典礼引起争执而降三级处分，回籍养亲。后太平军进犯江西，清廷"命在籍帮办团练。三年，九江陷，巡抚张芾出督师，孚恩与司道守省城，既而贼由安徽回窜上游，命偕芾筹防。贼犯南昌，孚恩偕芾固守，江忠源援师至，力战，相持九十余日，贼始引去。以守城功，赐花翎"①。

另一次效力军营是辛酉政变后的同治年间。同治三年，回民动乱，"伊犁将军常清奏已革尚书陈孚恩、已革总督乐斌在印房并文案处效力当差"②。四年，因伊犁被兵有功，"革员陈孚恩、乐斌此次伊犁被围。该革员筹饷筹兵，不遗余力"。③同治五年，"伊犁陷，孚恩及妾黄、子景和、媳徐、孙小连同殉难"④。清廷恤其家属，孚恩不与。

4. 钦办重案

道光晚年与咸丰末年是陈孚恩被重用的两个时间段，在此期间，他多次参与朝中重大案件或事情的办理。道光二十六年十一月，"赴天津督买海船商米"⑤。二十七年十月，命"驰往浙江查办事件"⑥。十一月，御史毛鸿宾奏山东藩司疏于约束，库款不实，命

---

①　《清史稿》列传 174，陈孚恩。
②　《穆宗毅皇帝实录》(三)卷 105，同治三年六月上。
③　《穆宗毅皇帝实录》(四)卷 126，同治四年正月上。
④　《清史稿》列传 174，陈孚恩。
⑤　《宣宗成皇帝实录》(七)卷 436，道光二十六年十一月。
⑥　《宣宗成皇帝实录》(七)卷 448，道光二十七年十月。

"陈孚恩严密查访"①。同月,查办山东省盗贼和捕务,陈孚恩"驰往甘肃查办"②。二十九年六月,山西巡抚王兆琛历任声名平常,赃款炳着,及各州县馈送营求。……交陈孚恩驰往查办③。咸丰九年八月,第二次鸦片战争战事起,清廷担心英法联军劫持海运,派陈孚恩提前去筹措粮米,查验收兑④。此外,咸丰晚年发生的戊午科场案、宝钞案均有其身影。

盱衡陈孚恩为宦一生,捍卫封建伦理纲常,恪遵儒家君臣典制,在晚清千年未有之大变局中,多次因忤逆权贵而遭罢黜。在辛酉政变后被列为朋党,后世史书多以"君子不党"为判断臣子之标准,陈孚恩的佞臣形象逐渐形成。加之慈禧太后等人掌握当时政治话语权,陈孚恩之奸佞自此越描越黑,实有失公允。

(张建斌　文化部清史纂修与研究中心助理研究员)

---

① 《宣宗成皇帝实录》(七)卷449,道光二十七年十一月。
② 《宣宗成皇帝实录》(七)卷467,道光二十九年闰四月。
③ 《宣宗成皇帝实录》(七)卷469,道光二十九年六月。
④ 《文宗显皇帝实录》(五)卷292,咸丰九年八月下。

六、史料辑录

新发现与中国公学有关的一组珍贵资料

庄安正

中国公学是近代最早建立的私立大学之一，也是学者研究中国近代教育史时较为关注的一所学校。上海市档案馆曾编辑《中国公学档案辑存》，后由中国社科院近代史研究所近代史资料编辑室在 1988 年的《近代史资料》总 69 号中予以登载。其中一组"中国公学校董请拨源丰润押款与财政部等往来文电"[1]50~57（以下简称上档资料），一直是学者研究民初中国公学办学的珍贵资料来源。但是，笔者近来在民国时期刊物《中国公论》1937 年第 1 卷第 9 期[2]36~42、第 10 期[3]41~45 内，新发现一组有关资料（以下简称公论资料），与前者明显属于同类资料，两组资料除对应文字略有差异（不影响内容完整），起讫时间略有不同外（前者始于 1912 年 4 月，后者为同年 2 月，结束同为 1913 年 5 月），其他几方面则颇为相似，如当事人均为两个方面，一方是张謇、孙中山或中国公学董事等，另一方是袁世凯、熊希龄、周学熙或国务院、财政部、外交部等；资料类型均为函电与公文（如呈文、批文）；资料主题均与为中国公学筹集办学资金关联。

认真分析比较，两组同类资料的差别还是很大的。首先，资料数量悬殊。相对于上档资料的 20 件，公论资料达 35 件，后者数量几近前者两倍；其次，内容互补程度悬殊。后者资料数量远超前者，但并不囊括前者全部内容。前者有 5 件资料的内容后者没有，但后者有而前者没有的资料竟达 20 件，互补程度为前者四倍；再次,张謇领衔的资料数量悬殊。张謇、孙中山均为两组资料中最重要的当事人,孙领衔的资料前后两组均为 4 件。但张领衔的前者只有 3 件,而后者有 7 件,为前者两倍多,且其多出的 4 件不见于 2012 年前出版的各种张謇全集或存稿。上述三方面说明,公论资料的内容比上档资料要丰富得多,反映中国公学民初筹集办学资金的过程要具体得多,有利于学者研究相关问题时得出更符合历史事实的结论,故显得更为珍贵。仅举两例:(1)查阅上档资料,其独有的 5 件资料,似乎表明陈其美的争夺是中国公学难以收回源丰润抵押款项的重要原因之一,公论资料中虽缺少这方面内容,但其独有的 20 件资料(加上两组资料共有的 15 件资料)揭示的事实,都表明中国公学为收回抵押款项再三交涉,延搁年余无果的原因主要来自北京政府。深而究之,究竟是北京政府屈从于"比领事署"①或捷成洋行的压力,还是借此设置障碍,以刁难中国公学,抑或两者兼有,公论资料虽未给出答案,但北京政府脱不了干系毋庸置疑,陈其美的争夺只是短时间内一段小插曲而已。(2)张謇与孙中山均为近代史重要人物,但两人自民国元年南京政府成立初次会面,张即认为孙的主张"未知涯畔"[4]732,交往中一直多有龃龉,这一点几成学界定论。上档资料中,张、孙联合为中国公学筹集办学经费已见端倪,公论资料中张謇领衔的资料由 3 件骤增至 7 件,则学者对两人早期交往中携手合作的另一面应无疑问。是哪些因素促成了双方的携手合作? 如何全面准确地评价张、孙关系? 公论资料披露的事实同样将有助于对此进行深入的思考。

另外,分析比较上档资料与公论资料后更能显示后者珍贵程度的,还反映在两种资料出处的一暗一明上。查阅上档资料,发现编辑旁注"此组档案均为抄件"一行文字[1]50,学者自不会怀疑其真实性,但抄自何处? 原始资料情况如何? 毕竟未获说明。至于

---

① 比领事署,指比利时驻沪领事馆。

公论资料的出处,《中国公论》编辑部在刊登之际,附有长达千言的"写在前面"[2]35~36,进行了详尽披露。民国建立后,中国公学建校的全部资料一直由校方妥善保管在学校档案室内。1932 年上海发生"一·二八"事变时,位于吴淞炮台湾的中国公学突遭日本军队野蛮轰炸,不幸被夷为平地,教职员、学生多仓促外逃躲避,"学校里面的一切一切,就跟秦始皇烧诗书百家语一样,到现在你还能去焦土之中撙灰为字? 不特这一篇老账(指中国公学建校的全部资料)无法从头到尾清算起来,就连片纸只字都没有了"[2]35,中国公学翌年 3 月也只能由教育部下令停办。1937 年 4 月,《中国公论》编辑部为呼吁复兴中国公学,经曾担任过公学董事的于右任等人的指点,在浙江兴业银行的保险箱内发现了学者现在有幸得以查阅的这组公论资料,"这大概是曾经作为抵押性质抵押给这银行的。这一部文件是幸免秦火之灾的汲冢竹书①,是中(国)公(学)仅存的一点文献,确乎值得宝贵了"[2]35。于是,遵照于右任"一齐发表"的吩咐[2]36,《中国公论》编辑部作出了一个后来被证明非常正确的决定:立即将公论资料安排在当年第 1 卷第 9 期、第 10 期上连载。连载结束时,已是 1937 年五月中旬,距离"七·七"事变只有五十来天,"八·一三"事变亦仅有三个月时间了。山雨欲来风满楼,中华民族正面临一场远超"一·二八"事变的劫难!《中国公论》编辑部连载的主观意图也许仅在于制造舆论,以争取社会对复兴中国公学的支持,还料想不到这场更大的劫难会来得如此迅猛,但客观上却起到了将保存在兴业银行保险箱内的公论资料,迅速交由社会分散保管的积极作用,从而大大提高了它在即将到来的民族劫难中的生存概率,也赋予了公论资料再

---

① 汲冢竹书,指西晋初期在今河南汲县战国古墓中出土的一批竹简古书,叙述夏、商、西周、春秋时晋国和战国时魏国史事,与传统记载不同,可校正《史记》所载之失。此处比喻中国公学资料的珍贵程度。

度经历民族劫难再次得以幸存的传奇色彩。时隔近八十年后，当今日学者面对这组公论资料时，除深感其真实可靠外，油然而生得之不易的唏嘘之叹！

自然，公论资料虽比上档资料丰富，也显得更为珍贵，仍非中国公学民初办学资料的全部，正如"写在前面"所言：她是劫难后的"一点吉光片羽"，仅仅"画出了部分的轮廓"，从中"实在无法整理出一个系统来"[2]36。上档资料亦含有公论资料没有的 5 件资料，便可佐证。但在现时无法搜寻到更多资料的情况下，最佳方案便是以公论资料为主，合并上档资料中的独有资料，以飨学者。笔者现按此方案将两组全部 40 件资料集为一束，开列于下。文字依照原貌，顺序按时间排列并编号，名称按规范稍加调整，资料出处各作说明，同时进行必要的注释，以方便查阅。

1. 张謇等呈孙中山文（载公论资料）
民国元年二月下旬～三月中旬（1912 年 2 月下旬～3 月中旬）

窃维中国公学创自前清光绪三十二年，实因日本取缔风潮，学生回国，各省绅民奔走联合，愤激而设此校。其宗旨纯属民办，即以董事会组织保管。数年以来，筹集开办经费，已及百数十万金。而常年费则取给于各省公摊，约二万余两，历有案卷可稽。

上年新建校舍落成，适值民国起义之际，校内师徒多半从军，校舍亦为吴淞民军所借驻，各省公摊之款更皆无着。公学停办，职此之由。今者南北统一，民国成立，凡属学校，均宜及时起学以兴教育。惟是公学性质，本由各省集成，当此军备未撤，财政困难，公摊一项，甚难希望。而教育所关，公学又系对外而设，若因款绌停办，恐不免贻日人之诮，而为民国之羞。兹查有前清上海道蔡乃煌①，

───────────

①　蔡乃煌（1860，一作 1861～1916），字克俭，广东番禺人。光绪十七年举人。三十四年任上海道台。宣统二年，因受清政府追逼从源丰润钱号提取"沪关库款"200 多万两，几十家银号和钱庄受累倒闭，形成所谓"橡皮股票风潮"，蔡亦因此下台。

以部款存放源丰润等钱号①，致被亏倒，仅有房产、股票各抵押契据移交后任刘燕翼②，其价约及百万。若蒙拨为公学经费，于义相合，而公学即赖以不坠。

謇③等谨合词公恳大总统④俯念公学系属民立，饬令前清上海道刘燕翼将源丰润等抵押之房屋、股票字据发交公学存充经费，以资持久，而免旷废，等情前来（后缺）。

2. 张謇等呈熊希龄文（载公论资料、上档资料）
民国元年四月二十七日（1912 年 4 月 27 日）

中国公学董事张謇、夏敬观⑤、梁维岳⑥、陈作霖⑦、叶景葵⑧

---

① 源丰润钱号，为严信厚光绪九年在上海创办的一家钱庄，在南帮票号中实力雄厚，信誉卓著。但宣统二年因被提取"沪关库款"200 多万两倒闭，另有几十家银号和钱庄受其牵累，"橡皮股票风潮"达到顶点。

② 刘燕翼（生卒年不详），字襄孙，浙江仁和人。光绪二十一年进士。宣统二年任上海道台。武昌起义后，上海响应，遂逃入租界，并将库银几十万两存入外国银行。上海光复后，在租界做寓公。

③ 謇，指张謇（1853～1926），字季直，江苏海门人。光绪二十年状元，后创办大生纱厂。三十一年任江苏学务总会会长。翌年任预备立宪公会副会长。宣统元年任江苏咨议局议长。时任南京政府实业部总长、中国公学董事。

④ 大总统，指孙中山（1866～1925），名文，字载之，号逸仙，广东香山人。光绪二十年在美国檀香山建兴中会。三十一年在日本东京建中国同盟会，从事反清革命。时任南京政府临时大总统、中国公学董事。

⑤ 夏敬观（1875～1953），字剑丞，江西新建人。光绪二十年举人。二十八年入张之洞幕府，办两江师范学堂。三十三年任上海复旦、中国公学等校监督。时任公学董事。

⑥ 梁维岳（1881～1920），字恢生，名乔山，湖南邵阳人。光绪三十年往日本留学。翌年加入同盟会。回国后参与筹办中国公学，任教育长。时任公学董事。

⑦ 陈作霖（1837～1920），字雨生，江苏江宁人。光绪元年举人。六年完成《金陵通纪》十四卷。约三十四年完成《金陵通传》四十五卷。时任中国公学董事。

⑧ 叶景葵（1874～1949），字揆初，浙江仁和人。光绪二十九年进士。宣统元年任浙江兴业银行经理。三年署理大清银行监督。时任汉冶萍公司经理、中国公学董事。

等为前大总统①准拨校款今请领用事。

　　窃前清沪道蔡乃煌于源丰润抵押之款，董事等呈请孙大总统及教育部将全数拨归中国公学作为教育经费，已蒙批准在案。兹中国公学改办政、法、商各科并续办工科，需款甚巨，接济维艰，所有源丰润抵押之款，应请贵部核准，将全数拨归中国公学，以便开办各科。由董事会特派钟君文恢②前来请领，支付一切。实纫公谊，须至呈者。

3. 财政部批张謇等文（载公论资料、上档资料）

民国元年四月二十八日（1912 年 4 月 28 日）

　　中国公学董事呈请将源丰润押款全数拨归公学以便开办各科由。呈悉。

　　此案前准通商交涉使温忠尧③咨，将前大总统孙批准案卷知照本部，并经前清沪道刘燕翼呈录前交领袖领事④之源丰润号各项抵押契据目录存部备案，当由本部咨请通商交涉使妥为交涉。等因在案。

　　兹据该董事呈称各情，事关振兴教育，既奉前大总统批准拨归公学经费，自应准如所请，一俟通商交涉使与领袖领事交涉妥贴，将前源丰润抵押契据接收送部，即行发交该公学具结承领可也。此批。

----

　　①　前大总统，指孙中山。
　　②　钟文恢（生卒年不详），字古愚，江西袁州人。光绪三十二年中国公学建立时，任评议部议员，并任"竞业学会"会长，创办《竞业旬报》。时任公学董事。
　　③　温忠尧（1866，一作 1876～1946），字钦甫，广东新宁人。早年于香港皇仁书院任教，与杨衢云组织辅仁文社。光绪二十六年参加自立军起义。时任驻沪通商交涉使。
　　④　领袖领事，指比利时驻沪领事薛福德（Daniel Siffert）。比利时国家虽小，但有数位领事担任过上海领事团领袖领事。

4. 张謇等致国务院财政部电（载公论资料、上档资料）

民国元年五月三十一日（1912 年 5 月 31 日）

北京国务院、财政部钧鉴：

前清沪道刘燕翼贮存比领事署之源丰润等户财产契据，曾由董事等呈请前大总统拨充中国公学经费，蒙批："呈悉。所请以源丰润等户抵押之房屋、股票字据发交中国公学存充经费，事属可行。闻此项票据，由刘燕翼交上海领袖领事署存贮，候令通商交涉使清查提还，即行指拨。"奉此。嗣复呈请财政部，蒙批："既奉前大总统批准拨归公学，自应准如所请，候与领事交涉妥当，即行发交该公学具结承领。"

查此项财产迭经前总统、财政部批准为中国公学所有，已成铁案。现公学经费艰困万分，而沪局亦已大定，恭恳钧院、贵部饬交涉使火速提出，发交公学，以兴教育。不胜祷叩待命之至。

中国公学董事：张　謇　陈三立①　马　良②

叶景葵　谭心休③　郑　权④

钟文恢　梁维岳等叩

---

① 陈三立（1852～1937），字伯严，江西义宁人。光绪八年举人，十二年进士。戊戌变法期间，与其父陈宝箴在湖南并主维新。武昌起义后，避居上海。时任中国公学董事。

② 马良（1840～1939），字相伯，江苏丹徒人。同治九年获神学博士衔，加入耶稣会，授司铎神职。光绪二十九年与三十一年，先后创办震旦学院与复旦学院。时任中国公学董事。

③ 谭心休（1860～1917），字介人，号毅君，湖南宝庆人。光绪二十三年举人。二十九年往日本留学。三十一年加入同盟会。回国后参与筹办中国公学，任评议部议员与校长。时任公学董事。

④ 郑权（1878～1939），字仲敬，福建闽县人。光绪二十八年组织知耻学会。宣统元年因筹划广州新军起义受通缉。武昌起义后，往镇江协助林述庆起义。镇江光复后，任军政府军政使。时任《民国新闻》编辑、中国公学董事。

5. 张謇等致陈贻范函（载公论资料）

民国元年五月三十一日（1912 年 5 月 31 日）

敬启者：

前清沪道刘燕翼贮存比领事署之源丰润等户财产契据，曾由董事等呈请前大总统拨充中国公学经费，蒙批："呈悉，所请以源丰润等户抵押之房屋、股票字据发交中国公学存充经费，事属可行。闻此项票据，由刘燕翼交上海领袖领事署存贮，候令通商交涉使清查提还，即行指拨。"奉此。嗣复呈请财政部，蒙批："既奉前大总统批准拨归公学，自应准如所请，候与领事交涉妥当，即行发交该公学具结承领"各等因，奉准在案。

查此项财产，迭经前总统及现在财政部先后批准，本日又复电请国务院、财政部即日指拨，伏希我公①依照前总统、财政部原案，迅速与比领事交涉提还，发交敝公学存充经费，不胜祷盼之至。专函奉恳，顺颂

时祉！

　　　　　　中国公学董事：张　謇　　陈三立　　马　良

　　　　　　　　　　　　　叶景葵　　谭心休　　郑　权

　　　　　　　　　　　　　钟文恢　　梁维岳等启

6. 国务院致张謇等电（载上档资料）

民国元年六月一日（1912 年 6 月 1 日）

中国公学董事张季直先生暨诸君鉴：

----

① 我公，指陈贻范(1870，一作 1871～1919)，字安生，江苏吴县人。少年时入上海广方言馆读书。光绪十六年往京师同文馆读书，兼总理衙门翻译。二十二年往英国留学。后任驻英使馆二等参赞，代办公使馆务。时任驻沪通商交涉使。

卅一电悉,已转电陈沪督①与诸公妥商办理。希就近面商一切。

国务院　东

7. 谭心休致蔡元培、宋教仁电(载上档资料)
民国元年六月四日(1912 年 6 月 4 日)

北京教育部蔡总长②、农林部宋总长③均鉴:

中国公学教育宗旨、困难情形久邀洞鉴。光复后,董事会曾以刘燕翼存比领事署之源丰润等户押产呈请前大总统拨充公学经费,既蒙孙大总统批准,复蒙财政部咨催取回发交公学,事成铁案。乃沪督陈君④借名遣散军队,竟思争攘。夫沪督筹款多方,何必攘此区区?所济无几,而甘冒破坏公学、弁髦成案之名!诚恐国务诸公荧于一面之辞,或作调停缓急之计,致令同人等千辛万苦所建公学一旦为所破坏。敬恳两公于国务会议时合力主持,勿为所动,并乞电饬交涉使迅将存贮契据交部,以便具领,无任祷祝。

谭心休　支

---

① 陈沪督,指陈其美(1878~1916),字英士,浙江湖州人。光绪三十二年往日本留学,同年加入中国同盟会。三十四年回国,在上海从事反清斗争。宣统三年偕宋教仁等组建同盟会中部总会,11 月 3 日在上海发动起义,随任沪军都督。

② 蔡总长,指蔡元培(1868~1940),字鹤卿,浙江绍兴人。光绪十五年举人,翌年进士。三十年组织光复会,任会长。翌年加入中国同盟会。时任南京政府、北京政府教育部总长、中国公学董事。

③ 宋总长,指宋教仁(1882~1913),字钝初,湖南常德人。光绪二十九年偕黄兴等成立华兴会。三十一年,支持孙中山在东京成立同盟会。宣统三年,偕陈其美等组建同盟会中部总会。时任南京政府法制院院长与北京政府农林部总长。

④ 沪督陈君,指陈其美。

8. 熊希龄致张謇等电（载上档资料）

民国元年六月七日（1912 年 6 月 7 日）

中国公学张季直诸君鉴：

卅一电悉，前陈英士君①以沪军需款急迫，曾请将存比领事之押款契据作抵，因急电陈，属将公学之款留出。兹接复电云："源丰润财产等由中国公学请领，既经前总统暨财政部批准，其美②无不赞同。惟权事之缓急，此间饷竭日久，致生变端。其美何足惜，国事危险，自在意中。其美支撑至今，血枯泪竭，交涉使亦不负责任。恳照前电，先救急要，即以救大局，然后徐图教育，未为晚也"等语。特奉达。

国务院财政部长③

9. 谭心休等致财政部电（载上档资料）

民国元年六月八日（1912 年 6 月 8 日）

北京国务院财政部鉴：

虞日奉钧电敬悉。陈君英士为难各节亦系实情，董事等讵不体（谅）政府艰困，只图便己？惟中国公学赤手创办，前虽哀号当路稍事接济，然建筑校舍，广聘教员，亏欠已达二十万金。各省饷绌，万难求其补助。仰屋兴嗟，点金乏术。况民国成立，恃教育为命脉，倘学舍鞠为园蔬，则人才愈形寥落，国是尤难设想。更有进者，公学数年以来，死义之士前后接踵。去岁倾校奔走于湘、鄂、秦、豫、苏、蜀，联络光复，一腔热血遍洒河山。孙总统俯念公学教育宗旨迥非他校可比，将源丰润等户财产批充经费。成案具在，岂得视

---

① 陈英士君，指陈其美。

② 其美，指陈其美。

③ 财政部长，指熊希龄（1870～1937），字秉三，湖南凤凰人。光绪十七年举人，翌年进士。二十三年任湖南时务学堂提调。时任北京政府财政部总长、热河都统。

为无效！董事等愚昧,惟有仰恳大力主持,仍照前批,以宏造就,不胜祷盼。

中国公学董事:谭心休　梁维岳　陈三立

叶景葵　钟文恢等叩

10. 国务院致中国公学董事电(载上档资料)

民国元年六月十日(1912 年 6 月 10 日)

中国公学董事诸君鉴:齐电悉,已转电陈都督①,希就近妥商办理。

国务院　蒸

11. 财政部致中国公学董事电(载公论资料)

民国元年六月十一日(1912 年 6 月 11 日)

中国公学董事诸先生鉴:

齐电悉。孙前总统批将源丰润等户财产拨充该校经费一节,已咨国务院办理矣。

财政部　真印

12. 中国公学董事呈财政部文(载公论资料)

民国元年六月(1912 年 6 月)

中国公学董事等呈为派员领收押产恳祈提交以维教育事。

案据前清苏松太道蔡乃煌以官款息放源丰润等户,而该各户以房屋、股票字据等件作为抵押,旋经继任苏松太通(道)刘燕翼将此项房屋、股票字据等件存贮比领事署,董事等以此项财产堪充地方公益之用,特呈请前孙大总统拨作中国公学经费,以为通国教育之基础,蒙批:"呈悉,所请以源丰润等户抵押之房屋、股票字据发

---

① 陈都督,指陈其美。

交中国公学存充经费,事属可行。闻此项票据,由刘燕翼交上海领袖领事署存贮,候令通商交涉使清查提还,即行指拨。"嗣经呈请钧部,蒙批:"既奉前大总统批准拨归公学,自应准如所请,候与领事交涉妥当,即行发交该公学具结承领。"伏查此项财产迭经前大总统及钧部批准在案,已为中国公学所有,证据确实,毫无疑义。

现在公学久经开学,下学期创办大学预科,规模渐宏,需费尤巨。不得已请中国公学校长谭君心休趋谒钧部,领收此项押产,仰恳电饬驻沪通商交涉使迅速提还,发交谭君心休携归,以济急需,实为公便。谨呈

13. 陈贻范致财政部电（载公论资料）

民国元年七月十五日（1912 年 7 月 15 日）

财政部鉴:

寒电敬悉。唐前总理①允比领偿还商欠洋款收回沪关存项,诚为交换办法。源丰润押产六十一项,即在刘沪送刊布交存比领公款案内,承示与唐元无涉,未得便,颇难另议提回,不如候沪局大定后再议为妙,仍候示遵!

　　　　　　　　　　　　　　　贻范　咸

14. 梁维岳致谭毅君电（载公论资料）

民国元年七月十九日（1912 年 7 月 19 日）

北京西河沿金台旅馆谭毅君②先生:

项晤交涉使,据称尚有与比领署存件相关之浚浦局③款庄票

---

①　唐前总理,指唐绍仪(1860～1938),字少川,广东香山人。同治十三年往美国留学。回国后,往洋务学堂读书。后历任天津海关道、议约全权大臣、外务部右侍郎、奉天巡抚等。时任北京政府国务总理。

②　谭毅君,指谭心休。

③　浚浦局,原名修治黄浦河道局,于光绪二十七年在上海成立,为西方国家根据《辛丑条约》强加给清政府的与条约本身内容毫不相干的条款而设立。

等,必一并理楚,方能提出。是否陈使藉词延宕,恳速商熊公加电严饬交出。

维岳叩

15. 财政部致中国公学董事电（载公论资料）

民国元年八月二十日（1912 年 8 月 20 日）

中国公学董事鉴：

　　源丰润等户押产令饬江海关施监督①接收办理,俟与比领事妥商收回,即行酌量提拨。

财政部　号

16. 张謇等致周学熙电（载公论资料）

民国元年八月二十二日（1912 年 8 月 22 日）

北京财政部总长②鉴：

　　号电敬悉。中国公学请拨前清沪道蔡乃煌经手抵押源丰润等财产三百七十余万,前经孙大总统批准立案。前奉钧部电示,有"酌量提拨"等语,稍涉误会,特此声明,请电饬上海关施监督遵照孙大总统原批照拨,实为公便！

张　謇　黄　兴③　蔡元培　王正廷④等叩

---

　　①　施监督,指施炳燮(?～1918),字理卿,浙江绍兴人。长期任刘坤一幕僚,光绪二十六年偕张謇等推动刘坤一、张之洞与西方国家驻沪领事签订《东南互保章程》。翌年保荐为道员。宣统二年任湖北交涉使。时任江海关监督。

　　②　财政部总长,指周学熙(1866～1947),字缉之,安徽建德人。光绪十九年举人,为山东候补道员。三十一年任天津道;翌年任长芦盐运使。时任北京政府财政部总长。

　　③　黄兴(1874～1916),字克强,湖南善化人。光绪二十八年,往日本留学。三十一年,结识孙中山,大力支持孙筹建中国同盟会,任执行部庶务,居协理地位。时任南京政府陆军部总长、中国公学董事、总理。

　　④　王正廷(1882～1961),字儒堂,浙江奉化人。光绪三十一年加入中国同盟会。三十三年往美国留学。时任北京政府工商部次长、总长、中国公学董事。

17. 张謇等呈袁世凯范源濂①周学熙文

（载公论资料、上档资料）

民国元年九月十日（1912 年 9 月 10 日）

　　中国公学董事：张謇、黄兴、蔡元培、熊希龄、胡瑛②、王正廷、于右任③、吴敬恒④、马君武⑤、薛颂瀛⑥、罗赔⑦、夏敬观、黄兆祥⑧、陈作霖、谭心休、梁维岳等呈为请领押产恳祈电饬提交以维教育事。

　　案据前清苏松太道蔡乃煌以官款息放源丰润等户，未几源丰

---

　　①　范源濂(1876～1927)，字静生，湖南湘阴人。光绪二十五年流亡日本，往东京高等师范学校读书。三十年回国。宣统二年，任学部参事。时任北京政府教育部次长、总长。

　　②　胡瑛(1886，一作 1884～1933)，字经武，湖南常德人。光绪三十年发起建立科学补习所。翌年加入中国同盟会。时任山东军政府都督、中国公学董事。

　　③　于右任(1879～1964)，原名伯循，字右任，陕西三原人。光绪二十九年举人。三十二年往日本，并加入中国同盟会。翌年起先后创办《神州日报》、《民呼日报》等。时任南京政府交通部次长、中国公学董事。

　　④　吴敬恒(1865～1953)，字稚晖，江苏武进人。光绪十七年举人。二十八年于上海爱国学社任教，后利用《苏报》鼓吹革命。三十一年加入中国同盟会。时任中国公学董事。

　　⑤　马君武(1881～1940)，原名道凝，字厚山，号君武，广西桂林人。光绪二十九年留日期间结识孙中山。三十一年加入中国同盟会。时任南京政府实业部次长、中国公学董事。

　　⑥　薛颂瀛(1878～1927)，字仙舟，广东香山人。早年于北洋大学法科读书。光绪二十六年参加唐才常自立军起义，事败被捕。旋被释放，后留学美、德、英，研究金融学。三十一年加入中国同盟会。时任中国公学董事、中国银行副监督。

　　⑦　罗赔，实为罗饴(1877～1943，一作 1870～1947)，字甘尝，号焕章，江苏吴县人。附贡生，候选道。光绪三十四年任大清银行营口分行总办。宣统元年任湖南瓷业公司经理。时任中国公学董事。

　　⑧　黄兆祥(1875～1918)，原名家兴，字兆祥，号真存，湖南澧州人。留日学生，回国后参与筹办中国公学，曾任中国公学执行部干事、教务长。宣统元年奔走各省为公学募捐。时任公学董事。

润等户相率倒闭,所放官款无着,仅存此抵押之房屋、股票字据。此项房屋、股票字据,向系苏松太道刘燕翼收管。民军起义,苏松太道刘燕翼恐此项字据为民军所得,将其存贮上海比领事署。董事等以此次财产堪充全国公益之用,上海中国公学系全国所公立,办理以来,成效昭著,此项财产拨充中国公学经费,甚为合宜,特呈请前孙大总统,蒙批:"呈悉。所请以源丰润等户抵押之房产、股票字据发交中国公学存充经费,事属可行。闻此项票据,由刘燕翼交上海领袖领事署存贮,候令通商交涉使清查提还,即行指拨。"嗣又呈请财政部,蒙批:"呈悉。所呈各情,事关振兴教育,既奉前大总统批准拨归公学经费,自应准如所请,一俟通商交涉使与领袖领事交涉妥帖,将前源丰润抵押之契据接收送部,即行发交该公学具结承领可也。"又奉财政部号电开:"源丰润等户押产令(今)饬江海关施监督接收办理,俟与比领事妥商收回,即行提拨。"各等因。奉此。查此项财产,迭经孙总统暨财政部批准,又屡经财政部电饬交涉使、江海关与比领交涉,提交公学各在案。

中国公学初(创)始迄今,成绩完美,如此次光复,树勋立业之人,多有出自中国公学者。况建设需材,教育孔亟,中国公学既为全国公立,教化所及,普遍环宇,历年经费,均系各省协款维持。军兴以来,此项协款即经停止。今年开办政、法、商、大学预科,用费渐多,业已万分支绌,明年拟更办工科,规模既宏,需费自巨,倘无固定基金,何能为此久远之谋?不得已合词呈恳大总统电饬上海交涉使或江海关监督速与比领事交涉,提还发交公学,存充经费,实为公便!谨呈。

18. 中国公学董事呈外交部文(载公论资料)

民国元年九月十日(1912年9月10日)

中国公学董事等为呈请事。

案据上海源丰润等户财产契据股票等,迭经前孙大总统、财政部熊总长批交中国公学存充经费在案。惟此项财产契据等,曾经请上海道刘燕翼送交上海比领事署存贮,迭经国务院、财政部饬驻沪通商交涉使陈贻范与比领事磋商提还发交中国公学,迄未得要领。日前,中国公学蔡元培、黄兴等呈请大总统、财政部、教育部电饬交涉使提还发交中国公学。奉国务院批:"来呈阅悉,此款迭经饬催清理,一俟清理完竣,即行酌量拨给。"当由财政部电驻沪交涉使陈贻范交涉去后,顷接中国公学董事会来电:"陈使与比领事交涉迄未就绪,请呈请院部另行派员办理,当由中国公学董事黄兴等函请财政总长周咨商贵部另行派员接办,并公推前署工商总长王正廷堪胜此任。"

查此项久存比领事署,案悬莫结,而中国公学因经费支绌,既经批准之款,又难到手,势将停办。仰恳大部念办学艰难,另行专员与比领事磋商提还发交中国公学,实为公便。此呈。

19. 国务院批蔡元培等文（载公论资料、上档资料）

民国元年九月二十五日(1912 年 9 月 25 日)

中国公学董事蔡元培等,呈奉大总统发下"来呈阅悉,此款迭经饬催清理,应俟清理完竣拨给。"此批。

20. 张謇等致周学熙章宗元电（载公论资料）

民国元年十月二十七日(1912 年 10 月 27 日)

北京财政部总、次长①鉴:

前清沪道交比领存件,闻将全数交出,所有蔡乃煌经手源丰润等户各款,前蒙大部准拨为敝校基本金,请即饬陈交涉使就近发交

---

①　次长,指章宗元(1878～?),字伯初,浙江吴兴人。光绪二十六年往美国留学。三十三年回国,获法制科进士。时任北京政府财政部次长。

敝校董事会具领,以免周折,实纫公谊。

中国公学董事会董事:张 謇 黄 兴 罗 恰

夏敬观 王正廷 于右任

马君武 沁

21. 薛颂瀛等致黄兴电(载公论资料)

民国元年十月三十日(1912 年 10 月 30 日)

长沙谭都督①转克强先生鉴:

比领存款,刻日即可交出。中国公学前呈准拨蔡乃煌经手源丰润等户各押产,请公速电财政部饬陈交涉就近全数发交公学领收,祷切!

薛颂瀛 龚錬百② 于右任

谭心休 黄兆祥等叩

22. 王正廷致财政部电(载公论资料)

民国元年十月三十一日(1912 年 10 月 31 日)

北京财政部鉴:

前承大部电令,以个人名义向比领情商提还源丰润等户押产拨充中国公学经费,具征毅力维持,无任钦佩!兹比领已允即日交出,请电示将该项押产就近发交公学领收,不胜盼祷!

王正廷 卅一

---

① 谭都督,指谭延闿(1879～1930),字组庵,湖南茶陵人。光绪二十八年举人。三十年进士。宣统元年任湖南咨议局议长。时任湖南都督。

② 龚錬百(1888～1916),名铁铮,湖南湘乡人。光绪三十年往日本留学,翌年加入同盟会。时任中国公学董事。民国五年在湖南参与讨伐袁世凯,进攻督军府时遇难。

23. 王正廷等致财政部电（载公论资料）

民国元年十一月四日（1912 年 11 月 4 日）

北京财政部鉴：

源丰润等户押产，业蒙前大总统孙及大部批准，候提还后即拨充敝校经费各在案。嗣因敝校经费支绌，比领不交，属与大部往来电商，毫无异议；并蒙大部电请王君儒堂①向比领情商转圜提还拨出，具见热心教育，无任感佩！兹比领已交大部转抵捷成②欠款敝校一节"暂缓办理"四字了之，前后殊觉相左。虽国家财政现在觉甚艰难，而公学教育，关系全国，应当维持，恳即依照前案，并电饬陈交涉将此项财产拨交敝校，以全信用，而维教育，不胜盼祷！

中国公学董事：王正廷　马君武　于右任

夏敬观　龚铁铮　薛颂瀛

谭心休　黄兆祥等叩　支

24. 孙中山致袁世凯周学熙电（载公论资料、上档资料）

民国元年十一月四日（1912 年 11 月 4 日）

北京袁大总统③、周财政总长鉴：

前清沪道存款，日内由比领交出，所有源丰润等户各押产，文在宁时已批准拨充中国公学经费，财政部亦续行批准在案。兹闻此款忽提作别用，果尔，则前案已虚。伏望公等电饬交涉使陈贻范仍依前案办理，俾公学得以维持，不胜感盼！文雅不愿越俎，惟该

---

① 王儒堂，指王正廷。

② 捷成，指德商 1903 年后于上海开办的捷成洋行（Jebsen）分公司。

③ 袁大总统，指袁世凯（1859～1916），字慰亭，河南项城人。光绪八年随吴长庆东渡朝鲜平定兵变，后驻守朝鲜。甲午战争前夕逃回国内。二十五年后，先后署理山东巡抚、直隶总督兼北洋大臣。武昌起义后，任内阁总理大臣，旋逼迫清帝逊位。时任北京政府临时大总统。

校近以董事推许，用敢一言，并希亮察！

孙　文　支

25. 财政部致孙中山及中国公学董事电

（载公论资料、上档资料）

民国元年十一月六日（1912 年 11 月 6 日）

孙中山先生、中国公学诸董事钧鉴：

　　支电悉。沪关存件，其源丰润户下押产既经中山先生暨本部先后批准在案，此时自应照办。惟前南京政府曾欠捷成五百万马克，现已到期，本部无款可还，只等（能）展期，而该行坚执不允，经本部与熊前总长磋商至再，始定先还百万马克，余则以沪关存件恳押该行，始能首肯，此乃不得已暂作抵押，并非移作别用。一俟捷成款六个月限满清偿后，即将存件取出，查照前案办理。事出无奈，诸希鉴原为荷！

财政部　鱼

26. 黄兴致薛颂瀛等电（载公论资料）

民国元年十一月七日（1912 年 11 月 7 日）

中国公学董事薛颂瀛诸君均鉴：

　　款事前电财政部催交，昨据复电云："比领所交源丰润押产，现在尚存，暂为借抵捷成洋款六个月，未能即拨，希转告公学暂缓办理"等语，特闻。

黄兴叩　阳

27. 王正廷等致财政部电（载公论资料、上档资料）

民国元年十一月十七日（1912 年 11 月 17 日）

北京财政部鉴：

　　鱼电敬悉。源丰润等户财产，部令转抵捷成，限六个月提还，公学自应遵办。现查此次捷成抵款,源丰润项下抵(只)一二件,其余未抵各项,务恳大部电饬陈交涉使先行发交公学,以符前案。急盼电复为祷!

　　中国公学董事:王正廷　马君武　薛颂瀛　夏敬观

　　　　于右任　谭心休等叩　霰

28. 财政部致中国公学董事电(载公论资料、上档资料)

民国元年十一月十九日(1912 年 11 月 19 日)

中国公学诸董事先生鉴:

　　霰电悉。捷成新合同第四条载明沪关存件全数交付该行,是源丰润名下押件虽居少数,目前碍难先拨,致与合同有背,仍俟捷成借款限满后再照前案办理,诸希亮照!

　　　　　　　　　　　　　　　　财政部　效

29. 熊希龄呈袁世凯文(载公论资料、上档资料)

民国二年四月十七日(1913 年 4 月 17 日)

大总统钧座:

　　敬呈者:窃惟上海中国公学,前因日本取缔风潮,留日学生纷纷内渡,咸拟自设大学,以雪耻辱。该校代表王敬芳[①]、黄兆祥等奔走筹款,不遗余力。希龄当时目击该学生等之苦心孤诣,又以是校为对外而设,不可不竭赞其成,乃与张謇、郑孝胥[②]、夏敬观等出

---

　　① 王敬芳(1876~1933),字抟沙,河南巩县人。光绪三十一年往日本留学,随回国参与筹办中国公学,任执行部干事。宣统元年奔走各省为公学募捐,三年又往南洋为公学募捐。

　　② 郑孝胥(1860~1938),字太夷、苏戡,福建闽侯人。光绪八年举人。曾先后任驻东京、长崎领事,及湖南布政使等。三十二年组织预备立宪公会,任会长。同年起任中国公学校长、监督。

而维持,函电各省官吏,津贴常年经费,后又向大清银行①借银十万两,以建设吴淞校舍,公学规模于是大具。前年革命事起,学生大半往投义军,校舍亦为江南军队借用,各省学款,由此停解,公学几难成立。民国既建,各董事复议开学,遂由希龄向浙江兴业银行②借款二千金以为开办经费,嗣以常款无着,前监督夏敬观、总务干事梁维岳等议以前清上海道署所存源丰润产业三百余万革命后尚无着落,拟恳南京临时政府拨为公学经费,当蒙前任孙总统批允。嗣希龄就任财政部,该校又复援案申请,亦经由部批明存案。

惟该源丰润契据因前清上海道刘送托存比领事未经取出,久未完结。去年十月,德商捷成洋行六百万马克借款到期,财政部无力归还,再三电请希龄商榷展期,该洋商要求以上海比领存据作为抵押,故源丰润之件亦在其中,而公学请拨一案,遂更延搁。现在德款未清,江督③接收遥遥无期,而公学需款孔急,函电交驰,拟求政府迅速了结。希龄目观中央财政支绌,何忍为再三之渎,然公学董事、职员、学生等切盼此事之成,有同望岁,若不速为解决,转瞬又届开学,将何以为基础?希龄再四思维,源丰润一款既经抵押德商,清还尚无确期,即使将来领出尽属田房土地,变卖亦费时力。希龄等之意,窃以为公学一案,我政府业经允许于先,断不失信于后,目前此事既多困难,拟请改由财政部拨发八厘公债票银一百五十万元,作公学常年经费,按年领息,以期永久。所有源丰润各项

---

① 大清银行,前身为清政府于光绪三十一年成立的户部银行,三十四年起改称大清银行,在上海、天津、汉口等地设立分行,为中国第一家国家银行。除经营一般银行业务外,还兼有发行纸币、经管国库等权项。

② 浙江兴业银行,成立于光绪三十三年,由浙江铁路公司创议设立。总行设在杭州,翌年在上海、汉口设立分行。与浙江实业银行、上海商业储蓄银行并称清末民初著名的"南三行"。

③ 江督,指程德全(1860～1930),字纯如,号雪楼,四川云阳人。光绪三十一年任黑龙江将军。宣统二年任江苏巡抚。翌年,南京独立后,被推为江苏都督。时任南京政府内务部总长、江苏都督。

契据,即交江督清理,另备他用,似此变通办理,实属两全善策。仅贡一得之愚,是否有当,伏乞核准,饬交部施行,无任待命之至! 须至呈者。

30. 黄兆祥等致熊希龄电（载公论资料）

民国二年四月十七日（1913 年 4 月 17 日）

热河熊都统①钧鉴:

项见报载我公呈大总统请拨公债票银百五十万作公学经费,热心校事,在远不遗,全体异常感激! 惟公学现状,急待此款之成,以资接济。仍乞主持一再呈准,无任盼祷!

黄兆祥　钟文恢叩

31. 熊希龄致黄兆祥等电（载公论资料）

民国二年四月十九日（1913 年 4 月 19 日）

中国公学黄兆祥、钟文恢两君鉴:

篠电悉。以公债票接济公学事,敝处即再呈请,惟尊处亦须联名呈部,双方并进,或能有济。

希　龄　印

32. 黄兴孙中山致袁世凯周学熙电（载公论资料、上档资料）

民国二年四月廿二日（1913 年 4 月 22 日）

北京袁大总统、周财政总长钧鉴:

源丰润等户押产,原蒙孙总统及财政部批准,候提还后即拨充中国公学经费各在案。去年十一月比领交出时,敝校曾电请拨交,当奉财政部鱼电开:"沪关存件,其源丰润户下押产既经中山先生暨本部先后批准,此时自应照办。惟前南京政府曾欠捷成巨款,本

---

① 熊都统,指熊希龄。

部现无款可还,不得已将沪关存件暂作抵押,一俟六个月限满,即将存件取出,查照前案办理"等因。奉此。遵办在案。查六个月现(既)届满期,想已还清,公校经费,均属私人挪借,以资支持,近更窘迫万状,望此款之来,直同望岁!务恳大总统、大部即时取出该项押件,仍照前案办理,电饬交涉使陈贻范拨交公学,以昭信实,而维教育,无任盼祷。

中国公学总理:黄　兴;董事:孙　文等叩

33. 财政部致中国公学电（载公论资料、上档资料）

民国二年四月二十三日（1913 年 4 月 23 日）

中国公学鉴:

　　马电悉。捷成押款虽已到期,惟部库支绌,难以清还,不得已,仍向该商展六个月,所有押件,尚未取出,即希查照。

财政部　漾

34. 孙中山等致袁世凯周学熙电（载公论资料、上档资料）

民国二年四月二十七日（1913 年 4 月 27 日）

北京袁大总统、周财政总长钧鉴:

　　漾电敬悉。现财部库款虽觉支绌,而公学教育亦当维持。窃本年由董事等公举黄君克强充总理以来,校中一切费用,均属一人挪借,以资支持。公学规模甚大,所费亦巨,虽黄君极力筹备,现亦罗掘无方。夫公学原为对外而设,若接济乏术,势必停办,不但有碍教育前途,亦且贻笑外人。董事等百计图维,惟有仍恳大总统、大部俯念公学缔造艰难,或即行提还该押件,以符前案;或另拨巨款,以固根基,势急情迫,不胜待命之至!

中国公学董事:孙　文　陈作霖　夏敬观等叩　沁

35. 黄兴等致熊希龄电（载公论资料）

民国二年四月二十七日（1913 年 4 月 27 日）

热河熊都统鉴：

巧电敬悉。敝处当即遵嘱电请政府将源丰润押件提交，兹接财政部滦电开："部库支绌，捷成款商展六个月，押件现未取出云云。"查转抵捷成条约，期满不取，该行有拍卖之权；且庄票、股票等该行已出已转押者，不下百万，若再展六月，势必尽归乌有。此款一虚，公学前途，何堪设想？务祈设法成就，无任盼祷。

黄　兴　夏敬观　黄兆祥等

36. 熊希龄致黄兴等电（载公论资料）

民国二年四月廿八日（1913 年 4 月 28 日）

中国公学黄廑五①、夏剑丞②诸公钧鉴：

沁电敬悉。源丰润之款，诸多掣肘，殊不可恃，不如仍照龄前议以清领公债票为善，容即函详。

希　龄　勘

37. 袁世凯致孙中山电（载公论资料、上档资料）

民国二年四月三十日（1913 年 4 月 30 日）

中国公学转呈孙中山先生鉴：

沁电悉。公学需款甚亟，已饬财政部拨（筹）款接济矣。

袁世凯　卅

---

① 黄廑五，指黄兴。

② 夏剑丞，指夏敬观。

38. 孙中山等致周学熙电（载公论资料、上档资料）

民国二年五月六日（1913年5月6日）

北京周财政总长鉴：

前接大总统卅电令："公学需款甚急，已饬财政部筹款接济矣。"等因。奉此。感激莫名！查公学积欠不下十万，债主逼索，困迫万状，现日用已罄，万难支持。乞大部电饬上海中国银行①就近拨款，以济急需。再，源丰润押件，务恳提出照前案办理，以昭大信。

　　　　中国公学董事：孙　文　陈作霖　夏敬观等　麻

39. 中国公学致熊希龄电（载公论资料）

民国二年五月十二日（1913年5月12日）

热河熊都统钧鉴：

接袁大总统卅复电："公学需款甚急，已饬财政部拨款接济云云。"随电财政部催拨，未复，恳公电催为荷。

　　　　　　　　中国公学　文

40. 熊希龄致中国公学电（载公论资料）

民国二年五月十三日（1913年5月13日）

中国公学鉴：

电悉。已切电财政部。

　　　　　　　　希　龄　元

---

　　① 中国银行，民国成立后，因大清银行各分行相继停业，遂在上海组织大清银行总清理处，办理结束事宜，大清银行后改称"中国银行"。

参考文献：

［1］《近代史资料总 69 号》,中国社会科学出版社 1988 年版。

［2］《中国公学回顾录》,中国公论,1937(1～9)。

［3］《中国公学回顾录》,中国公论,1937(1～10)。

［4］李明勋等,《张謇全集:第 8 卷》,上海辞书出版社 2012 年版。

（庄安正　南通大学文学院历史学系教授）

傅斯年佚文四则简释

吴建伟

著名历史学家傅斯年一生所撰文字主要汇集于陈槃等校订的《傅斯年全集》①,欧阳哲生主编的《傅斯年全集》②,王汎森、潘光哲、吴政上主编的《傅斯年遗札》③三种集子。笔者在民国报刊中,发现四则文字未见于以上三种文集。现迻录于此,并作简单注释,或为研究傅氏学术思想和日后修订傅氏全集之一助。

一

再释函皇父

函皇父诸器之释文,前有王静菴,今有郭沫若马叔平诸家考定无余蕴矣。然其时代尚有待于商榷者,厉耶? 幽耶? 未可率定器中之皇父,必即《诗小雅十月》之皇父,亦当即《大雅常武》之《皇父》。《常武》一篇,固可为宣王时诗,亦可在幽王初政之时。今诸器载函皇父之女曰周娟,其所适必为周王而族则娟(原住:《经典》作妘)姓也。以古声韵求之,此之作函,与毛之作艳,鲁之作阎者,一声之异文也。器中之皇父,既为

---

① （台北)联经出版事业有限公司 1980 年版。
② 湖南教育出版社 2003 年版。
③ 社会科学文献出版社 2014 年版。

《大小雅》中之皇父,则其时代可详推矣。《十月》一篇,毛、郑异解,王、郭皆信郑而抑毛,然郑未必皆是,毛未必皆非,要当因事为断,不可一概而论也。《十月》一篇中,有日食继月食之后,并记月朔,又有大地震。此一日食继月食后,经多年东西天文学家考算,知其在幽王时,惟西比里亚可见全食,绥远、陕西可略见偏食,镐京、成周不见,当由边驿达之京驿耳。若移之厉世,则必年月朔日继月食四事皆合,是乃不可能者,(原住:参看奥颇尔泽之表)此证之于天文者也。《十月》之三章曰:"百川沸腾,山冢萃崩;高岸为谷,深谷为陵。"此明指异常值地震,《周语》记此事甚详,箸于幽王之年,若谓厉世亦有此,又无如是之巧合也。此证之于地者也。有此两证,则《十月》为幽王时诗,艳妻(夹注:即周娟)为幽王之众夫人,皇父为宣、幽时人,盖无可疑。若谓"赫赫宗周,褒姒灭之",不闻别有娟妻,则幽王当如齐桓公内宠不止一人,史举其最后溃决之所在,诗纪其前此并幸之宠姬,吾犹及史之阙文也。(夹注:废申后立褒姒乃幽王晚年事立褒姒一事与前此别有宠姬不矛盾也)。

按:此文刊于《说文月刊》1941 年第 2 卷第 10 期。

该期为于右任藏函皇父诸器拓本研究专号。

据同期所刊卫聚贤文介绍于氏所藏函皇父:"诸器拓本六大张,计九器,一为函皇父敦……一为函皇父鼎……一为函皇父盘……一为函叔□鼎[1]……一为季良鼎……一为函交仲簋……一为函皇父鼎……一为敦……尚有一敦,系另坑出土……"[2]

自出土后,诸家对此多有考证,同时亦众说纷纭。王国维在

---

[1]　函叔□鼎为卫聚贤误释。对照该刊所附照片,此器实为伯鲜鼎(02666)。见中国社会科学院考古研究所编:《殷商金文集成(修订增补本)》第三册,中华书局 2007年版,第 1356 页。

[2]　卫聚贤:《函皇父诸器考释》,《说文月刊》1941 年第 2 卷第 10 期。

《〈玉溪生诗年谱会笺〉序》中说:"周娸犹言周姜,即函皇父之女,归于周,而皇父为作媵器者。《十月之交》艳妻,《鲁诗》本作阎妻,皆此敦函之假借字。函者其国氏,氏娸者其姓,而幽王之后,则为妻为姒,均非娸姓。郑长于毛,即此可证。"①郭沫若、马叔平(即马衡)的考定体现在诸器拓本的题跋中。上揭卫聚贤文有全部题跋录文。郭沫若题跋在引用王国维观点后说,"其说殆无可易"。此即傅氏文中所谓"王、郭皆信郑而抑毛"说法的来源。

奥颇尔泽(Theodor Ritter von Oppolzer, 1841~1886),奥地利天文学家,著有《日月食典》(简称《食典》,1887 年出版),即傅氏文中所谓"表"。书分绪论、日食典、月食典和日食路线图四部分。书中计算出公元前 1208 年至公元 2161 年间的 8 000 次日食和 5 200 次月食。②该书是研究和预测日月食的必备参考书。

二

四川与中国——在成都军分校讲演

承李主任约我到这边来讲,觉得非常荣幸,我现在想把四川与中国整个的关系和各位说一说。

说到四川与中国,是有绵密不可分的关系,有一个特别的事实,便可以充分加以证明,我们须知道"汉人"这个名词,是和四川有深密的渊源,我们在后代自称被称做"汉人",因为汉朝的先贤,驱逐匈奴以后,国防巩固,版图扩张,国威因之大振,以后人家便称我们为"汉人",但是汉朝之所以得名,因为刘邦被封在汉中,兼王巴蜀,巴蜀即是现在的四川,所以我们可以说四

---

① 王国维著,彭林整理:《观堂集林(外二种)》卷二十三《缀林一》,河北教育出版社 2003 年版,第 572 页。

② 维基百科:http://en.wikipedia.org/wiki/Theodor_von_Oppolzer。

川的地利,是使我们至今称做"汉人"的,汉家四百年后,别处都不是汉朝了,还知有四川更为正义奋斗四十年,独存汉朝之正统,这样看来,四川与整个的中华民族是有密切的历史的渊源,因此,我们可说,四川是有光荣的过去与特殊的历史意义。

可是我们检查以往的历史,四川对于国家,也曾经几次发生不良的举动即是这四川一隅几次割据局面的形成,例如,汉光武中兴,削平叛变,当时各处均纷纷归顺,拥戴汉室,惟有甘肃的傀嚣,与四川的公孙述,始终据险反抗,不肯听命中枢,后来傀嚣灭亡,公孙述犹不觉悟,一味顽强抵抗,以冀维持其封建的割据局面,而遂其称孤道寡的心愿,但是陕①隘的落伍的部落思想,终于被伟大的进步的"天汉"意识所吞灭,猖獗的公孙述最后还是不免身败名裂,为贤明的光武帝所征服,其次,巴氏李氏,乘晋朝之乱,造反背晋,割据三州,大祸人民,等到晋朝在江南立脚定了,实力稍稍充足了,桓温便把它这一国一鼓攻下,不费什么气力,这些不为正义而为自私的割据者,既速取灭亡,又遗臭万年。

由于以上这些事实的证明,可知四川虽有光荣的历史,但亦有不幸的事迹,这些不幸的事迹,完全是由于少数几个野心家凭借着四川地势的险阻,与物产的丰富,所干出来的自私自利的勾当,四川全体民众是无丝毫责负的,事实上,川民自古迄今,对于割据或分裂运动,无时不在愤恨或作强烈的反对,他们始终是维护国家的正统,祈求政治的团结,试看,东晋时川人之希望巴氏归晋,南宋时,此地奉金正朔者不旋踵灭亡,都可以明征川人之心,是向着国家的正统,不是向着据地自豪的人,是拥戴为民族国家而奋斗的领袖的,不是赞成不管大局野心家的。

况且四川与中国本分不开,四川虽可称作天府之土,却不

---

① 按:"陕"当作"狭",此应系印误。

能作为独立世界,四川之能发挥其天赋的凭借,未尝不待外省人来,即如秦时李冰来川治水,解川民倒悬之厄,至今川西受其福,二千年来,直到现在,川人对于李冰父子,是如何感激崇拜呢?又如:山东人(当时琅琊郡)诸葛亮来治蜀,南征北伐,戎马扰攘,师行之时,民间自难免于征发之苦,然而,当时川民不特毫无怨愤,反竭诚拥戴,迄诸葛死后,川民且到处设祠祭祀,数百年不绝,这是什么道理?原来诸葛是以复兴汉室为职志,挽救正统的国家为目的,他的高尚的道德,伟大的精神,川民早已认清楚了,被其所感化了,故川民劳而不怨,苦而不愤,崇拜敬仰,以迄于今,这都是表示川民对于真正为国家民族谋幸福的领袖的一种拥戴热诚。

所以,无论拿历史方面来说,或拿民意方面来说,四川只有在整个统一国家局面之下加倍努力,始可发扬过去的光荣历史,创造未来的伟大前途,否则,必欲维持割据局面,保持封建势力,那只有自掘坟墓了,我们试看一看过去的史实,便知道这个论断是有事实的根据的,我们更看一看川民对于李冰之歌功颂德,及对于诸葛武侯之崇信敬仰,尤知川中民意之归向,是国家的统一,民族的团结,至于部落思想与封建观念,那时他们从古至今除极少数有特殊情形者外,所极端厌弃的。

总之以地理而论,四川的物产丰富,土地肥沃,所谓天府之国,以历史而论"汉人"这个名字,是由于四川——汉中这个地方得来的,四川和整个的民族是有特殊的关系,我们可以说,四川是有良好的地利,光荣的历史,但是,我们要善于运用这良好的地利,以巩固民族复兴的根据地,决不当使这个肥美的处所作为野心家出没的营塞;同时,我们更要继续发扬四川光荣的史迹,以奠定国家统一的基础,决不当使这个富有历史意味的地方,随那些部落思想的人们而失其伟大。

按:此文刊于《中央周报》1937 年第 473 期。又刊于《西北导报》1937 年第 3 卷第 11 期、《统一评论》1937 年第 3 卷第 24 期。唯《中央周报》标题附有"在成都军分校讲演"8 字。

李主任,即李明灏。1935 年 9 月赴任成都中央陆军军官学校成都分校中将主任。主要招收四川杂牌部分编余军官做该校学员。李氏于 1937 年 8 月由四川成都调武汉。[①]约 1937 年 5 月初傅氏有四川之行,至迟 7 月初返回。[②]此次演讲当在此期间所作。

傅氏演讲主旨实际上有理论和现实依据。理论上,蒋介石早在 1935 年就连续作《四川应作复兴民族之根据地》《建设新四川的根本要道》《四川治乱为国家兴亡的关键》等演讲,明确阐明了四川的重要地位及其在历史上的作用。[③]通观傅氏此文,无疑也汲取了蒋氏的看法。

现实方面,虽然 1935 年长期割据一方的四川军阀刘湘归隶国民政府,但刘湘与国民政府的明争暗斗并未停止。[④]另外,从 1931 年开始,日本通过一系列局部事变不断蚕食中国领土。通过 1935

---

① 参《李明灏将军大事年表》,载姚思奇编:《李明灏将军》,上海人民出版社 1997 年版,第 226～227 页。

② 1937 年 5 月 1 日傅氏致信陈垣云:"川行在即,草草不恭。"见陈智超编注《陈垣来往书信集》,上海古籍出版社 1990 年版,第 561 页;《傅斯年全集》第七册,湖南教育出版社 2003 年版,第 165 页。按:陈智超编注《陈垣来往书信集(增订本)》(北京:三联书店 2010 年版,第 415 页)将傅氏此信改系于 1936 年,可商榷。1937 年 7 月 5 日傅氏曾有致《宇宙风》编辑先生信,其中有"弟以有四川之行,过后始获读,因稽裁复,至歉至歉"云云,此信有明确时间落款。见《傅斯年全集》第七册,第 165 页。

③ 关于蒋介石对四川重要性的认识,可参见唐润明:《试论蒋介石与四川抗日根据地的策定》,《民国档案》1994 年第 4 期。罗样丽:《蒋介石兼理川政(1938～1940)》,硕士论文,指导教师陈红民,杭州:浙江大学,第 6～10 页,等等。

④ 关于四川军阀与国民政府之间的矛盾,相关论述较多,在此仅列举数种。谢本书、冯祖贻主编:《西南军阀史》第三卷,贵州人民出版社 1994 年版,第 308～315、336～345 页;刘正美:《抗战前后国民党中央对四川的控制》,《民国春秋》1997 年第 3 期;胡红娟:《刘湘和西安事变》,《文史杂志》2006 年 6 期;谢藻生:《蒋介石与刘湘的勾心斗角》,《湖北文史》2007 年第 1 期;郭炜:《蒋介石与"四川王"刘湘之间的争斗》,《文史月刊》2010 年第 3 期。

年12月25日西安事变的和平解决,国共两党达成了建立抗日民族统一战线的协定。

基于以上两方面背景,傅氏此次演讲着力强调四川在中国的地位以及两者间的密切关系,号召"四川只有在整个统一国家局面之下加倍努力,始可发扬过去的光荣历史,创造未来的伟大前途"。此种言论,无疑契合当时中国所面临的国内外局势。

三

傅孟真先生复本会函

敬复者:惠示敬悉。所示二事,极关重要。第二项为北大永久之传训,自无问题。第一项增设院系事,自当努力,但恐同时未能两者具增。在办事者,自当努力,然究竟做到几何,未可逆料。专复。敬颂

近祺

北大化学系同学会公鉴

弟傅斯年谨复
十月十五日

按:此函刊于《北大化讯》1945年第11期。

1945年抗日战争取得胜利,傅斯年受命为北京大学代理校长,负责北京大学迁回北京复校的任务。

北大化学系同学会本着对母校前途发展的期盼,向傅斯年上陈了一封公开信,即《北大化讯》1945年第11期所刊载的《本会上母校傅代校长孟真书》。其中主旨有二:"一为增设院系,以适应国家的经济计划。……二为发扬自由学风,以利纯粹科学的研究。……"①此即函中所谓"二事"。傅斯年的复函即针对此事而发。

---

① 《北大化讯》1945年第11期。

四

傅斯年致《世纪评论》编辑（代拟）

（上残）弟过新历年，即时感不适。至十五日而大作，十七日方知是痄腮（Mumps），连带睾丸炎，甚苦。（烧至三九.八度）二十三入中央医院。昨始出，仍头晕中。然则未曾作文，不为罪也。稍愈，当执笔。连读三期，甚佩，甚佩。可以独步东南矣。（下残）

按：此函刊于《世纪评论》1947 年第 1 卷第 6 期。

本函因系《世纪评论》编辑在《编辑后记》中所引，故非完整。从中可知《世纪评论》将刊物寄送至傅氏，并向其约稿，而傅氏因病不能撰稿，并说明待病情稍愈，愿为供稿。《编辑后记》在征引傅斯年信函内容前冠以"傅孟真先生来函云"，在征引傅斯年函后紧接云："'独步东南'未免过奖，然傅先生的大作，不久当可与读者相见。特先奉告。"此后，傅氏不负所邀，连续写了《这样子的宋子文非走开不可》《宋子文的失败》，分别刊于该刊第 1 卷第 7 期、第 8 期。

此函写作时间应该在 2 月 4 日。据《傅斯年致胡适》一函曰："适之先生：不大不小之病三个星期，发烧至 39.8，而蛋肿得可怕，过旧历年即呻吟最甚时也。老天开这个玩笑，真恶作剧。昨晚出医院，传染期已过（入院为避染他人），血压较平常为低，（热病后之现象）仍在头晕。……昨日下午匆匆出院，亦为雪艇一催此事也。……"日期署"二月四日"。[①]时间与傅氏致《世纪评论》函一致。

（吴建伟　上海图书馆历史文献中心副研究馆员）

---

① 耿云志主编：《胡适遗稿及密藏书信》第三十七册，黄山书社 1994 年版，第497～499 页；欧阳哲生主编：《傅斯年全集》第七卷，第 325～327 页；中国社科院近代史研究所民国史研究室编：《胡适来往书信选》下册，社会科学文献出版社 2013 年版，第170～172 页；王汎森、潘光哲、吴政上主编：《傅斯年遗札》第三卷，北京：社会科学文献出版社 2014 年版，第 1305～1307 页。

《廉泉年谱初稿》拾补

郭长海

上海中山学社《近代中国》第 20 辑(2010 年 10 月)刊载王宏《廉泉年谱初稿》一文,较为详细地排列了廉泉一生的经历,对于研究廉泉、吴芝瑛,乃至小万柳堂的历史沿革提供了较为丰富的研究资料。但是,由于王宏所使用的资料大多为书籍方面,而廉泉、吴芝瑛夫妇二人当年在报纸上发表过大量的诗文,活动范围又涵盖了大江南北,甚至远及日本各地,因此,多方面采撷这些资料,才能使年谱的内容更充实、更丰富。下面,就王宏所未及见者,略作一些补充。

一、廉泉《开办东文学堂禀稿》

1900 年末,李鸿章和肃亲王奕劻一起受命为议和大臣。李鸿章幕僚中有一位吴挚甫,深受李鸿章的倚重,特地从深州调来身旁,随时听用。吴挚甫在任保定莲池书院院长的时候,有一位日本人中岛裁之一直在跟前学习中文。来北京后,中岛裁之也跟随前来,而且,趁机向吴挚甫提出,要开办一所东文学堂,培养学习日语的人才,以便为日后的中日文化交流打下基础。吴挚甫很赞同此事,就命自己的侄女婿廉泉办理此事。廉泉刚刚受命编辑《李文忠公全集》,又要他办理此事,一肩挑二任,当然乐于完成,更何况东文学堂一事也要由李鸿章来批准,简单得很。于是很快写出了《开办东方学堂禀稿》(以下简称《禀稿》)呈送上去：

　　户部郎中廉泉谨呈　为创立东文学社仰恳批准事

　　窃以时事日艰，惟振兴学林，作养人材为第一要义。今欲讲求西学，若概从西文入手，不独经费浩繁，且恐多需时日。查日本学校，于欧美政教、法律、文治、武备、格致、制造等学，一切有用之书，皆经译成东文。果能谙习东文，即取日本已译成之书，逐渐考求，自属于事半功倍。职与慈善会总董刘铁云往返函商，拟先行借用南城锡金会馆，创立东文学社，招集京外汉文已通之士入学，专习日本文字。近来南方多有东文学社，往往数月后，生徒便可读东文政教诸书。今本社诸生汉文既深，倘于数月后能遍读东书，即可将东文译成汉文，以备别处学堂之用。其效至为捷速。现据刘总董首先慨捐洋银一千元，为开学之用，此外经费由职自行募捐，不领公款。现已聘定日本人中岛裁之为总教习，并议请国子监学录王仪鼐为本社监督，刻日开办。谨呈上章程一扣，恭请鉴核，伏祈

王爷

　　批准施行

中堂

　　　　　　　　　　　　　　　　廉　泉　谨呈

　　　　　　　　　　　　光绪二十七年正月十二日

有意思的是，廉泉当天送上去的禀稿，李鸿章当天就给批下来了：

　　钦差全权大臣李　批

　　据呈，创立东文学社，由东文转译西文，以其捷速，并呈《章程》前来。该司员念时势之艰难，伤人才之消歇，借资异域，择善而从，用心实堪嘉尚。仰即妥为注册，培育后进，以副所期。

　　　　　　　　　　　　光绪二十七年正月十二日

议和大臣还有一位是肃亲王奕劻，皇亲国戚，大权在握，那是

绕不过去的,于是同样也呈上一份《禀稿》。肃亲王也真给面子,虽然压了半个月,但是最后还是给批下来了:

钦差全权大臣庆王　批

据呈,已悉。查泰西诸邦,国势之盛衰,全视学术之兴废。中国驯至今日,尤为情绌势见之时。欲求培养人才,广开民智,自以兴设学堂为第一要务。该司员创立学社,借东文以通西学,梯阶既捷,抉择心精,其志识洵堪嘉尚。惟望集思广益,多译有用之书,饷遗多士。庶几众才奋迅,宏济时艰,实所厚望。此缴。

光绪二十七年正月二十七日①

东文学社很快就开办起来。开学那天,来了好多的来宾。刘铁云当时正在北京办理慈善事业,听说了此事,也赶来参加,并且掏腰包,捐款助学,以后还时不时地来学堂中参观访问。那都是后话了。

二、廉泉的《潭柘养疴图记》

1902 年的春天,廉泉在北京当京官的时期,自感身体不适,经医生检查,是肺部有恙,医生劝其外出疗养。廉泉便选定了北京西山潭柘寺。吴芝瑛随侍在旁。廉泉每日以静养为度日之计,吴芝瑛则每日以抄写《妙法莲华经》为日课。自春迄秋,八月有馀。廉泉病体已愈,康复如初。而吴芝瑛恰好抄完全经。夫妇双方均有所得,相偕返京。不料此事为友人画家丹青手秦岐农所知,此老身虽在江南,却能描摹燕北大地的景象,山林寺庙,深壑悬泉,一卷之中,楚然可观。而且事先并未张扬其事,待画成之后,送达廉泉的眼前,方才惊讶不置。于是提笔书于画卷之后,可以说是图文并

---

① 以上均见《东文学社纪略》一书,1904 年日本出版。

茂,相映成趣,才气画风,珠联璧合。研究廉泉,不可不知此事。文录如下:

> 潭柘在京西七十余里。有龙潭柘林,因以名山。俗称潭柘寺者,随山而名之也。相传寺为青龙潭华严尊者说法,龙来听经。一夕大风雨,龙徙潭平,遂开山为寺。此说绝荒诞,然燕人诡曰:"先有潭柘,后有幽州。"其为古刹可信。寺创于晋,曰嘉福。唐曰龙泉。唐统(?)间改为万寿寺。宣德初仍赐顾龙泉。天顺元年,又勅改为嘉福。自晋迄明季,代有废兴。而名六数数易。清康熙朝,圣祖颁内府金重修,锡名岫云。旁建行宫,翠华临幸,于焉憩息。张文瑞公及钱唐高红村,有扈跸纪事之作。一时名流如张见阳、毛会侯、姜西溟、施愚山,皆策杖攀萝,放浪有清泉白日间,傲睨云林,冥想六合,飘飘乎有遗世独立之意。旧传潭柘十景,曰:某壑宜云,某峦宜月,某村宜看红叶,而某地则宜听泉。不知树采厓姿,顷刻万变。随地可以娱情,不应黏著如是。

> 壬寅之春,余养疴山寺。居楞严坛西,曰西静室,幽绝特甚。芝瑛在此写经,乃易其名曰写经室。室后峰峦岈嵲,树木阴森苍翠,直扑几案。西观音洞在其上。春秋佳日,妇女持香礼佛求子者,来去不绝。开窗望之,缕缕穿桧树而过。身在云气中,鲜衣轻袂婆娑。

> 余西山之胜,以戒台之松,潭柘之泉为最著。戒台距潭柘十八里。长松插天,如飞蛇矫入青云。风自万壑来,鳞甲森动,首尾相衔,争雄角锐,疑神怪交战,飞岚走翠隐映,乍有乍无。潭柘之泉,发源集云峰下。去寺二三里,一水喷薄,绕峰而出。循岩壑斗折蛇行下注,其声淙淙然。过寺桥,声逾怒。僧引入寺,或注庖福,或泻茶灶,或浇竹灌蔬,栽花养鱼。如有径途,惟意所欲。

> 京师自辽金至元,靡岁不建招提。明则大珰无人不立佛

寺。成化间,内外寺观敕赐者至六百三十九所。梵宫之盛,于斯为极。独潭柘一区,无宦竖营造之迹,洵不愧谓香林净土者矣。山居凡八月,而病良已。秦五岐农于三千里外,以意图之。发山水之雄奇,助心目之寥廓。因追记之,并录附游诗于卷末,以示夫欲游而未能者。

丁巳中秋　廉南湖①

廉泉《潭柘养疴图记》所述,已是十五年后的印象,此时他或在日本。吴芝瑛正为他编辑《潭柘纪游诗》。回首当年,所经之事仍能历历如绘,是其身心俱化的结果。该图文应当和吴芝瑛的《潭柘纪游诗·跋》合读,更能体会山中的情趣。

三、廉泉致廉隅的一封信

1904 年春,正在日本留学的廉隅,因为生活困难,不得已写信向在北京的哥哥廉泉求助。出于兄弟之谊,廉泉为之筹措了一笔经费,寄去以应其急。同时,还附了一封信,此信如下:

……

兹有秋璿卿女士,自备资斧,来东留学。女士与嫂结为兄弟,在京晨夕过从,亲若同胞。今痛女学之不振,在京创设女学会,大声疾呼,欲以一身挽回数千年之积习,使吾国二万万女子脱此沉痛,以达其自由之目的。

……

为秋女士照料一切。至要! 至要!

五月初八日灯下②

此信在当时及后来均未发表过。1936 年,吴芝瑛的弟媳惠毓

---

① 录自《大公报》副刊《谈荟》栏,1922 年 11 月 25 日。
② 录自惠毓明《吴芝瑛夫人传》。

明编辑《吴芝瑛夫人集》时从家中检出手稿,将原件影印后,缩小成寸方,贴印于吴芝瑛《祭女烈士秋瑾文》一文的上端。因图形太小,而且印刷较为模糊,难以释读,所以历来不为人知。此次把全信的可读的部分录出,供读者参考。

此信前半谈北京当时的情况,后半则谈及秋瑾出国前的情况,特别是"秋女士与嫂结为兄弟,在京晨夕过从"一段,是秋瑾当时在京生活最为真实的记录。而结尾署"五月初八日",正是秋瑾离开北京的前一天。这些都是研究秋瑾的重要资料。

四、廉泉夫妇与刘铁云的一段文字公案

1908 年夏天,廉泉夫妇和刘铁云之间因为一通碑帖的事闹翻了。半年多来,在报上你来我往,互相指责,吵得上海文坛上无人不知。

1901 年冬,廉泉的弟弟廉隅在日本留学,手头拮据,生活吃紧,便写信向哥哥求援。廉泉也在竭蹶之中,便把一件《云麾碑》送到刘铁云处求质,换取押金,以济弟之急。时隔多年之后,1908年,忽然传出,刘铁云要将此碑帖出手,定价若干。廉泉夫妇听说此事,急忙通知刘铁云,要收回此帖,请其不要出手。首先由吴芝瑛出面,在报上发出公开信:

刘铁云先生鉴:

宋拓《李北海云麾碑》,芝瑛在京时,由先四叔挚甫公借钱购得,当即题签,定为宋拓。辛丑岁阑,家夫子惠卿欲寄五弟留东学费,不得已向尊处借京平银一百两,以此帖做抵,承允可随时取赎。次年春,芝瑛移家潭柘山中,先生亦携帖出京。甲辰之冬,芝瑛到沪,即催家夫子备款赎。先生执不可,谓欲取赎,必偿十倍之息云云。祸后遂不得踪迹。今闻先生欲将此碑据为己有,定价出售,不胜骇异。芝瑛酷好此碑,视同生

命,决不轻弃。应如何认息、取赎之处,望彼此各托公正人谈判,芝瑛无不遵命。请先生见报后,即日清理,勿伤雅道。至感,至荷!

吴芝瑛　敬启①

买《宋拓李北海云麾碑》者鉴

此碑系吾小万柳堂所藏,暂抵与刘君铁云,并非刘君之物。芝瑛访得刘君踪迹,即当取赎。望海内好古家万勿轻购,以免镠辖。

吴芝瑛　广告

吴芝瑛启事

敝处所藏《云麾碑》,暂质与刘君铁云。前闻刘君与人议价千六百金出售。敝处查悉,登报声明已经两月。而刘君忽登报强辩,全翻前议。区区一帖,芝瑛岂真不能割爱!特刘君如此强夺,并诬质为卖,又欲损人名誉,心实不甘。芝瑛誓死必赎回此帖,容当日经售此帖之人到沪,芝瑛当力疾赴宁,面邀王观察来沪公议此事。今再登报广告,请海内鉴赏家勿购此碑,以免纠葛。千万注意②!

附一:刘铁云致廉惠卿先生信

廉惠卿先生鉴

铁云昨到上海,蒙友人留示嫂夫人所登《告白》,为《云麾碑》事。

记辛丑残腊,阁下持此碑至敝处求售,索价二百金,或质押百金。仆云:当此岁杪,实无余力,如百金肯让,当竭力图之。公坚索二百金。仆云:何妨持向他友商办?如有出百金以外者,请径售之。否则,愿仍以百金见惠。次日,尊纪送帖

① 《神州日报》1908 年 3 月 31 日(戊申二月二十九日)。
② 《神州日报》1908 年 5 月 18 日(戊申四月十九日)。

来,取百金以去。当时彼此固俱认为买为卖也。事隔数年,晤阁下于上海,忽云将取赎此帖。仆云:本非质,何有赎? 未克如命,并无十倍之说。仆因甚爱此帖,故去年《国粹求沽告白》独无此帖价目,可证非有善价求沽之心也。今嫂夫人云甚爱此帖,似应物还原主。然阁下此帖系庚子年得诸福山王氏空宅中,亦非尊府旧藏也。推复本之谊,请代还王氏,以息纷争。何如?

刘铁云　启①

附二:廉泉致福山王观察信

福山王观察鉴:

　　庚子之变,先公殉难时,执事时不在京。贵本家与贵同乡丁孔章等数人来商,欲将先公所集胜朝名人真迹百数十册,名曰《海岱英灵集》者寄存敝寓,以免散失。鄙人为保存国粹起见,当即与约:须有人留此看守。贵本家应之,遂开清单,亲自交来。即日移居敝寓,看守此帖。执事到京,仍由贵本家手缴。顷阅刘铁云所登《告白》,因吾与有《云麾碑》交涉,谓此帖系庚子年得之福山王氏空宅中云云。似此,情同窃取。鄙人即好古,尚不若是之甚! 鄙人于前事不敢言功,亦何无端蒙此不白! 已电约当日售此帖之人来沪作证,以质公论。然不知此帖是否尊处旧藏,或曾托刘君物色。乞赐示为幸!

廉惠卿　谨白

附三:廉泉致刘铁云先生信

刘铁云先生鉴:

　　《云麾碑》本非敝处旧藏。系庚子年得于京师琉璃厂宏京堂,价六十金。时与吴先生同居,内子向挪款购得,即请题签。至今不知曾藏福山王氏也。节外生枝,此不足较。惟当时向

---

① 《神州日报》1908 年五月十七日(戊申四月十八日)。

尊处暂质,及到沪赎取各情,皆仆与执事当面交涉。敝处前登《告白》,无一字欺饰。尊论全与实情不符。区区一帖,何必用此伎俩?仍请彼此各约公证人公断此事,以免争执,勿再延搁。至感,至荷!

廉惠卿 启事①

附四:得《宋拓云麾碑》者鉴:

此芝瑛之物,以百金押刘铁云。闻此碑行将入官,敬乞当道垂眷,许芝瑛备款赎归。倘已为海内好古家购去,能以原价见让,固感雅谊。即不能,亦乞示知,以便携写真器来,留一影本。幸鉴愚悃,勿自秘藏。为叩。

吴芝瑛谨白②

此后刘铁云便无消息。不久,就被一纸公文拿下,铁索银铛,牵向狱中。不久又被匹马单车远戍新疆,最终客死戍所。《云麾碑》一事也就不知如何告终了。

五、廉泉致良弼的一封信

1911年10月,武昌打响了辛亥革命的第一枪,紧接着爆发了全国的武装起义。清朝的专制统治即将垮台。有志之士都看清楚了革命的形势,而一小撮顽固守旧的极端分子,还在那里企图顽抗。廉泉和吴芝瑛有一位好朋友良弼,就是这样一个人。良弼字赉臣,是清朝贵族。吴芝瑛为了对他进行挽救,致书一件,劝他迷途知返,莫失良机。在吴芝瑛的信后,廉泉也从朋友之情出发,以全国形势为指导,良言相劝。廉泉的话,见于此信后,录如下:

此芝瑛辛亥十月寄赉良臣之手札也。赉臣至性中人,与

---

① 以上《神州日报》1908年5月18日(戊申四月十九日)。

② 《神州日报》1908年8月25日(戊申七月三十日)。

泉情均天伦。革命军起,南北音问不绝。泉阅其十月二日书谓:"武夫热血,犹是沸腾满腔,并无暮气,尚可一用。"又以外间报纸所载,谓不足信,知无可进言。乃属芝瑛手草此札,引史道邻语曰:"人心已去,收拾不来。"望其密商涛邸,以五帝官天下之义,开陈主知,定保全皇室之至计。赉臣得书至出涕泪,开阖数反,目炯炯者,顾赵太君曰:"此我廉氏嫂来札,舅母为我好好秘存,毋遗失!"时以石板房地僻,移居红罗厂。未几受炸死。泉今岁三过津门,赵太君为述往事,相对欷歔。许将此札付还。附赉臣遗书之后,留为纪念。赉臣遗书凡八通。当南北军相持时,尚有二书论时事。谓"南军能得民心,不可谓秦无人。"又以"朝廷能起用项城,谓最可喜之事。"属泉传示李钟珏。李时长淞沪民政,与良亦有旧。二书乃秘留之,不我还,故所存止此。回忆雪夜南苑之燕,与西城寒食之诗,俯仰一身,感时伤逝,不知涕泗之何从也。

癸丑十二月 　南湖居士廉泉记①

廉泉的话真是忠言良言,可见朋友之间的深厚情谊。在大是大非面前,良弼不能作出正确的选择,最后被革命党人彭家珍炸死,成为清朝统治者的殉葬品。

六、廉泉致俞复的信

1915年,廉泉在日本收到友人的一通传话,听了之后,不胜其怒,随即提笔给国内的友人俞复写了一封信,现录如下:

致俞仲还书

仲还先生执事:

　　顷有日友自东京来,为言,在某处见中华书局出版之《清

---

① 　录自惠毓明编《吴芝瑛夫人传》。

史》中有《吴芝瑛传略》，不伦不类，可发一噱。据此友传述，不免厚诬芝瑛。芝瑛生平任侠好义，出于天性，无一毫好名好奇之心。只因略涉旧学，故于耳目所接自命新女豪者，其志行不敢赞同，且怃焉忧之。试看自革命以来，女界过沪见访者不下数十辈。芝瑛一不接见，各省来函数十百通，非约组织某会，即请主任某职。芝瑛闻之大哗，以为痫发，皆置不答。沪地会场未一涉足，亦概不列名。此执事与同乡诸君所素知也。芝瑛所发起者，只葬秋一事。诚痛在专制政府之下，遗骸无人掩瘗，聊尽生死交情而已。既葬之后，杭州学界募捐、立社、树碑、建亭，革命功成，该省官绅兴高采烈，耗公款钜万，与湘人争此朽骨，返葬西泠，芝瑛皆不预闻。寓书某君曰："有人为之，得矣！"又曰："今日何必如此！"汤蛰仙诸老前辈因此一事，遂视吴芝瑛若怪物，与秋瑾同类。至今如闻其恨恨之声曰："死有余辜！死有余辜！"云。芝瑛付之一笑。盖当日只行吾心之所安，本不求谅于天下也。芝瑛为吾妇，于今三十年。曲艰隐厄，经人世所难堪，而处之泰然。以中馈、女红为女子之天职。虽盛暑在病榻，勿辍也。米盐琐琐，吾一不相关。往往家无一金，而座客常满。芝瑛拔簪沽酒，亦不使吾知。至今亲友恃而举火者，且五六家也。吾好临事发奇，芝瑛每以箴规之言进。事往，今寻思，辄亦自悔曰："何必如此！"

　　要之，吴芝瑛只一庸言之信、庸行之谨之好女子耳。趣以好名好奇，此殆为狂夫所累，芝瑛死不瞑目！不知中华所辑《清史》如何云云。望以此书示伯鸿先生，乞赐检阅，削去此篇。勿使泉与芝瑛魂魄为之不安。千感万感。

　　世变无穷，泉与芝瑛方拟挈儿女留学纽约，以表示倾向共和之意。与父母之邦，及生平我爱之亲朋从此永诀。今因日友之传述，犹不能忘情于毁誉。此我之沾沾，度芝瑛决不以此介怀也。

此候兴居,伏翼悲海,不罄缕缕。

　　　弟廉泉再拜　九月五日自日本京都寄①

　　此信所述几件事,都是无知因前期活动的概述。而颇具推崇之一,尤其出自廉泉之口,更为难得。这并非互相标榜,正是久在身旁,最能了解的人所说的话。信中所提到的伯鸿先生,即中华书局的总经理陆费逵。此事后来无闻,不知如何了之。

七、廉泉在日本建《扇面纪念馆》

　　1914年,廉泉在日本大正博览会上展出家藏墨宝绘画等许多珍贵文物,受到日本各界人士的欢迎。博览会画展结束后,廉南湖未将文物及时运回,而是在日本开了一间博物馆,继续展出。他有一篇《宣言》,启事如下:

　　　鄙人在日本国神户山中西人居留界内组织扇面馆,为我华侨之美术俱乐部,陈列唐宋元明清五朝书画剧迹及明清两朝名人书画扇面千余页,每星期调换一次。馆内聘有英文、和文通译员,招待来宾,与世界美术相与欣赏。今又备有观书、阅报二室。凡我国内各报馆、各书局。编译新书、小说及杂志、日报,倘许寄赠一份,嘉惠海外同胞,无任欢迎

　　　日本国神户市山本通二丁目百十八番之五

　　　　　扇面馆主任　廉南湖谨启②

　　这个扇面馆是否开办起来,后来未见有关报道。也可能是临时性的,存在多长时间,一切都不为人所知,留此一页,以见廉泉的多方面的活动。

---

① 《大公报》1915年9月16日。
② 录自《大公报》1915年12月。

八、廉泉致吴稚晖的一封信

1913 年,袁世凯在登上大总统的宝座之后,欲壑难填,加紧做皇帝的准备。孙中山领导下的革命党人高举起反抗的大旗,发动了二次革命。此时,正在静观时变的吴芝瑛,已经看清楚了形势的发展,明确了中国的未来。她深信,袁贼必败,人民必胜。她愤然命笔,给袁世凯写了一封信,劝他不要固执谬见,要迷途知返,及早回头。这封信写在二次革命之后,当然不容易发表。廉泉看到此信以后,私下给老朋友吴稚晖写了一封信,就吴芝瑛信中提到的问题表示了一些看法,现录如下:

廉南湖与吴稚晖先生书

芝瑛忽发奇想,以匹夫有责自任,上书言事。我公所谓化一张嘴说说,劝袁老头子早点回去养脚,便算十分尽力是也。日内计可到京,雷霆风雨尚无消息。事前不以告者,恐我爱者或阻之也。然亡国灭种,祸在眉睫。尚何斧钺之足畏乎!

沪地开战已两日矣,南军以血肉相搏,今夜炮声隆隆,吾堂窗屋为之震动。不知我最穷苦最亲爱之同胞,又牺牲几许生命矣。

此件命女儿绍华录稿,附察。勿示外人。此上　至崇敬之

稚晖先生

泉白　七月廿四夜①

吴芝瑛的信在袁世凯死前才得发表。廉泉的信仍附在吴芝瑛的信的后面。廉氏夫妇二人在袁贼势焰熏天的时候,能看清袁贼的反革命真面目,在袁贼羽翼满天下的时候,该发出大胆的言论,

---

① 录自《时事新报》1916 年 5 月 17 日。

的确是难能可贵的。

九、廉泉《拟办吴芝瑛美术馆宣言》

1917 年年初,廉泉将在日本大正博览会展出的全部展品运回北京,又恐其散落或遗失,于是想寻觅一处佳地保存,同时建馆展出,向观众开放。即命名为吴芝瑛美术馆,廉泉亲手拟了一份《宣言》,发表在《大公报》上,现录如下:

廉南湖拟办芝瑛美术馆宣言

丁巳二月,为芝瑛五十初度。痛国家之阽危,与椿萱之凋谢。幸馀生已多为言。是日,奉先人遗墨至山水幽寂处,展览一天,以志馀恸。不许小儿女称觞。至友如寒厓先生先期制联见贶,亦却不受。泉实悯怜之,不愿重拂其意。因念芝瑛来归三十一年。薄世荣而常怀救急如焚之隐。其行谊略见于去年各报所载余与俞仲还先生一书(请削去《清代轶闻》中《妄论》一则)。然芝瑛于佛顶暂止之义,身心了然。不愿余以言说表白于世。此次归自东瀛,谓欲人格高尚,须从美术入手。泉深韪其言,愿于未死前,有以成其志。今拟将所藏历代剧迹及明清两朝名人书画扇面千余叶,择相当之地点,设馆陈列,公诸同好,以芝瑛所写《楞严经》附焉,为唤起中央开办美术学校之先声。至购地、建筑各费,将上海、西湖小万柳堂两别墅廉价出售,助成此举,为芝瑛五十生日之纪念。凡亲朋一言之赠,一物之贻,概不敢领。炯炯此心,伏维察恕。

廉泉病榻上言

芝瑛美术馆内容(拟分十名所)

一、帖祖斋　陈列王右军澄清堂帖及宋拓碑版

二、唐经阁　陈列唐人写经卷子及敦煌石室所得五佛同龛像与贯休十六应真图

三、三十六峰草堂　陈列三十六峯山石一座及邓石如三十六峯铭辞卷子,又为三十六峰主人所书三十七言楹联

凡三代铜器玉器陶器及宋元磁古钱各物皆陈列此堂

四、小万柳堂　陈列唐宋元明清五朝书画挂幅及卷册

五、东扇海　陈列明清两朝名人书扇四百余叶

六、西扇海　陈列明清两朝名人画扇五百余叶

七、宝董室　陈列香光小楷《史记》一部、庚辰日钞一部及香光书画卷册屏幅

八、砚田庄　陈列砚田居士画幅及扇面卷册

九、瓯香馆　陈列南田画幅及山水花卉扇面六十余叶

十、写经楼　陈列芝瑛小楷《楞严经》十卷及所临各帖与联幅①

这个美术馆设想得非常好,也非常合理,但是多年之后也未见出现。原因在哪里,不得而知。推原其故,可能是廉氏的生活日渐其窘,以致无所施其能。只留一片深情,存于纸上而已。

十、廉南湖遁入空门

1920 年 9 月末,廉泉参透了人生事与世间情之后,决心离开尘俗,皈依佛门。事后写了一封信给好友孙寒厓,全文如下:

廉南湖受戒拈花寺《与孙寒厓书》云:

至贵重之寒厓先生悲海,夏历九月二十五日南湖皈依红螺寺资福寺住持宝一和尚座下为三宝弟子。当蒙吾师锡名曰显惠(师初不知我字曰某某,于无意中取得惠字,不知是何因缘)。本届京师拈花寺(寺在德胜门内八道湾)启建弘范传戒吉祥道场时,五戒已授过。本寺住持全朗和尚因我至诚,恳切

---

① 《大公报》1917 年 1 月 18 日(丙辰十二月二十五日)。

皈依三宝,准于十月初二日上午特为显惠授清净戒。是日斋僧,用结胜缘。潭柘寺山岫云寺住持纯悦和尚届期下山亲诣道场,示我仪范。

显惠为世外人者久矣,我生不辰,值此相吞相噬、相争相杀之世,膠膠扰扰、苦无归宿之方。暂止旅亭,畴为主客。世间恩爱,缘尽则离。欲证菩提,必资良道。今幸皈依宝一和尚为三宝弟子,奉请全朗和尚为我三皈五戒本师。窃念自无始来,罪业如山,蔽妙明心,污染身器。远忏千圣,近负四恩,踟蹰昏衢,受诸苦恼。今应于三宝前恳诚尔泪,忏此重愆,依教奉行为净行优婆塞。佛法戒海虽曰广大,普摄一切众生,然不摄破戒之人。犹若死尸,海水不容。本师曰:不杀生者仁自著,不偷盗者义自敷,不邪淫者礼自立,不醉饮者智自明,不妄语者信自扬。是五戒即儒教之五常。钦遵佛制,正以阴翊家邦,同护善根,永离恶道,与吾进德会本旨不相背。愿从今日始,独矢诚心,不违本誓,十方三宝,为我证明。如荡子思家,婴儿恋母,当蒙加被,还入娑婆。庶几能受持满分,留面目见我稚公乎! 端秉一心,遥祝无边胜福 庚申九月二十五日 显惠 和南①

此信后来由孙寒厓公布于世。人们哄传已久的事,如今业已成真。廉泉的后事,会不会由此画上一个句号,还有待日后的考察和检验。

十一、廉泉与吴芝瑛棠阴话别

1928 年七月,经过多年的南北奔波,廉泉夫妇都有些倦怠世情,而且上海、西湖两处小万柳堂都已经易主,于是一场夫妇话别,

---

① 录自《大公报》1920 年 11 月 14 日。

即将在棠阴下举行,廉泉有记其事云:

题棠阴话别影(照)片

丙午夏,余营小万柳堂于沪西曹家渡,与芝瑛徙倚其中者廿有三年。一曲淞波,行将易主,不无三宿之恋。今岁夏五,芝瑛送女砚华于归津门,语余欲保留别业,计无所出。阅两月,将挈砚华南返,先期来杨忠靖祠堂,小住兼旬。春姬遄归宁神户。所遗七岁男牛,与平湖、小湖侍,芝瑛爱之逾所生。一日于海棠树下摄影,在小湖右与芝瑛相对坐者,内姨吴君贤,左为美术家杨女士令茀。立于芝瑛后者,亡友王冰铁之夫人芳冰。坐余左者,内弟吴静山也。芝瑛此行,病苦颠连。南北数千里,出入烽燧。赖令茀与兄苓泉昧即西居士。药裹关心,损金见贶。老友麦君佐之,于其南也,为戒归程,供盘飧之费。鲍叔知我,不能措一词,但有涕泪而已。摄影之次日,芝瑛即就道。余送至正阳门外,握手旗亭,索然而返。篝灯书此,分贻我爱诸君,达悃曲焉。

(民国)十七年七月三十日

兼旬小住次寥天,亲故难禁聚散缘。萧寺闻钟伤在客,云岚署券不论钱。乡心枨触凭谁问,生计艰难仗汝贤。肝胆照人今有几?关山行矣倍潸然。

略解萧闲能忘世,肝胆绕屋忒风流。于今姓氏畏人数,别后园林似旧不?睊睊到期还自悔,蓺淞留影肯遗羞。往年集朋好题咏之作,印有《蓺淞留影》一卷。写经楼上娟娟月,谁写清闲万里愁。

图中自右向左 廉南湖 吴静山 廉平湖 吴芝瑛 王若冰 廉小牛 吴君贤 廉小湖 杨令茀①

此后吴芝瑛未再北上。廉泉也未再南下。一对爱侣,缠绵一

---

① 《盛京时报》1928年7月30日。

生。此后，一个是药裹相对，一个是佛前礼忏。天南地北，各在自己的天地里，耗尽了一生的光阴。

十二、廉南湖预挽吴芝瑛

　　廉泉与吴芝瑛京师话别之后，各居南北。小万柳堂已经易主，吴芝瑛只好迁出。一九三〇年回归于无锡廉氏的老宅中。无复当年的豪气，凄凉地度过晚年。不久疾病加身，缠绵病榻。终日恍惚，迷蒙漫漶。一日，忽然气促，亦有病危之状。在床前侍疾的儿子劭成，连忙发信给在北京的父亲。廉泉接到信后，提笔撰写了一副挽联，预悼夫人：

　　　　流水夕阳，到此方知真梦幻

　　　　孤儿弱女，可堪相对述遗言

不料事起苍黄。过了不久，吴芝瑛居然一觉醒来，逃过此关。病体渐舒，精神稍转。起视廉泉的新作，不禁莞尔一笑。当时廉泉在挽联后尚有跋语，记其经过，现录如下：

　　　　得劭儿书，言母病危，商及后事。余前夕梦见万柳夫人坐帆影楼，诵余"夕阳穿树补花红"句，醒后月落参横，不觉涕泪满怀抱也。儿与姐绍华妹砚华先后归里侍病，余因病不得遽南，预挽联语，所谓梦中说梦，恐万一不幸，噩耗传来，痛极不能下一字也。静言恐念，人生若寄，尚望天与人善，夫人所苦，从此化险为夷，使余得破涕为笑，则斯联为赘矣①。

此事倒有些惝恍迷离。要想参得其中况味，这里用得着《红楼梦》中的一句话："假作真时真亦假，无为有处有还无。"一切都在不言中了。

---

　　①　引自常华：《小万柳堂走出的廉泉》，见《西城追忆》2011 年第 3 期，北京市西城区档案局(馆)编。

十三、廉泉的一份《遗嘱》

1930 年夏天，廉泉生了一场大病，入北京协和医院治疗。友人福开森请谢元甫医生用最新式的科学疗法电疗，进行诊治，很快痊愈。此后，廉泉自知来日不多，于是手写《委托书》(即是《遗嘱》)两份，交给友人福开森和某人保存。

某日，友人李作宾前来探病，无意中说起后事，廉泉即把《委托书》(《遗嘱》)的草稿拿出，请李作宾观看。李作宾当即把《遗嘱》全文录下，如后：

> 余生平主张火葬与公墓。三十年前曾患肺病，在潭柘寺疗养而愈。尝发宏愿，将潭柘寺改建天然疗养院，于山麓辟一公墓，附设火葬场。纯悦和尚思想开朗，亦颇赞同。曾请平市工务局长华南圭派员入山查看路线，预备筑路，以利交通。余死，望有人继续提议，使潭柘天然疗养院早日成立，了余之心愿望。

> 余之遗骸委托福开森、辻武雄两先生如余之愿，在北平日本火葬场焚化，会商纯悦和尚，埋骨潭柘山麓，占地一穴，为潭柘公墓之起点。伏愿两先生，垂念生死交情，为我断然执行。届时家族、戚友或持异议，以此委托书示之。

> 中华民国十九年四月二十四日
> 亲笔书于病床　廉泉①

廉泉在 1931 年 11 月 15 日(农历十月六日)病逝于潭柘寺的下院翊教寺，终年 64 岁。但其家属并未按照这份《遗嘱》行事，而习于常规，仍将廉泉入棺，葬在潭柘寺下塔院外。

---

① 录自李作宾《万柳夫人墨迹》跋。

十四、廉泉的墓及墓碑

廉泉的墓前立有墓碑一方,墓碑碑文出自其好友吴稚晖之手,另一位好友孙揆均书丹。原碑文字为直行书写,由右向左,分行排列,共六十字,无标点。现在加上标点,改为横行,现录如下:

墙内西北五步,又自广慧通礼和尚高塔东南百步,即岫云居士江苏廉南湖先生泉之墓。先生年六十四,以民国二十年冬殁于北平翊教寺。明年,其所亲春野夫人与家之昆弟子女暨其友纯悦方丈等会葬焉。吴稚晖　孙揆均书

现在,廉泉墓的旁边又多了一块碑。2006年,廉泉的后人将春野夫人的灵柩迁葬于廉泉的墓旁,新添置的一块墓碑,有新撰写的碑文,现录如下:

廉泉(1868—1931)字惠卿,号南湖,又号南湖居士,岫云山人。斋名小万柳堂,帆影楼。江苏无锡人。

公精鉴赏,善诗文,早年以书法、诗文闻名于公卿间。后创办文明书局于上海。为清末民初我国书画鉴赏界、出版界之一代大家。又著名诗人、社会活动家。

光绪年,公于户部郎中任,力主革新,参言变法。及戊戌事败,乃转图实业救国。办书局,以传播教育、开发民智为己任;倡版权,开我国著作权立法之先河。极目世界,引当时最先进之印刷技术,将所藏书画印制成册,以广流传;又东渡日本,为中日文化之交流建树颇多。

公轻财好义,广交朋友,清介耿直,笃重名节。故常处浊流而不染,往来于权宦而不阿。以真名士,不事权贵。遂萌去意于皈依佛门,遁迹山林中,与时潭柘寺住持纯悦方丈相交莫逆。纯悦仰公名望而敬之,于公亦多倚重,而公即于贫寒困顿中,仍不吝重金,赍善缘于寺,以修藏经楼。

民国二十年冬(1931年)公病逝,亦会葬于此焉。

墓侧原有记事碑,为公挚友吴敬恒(稚晖)撰,孙揆均(寒厓)书

泉夫人芝瑛　有子一,女三　孙子女七　外孙子女七

夫人春野　有子三,孙子女十三

公元二〇〇六年四月(农历丙戌),南湖后人敬奠先祖,移祖母春野骨柩于此,重修墓碑并记。①

(郭长海　长春师范大学文学院教授)

---

① 录自《西城追忆》2011年第3期,北京西城档案局(馆)编。

图书在版编目(CIP)数据

近代中国.第二十五辑/上海中山学社编.—上海：
上海社会科学院出版社,2016
ISBN 978 - 7 - 5520 - 1225 - 5

Ⅰ.①近…　Ⅱ.①上…　Ⅲ.①中国历史-近代史-文
集　Ⅳ.①K250.7-53

中国版本图书馆 CIP 数据核字(2016)第 054341 号

近代中国(第二十五辑)

编　　者：上海中山学社
责任编辑：杨　国
封面设计：黄婧昉
出版发行：上海社会科学院出版社
　　　　　上海淮海中路 622 弄 7 号　电话 63875741　邮编 200020
　　　　　http://www.sassp.org.cn　E-mail:sassp@sass.org.cn
照　　排：南京理工出版信息技术有限公司
印　　刷：凤凰数码印务有限公司
开　　本：850×1168 毫米　1/32 开
印　　张：11.25
插　　页：2
字　　数：279 千字
版　　次：2016 年 4 月第 1 版　2016 年 4 月第 1 次印刷

ISBN 978 - 7 - 5520 - 1225 - 5/K·310　　　　　定价：36.00 元